正誤表

頁	行		誤	正
59	上から	6	女性参加者で、	女性発言者で、
66	〃	4	地域社会	協同組合地域社会
123	〃	9	反映させせた	反映させた
177	〃	7	デンマークがそである	デンマークがそうである
191	〃	4	メンバーのみ友愛組合	メンバーのみの友愛組合
193	下から	13	Not-for-Organisations	Not-for-profit-Organisations
198	〃	6	創出によってされなければ	創出によってなされなければ
225	右段下から	4	iv	iv, 103, 157

(166-7頁、注9の訂正)

イデオロギー (ideology) の定義は多様である。例えば、レイドロー氏が第1章の「背景と目的」で「第三の危機」に言及している有名な箇所に ideological crisis という言葉が出てくるが、その訳語は「思想的な危機」となっている。But now, where different co-operative systems are faced with a third crisis, what may be called an ideological crisis. の和訳は、「しかし、現在では、様々な協同組合がしっかりとつくり上げられているところで、第三の危機に直面している。それは思想的な危機と呼びうるものである。」となっている。(中略) また協同組合は、他の企業と同じような事業技術や事業手法を用いさえすれば、組合員の支持と忠誠をうる十分な理由となるのだろうか。…」(同上、16頁、Ibid., p.9)

協同組合の
コモン・センス

歴史と理念とアイデンティティ

中川 雄一郎

日本経済評論社

はしがき

　私は，協同組合の概念や理念について説明する際にまずこう話しかけます．

　　人はお互いに協力し協同することなしに安定した生活を営むことができません——このことは誰もが理解していることです．事実，私たちは孤立や対立ではなく，お互いに協力し協同することによって安定した生活を営むことができるのです．言い換えれば，私たちは，日々お互いに協力し協同することによって生活を営んでいるのだという「人間の本来的な関係」を自覚し，したがってまた，そのような関係それ自体が私たちの生活を持続させる「社会的な枠組み」を創り出しかつ再生していくのだと認識するのです．

　また私は，協同組合の概念や理念について次のように説明することにしています．

　　協同組合は，私たちが日々の生活を営むのに必要な「協力し協同する機会」を創り出すことにより，教育や保健・医療など福祉の享受，生態系・環境を保護するための規制，物質的資源を公正に配分し，文化的資源を活かしていく諸条件など基本的な社会的枠組の維持，さらにはシチズンシップのコアである「自治・権利・責任・参加」を基礎とするヒューマン・ガバナンス（人間的な統治）によって常に確認される「新たな形式（form）と制度・秩序（system）」の形成に役立つ諸条件を再生産する，という社会的役割を果たしているのです．協同組合によるこのような社会的役割の実践的プロセスを私たちは「協同組合運動」と呼ん

iv

でいます.

　さらに私は，協同組合の役員・職員は言うまでもありませんが，多くの組合員もまた，協同組合アイデンティについて理解するよう願っています．協同組合アイデンティティは「協同組合が何であるかの自己定義」であり，また「他のものに置き代えることのできない協同組合の自己存在証明」なのですから，少なくとも，1995 年の ICA マンチェスター大会で採択された，あらゆる形態の協同組合に共通する「協同組合の定義」については，すべての協同組合人によって理解され，認識されることを私は願っています.

　　協同組合は，人びとの自治的な組織であり，自発的に手を結んだ人びとが共同で所有し，民主的に管理する事業体を通じて，共通の経済的，社会的，文化的なニーズと願いをかなえることを目的とする.

　この「協同組合の定義」に見られるように，1844 年に創立された「ロッチデール公正先駆者組合」（The Rochdale Society of Equitable Pioneers）を創始とする近・現代協同組合は，先駆者組合以前にイギリスで展開されていた協同組合運動のさまざまな経験を学びつつ，現在に至るまで，市民たち自らがその自治と権利と責任に基づいて自発的に組織し，管理・運営してきた事業体として 175 年にもなんなんとする歴史を築いてきました．この歴史こそ，協同組合がその事業を通じて「人びとの共通する経済的，社会的，それに文化的なニーズと願い」を実現する社会的役割を果たしてきた「実践的プロセスの証人」なのです．そしてこの証人は，協同組合が「事業体でもあり運動体でもある」ことによって「最大限利潤の追求」をモットーとする資本主義的企業とは決定的に異なるユニークな経済－社会的存在となっていることを誇るよう市民に訴えています．その意味で，非営利・協同の組織としての協同組合の存在理由（raison d'être）は，事業それ自体を目的とするのではなく，事業を通じて人間の本来的な関係としての「協力・協同」（Co-operation）を厚くし，深くしていく諸条件を社会的に再生産する持続可能な運動体として「在る」こと，これなのです．「事業体でもあり運動体でもある存在」，これこそが「協同組合のエートス（普遍的特質）」なのです．私たちが協同組合アイデンティティを重要視するのは，まさにこの意味においてです．

　本書は，このような「協同組合アイデンティティ」に基づいて構成されているとはいえ，「書き下ろし」ではなく，目次に記されているように，既に公表されている五つの講演録と一つの論文によって構成されています．その構成理由は上で述べてきたことに尽きます．

　ところで私は，本書のタイトルを「協同組合のコモン・センス」としました．なぜ，「コモン・センス」なのかと言えば，1776 年にアメリカ独立革命を苦労の末に勝利に導いたトマス・ペインのパンフレット『コモン・センス（*Common Sense*）』の「はしがき」の最後の一節を私が大いに気に入っていたからです．その一節は次のものです．

　　アメリカの主張はほとんど全人類の主張である．これまでに多くの事件が生じたが，これから先も生じることだろう．それは一地方の事件ではなく，世界的な事件である．すべての人類愛に燃える者がこの事件に関心を抱き，温かい目でその成り行きを見つめている．火や剣で郷土を荒れ果てさせ，全人類の自然権に宣戦を布告し，その擁護者を地上から抹殺しようとしたことは，自然から感じる力を与えられたすべての者の関心の的である．そして筆者もその一員であって，党派的な非難などは無視する者である（小松春雄訳『コモン・センス』岩波文庫，2014 年）．

　そしてまた，なぜこの一節を私が気に入ったのかと言えば，イギリスからの独立を主張する「人類愛に燃える者」としてのアメリカの人びとの意識は「コモン・センス」，すなわち，「誰もが共有する意識」であり，「健全でかつ実際的な判断力」であって，単なる「専門的な知識でも，誰もが知っている

知識でもない」ことを——その意味では「常識」との訳語も必ずしも正確ではないと思いますが——トマス・ペインは強調したのだと，この一節が私に教えてくれたからです．そこで私は，この言葉を使って本書のタイトルを「協同組合のコモン・センス」とすることで，「協力・協同（Co-operation）も協同組合（co-operation）も誰もが共有する意識対象であり，また健全でかつ実際的な判断力に基礎を置く対象である」ことを市井の人たちに伝えたいと考えた訳です．

　なお，第1章「ロッチデール公正先駆者組合の遺産」（「第72回国際協同組合デー記念中央集会報告書」1994年9月，日本協同組合連絡協議会：JJC《現在の「日本協同組合連携機構：JCA」》），第2章「協同組合は何を求められているか：協同組合の理念とシチズンシップ」（「中央労福協 全国研究集会報告書」2012年6月，労働者福祉中央協議会），第3章「地域づくりと社会的企業：共生経済と社会的企業」（『所報 協同の発見』第187号，2008年2月〈2007年10月講演〉協同総合研究所），第4章I「レイドロー報告の想像力：協同組合運動の持続可能性を求めて」（協同組合経営研究誌『にじ』2010年春号 No.629，JC総合研究所），第4章II「協同組合は『未来の創造者』になれるか：新ビジョンは協同組合を『正気の島』にする」（同『にじ』2012年冬号 No.640，JC総合研究所）〈2012年8月講演〉），第5章「シチズンシップと非営利・協同」（2009年6月，非営利・協同総合研究所いのちとくらし）の講演録の掲載およびそれらの加筆・修正・訂正について各機関より承認をいただきましたこと衷心より感謝いたします．

　私は2017年3月末を以て明治大学を退職しました．40余年に及ぶ私の協同組合に関わる研究と教育を顧みますと，ご指導いただいた多くの方々が脳裏に浮かんできます．ここでは御氏名を記して御礼に代えることは差し控えますが，もう少し協同組合に関わる研究に向かい合うことを余儀なくされている私が真摯にそれらを遣り遂げることをここにお誓いして，御礼に代えさせていただくことにします．

　最後に私は，日本における協同組合運動のさらなる発展のために不可欠で

あると常々考えていました「協同組合間の協同」（ICA 第 6 原則）の一つの主要な実体として「日本協同組合連携機構」（Japan Co-operative Alliance: JCA）が，2018 年 4 月 1 日より，全国農業協同組合中央会，日本生活協同組合連合会，全国漁業協同組合連合会，全国森林組合連合会，農林中央金庫，日本労働者協同組合（ワーカーズコープ）連合会など 17 の協同組合連合会・一般社団法人よって構成された新たな連携組織として機能し活動することの私の喜びをここに印しておきます．私は，JCA が政策提言や教育・研究などを通して，「日本の協同組合が持つ力を結集し，各地域での連携・協力活動をさらに進め，社会が直面するさまざまな問題の解決を通じて，よりよい日本の実現に努めます」と強調されている「JCA の持続可能な発展」に大いなる期待を寄せるものです．

　2018 年 4 月　JCA の出発を祝い，協同組合の持続可能な発展に期待して

目次

はしがき

第1章　ロッチデール公正先駆者組合の遺産 …………………………… 1

はじめに　　　　　　　　　　　　　　　　　　　　　　　　　　1

1.「先駆者組合の教訓」と現代協同組合運動　　　　　　　　　　　3

2.「先駆者組合の遺産」の形成過程　　　　　　　　　　　　　　　5

　(1) ロッチデール公正先駆者組合の創立：先駆者組合の「規約と目的」　5

　(2) 一つの「遺産」としての「禁酒ホテルの設立」　7

　(3) 近代協同組合の原罪としての「現金取り引き」と「購買高配当」　9

　(4) 先駆者組合における民主的運営の柱としての『一人1票の議決権』　17

　(5) 教育条項　19

3.　先駆者組合の歴史的ポジショニングを考える　　　　　　　　24

4.　イギリス協同組合運動の発展　　　　　　　　　　　　　　　27

5.　キリスト教社会主義者の役割　　　　　　　　　　　　　　　32

6.　E.V. ニールのキリスト教社会主義論　　　　　　　　　　　　33

7.　イギリス協同組合大会とICA（国際協同組合同盟）の設立　　36

むすび　　　　　　　　　　　　　　　　　　　　　　　　　　40

第2章　協同組合は何を求められているか …………………………… 49
　　　　　―協同組合の理念とシチズンシップ―

はじめに：国連国際協同組合年（IYC）にあたって　　　　　　49

国際協同組合（ICA）の歴史と理念　　　　　　　　　　　　　55

　(1) ICA 前史　56

目次　　　　　　　　　　　　ix

 (2)「第1回ICAロンドン大会」のスケッチ　58

 (3) ICA原則の変遷とその意味　60

 (4) レイドロー報告の想像力　63

 (5) ベーク報告の役割　66

 (6) 協同組合のソーシャル・ミッション　67

 (7) アリスメンディアリエタの「協同組合のミッション」　68

 (8) アマルティア・センの「協同組合のミッション」　70

 (9) シチズンシップと協同組合　73

 (10) 協同組合にシチズンシップを重ね合わす　75

 むすびにかえて：アーノルド・トインビーとG.J.ホリヨークの言葉76

第3章　地域づくりと社会的企業 …………………………………… 81
 ―共生経済と社会的企業―

1.　共生経済と地域コミュニティ　　　　　　　　　　　　　81

2.　共生経済の概念とシチズンシップ　　　　　　　　　　　84

 (1) ヘーゲルの「承認の必要性」・「承認の構造」　85

 (2) 地域づくりとは：グラミン銀行の事例　89

3.　地域づくりは人づくり　　　　　　　　　　　　　　　　95

 (1)「地域」と「人」を結ぶシチズンシップ　97

 (2) コミュニティとシチズンシップ　102

 (3) シチズンシップ教育　106

4.　地域づくりと社会的企業　　　　　　　　　　　　　　110

 (1) 社会的企業とは　113

 (2) 社会的企業とシチズンシップ　116

 (3) 保守党の「社会的企業政策」　119

5.　イギリスで見た「地域づくり」と「人づくり」の実践　　122

 (1) SPCEAについて　123

 (2) チャターボックス・カフェ　125

（3）道具図書館　126

（4）「地域コミュニティの再生」とコミュニティ小学校（VRCPS）　128

（5）VRCPS の多様な取り組み　130

（6）不登校をなくす取り組み　133

むすび：共生社会をめざして　135

（1）シチズンシップと市場　135

（2）地域づくりと市場　138

（3）「協同労働の協同組合」の法制化を　140

第4章Ⅰ　レイドロー報告の想像力　145
―協同組合運動の持続可能性を求めて―

はじめに　145

1.　A.F. レイドローの協同組合セクター論　147

（1）「二重の目的」の意味　148

（2）「経済的効率を社会的効率と組み合わせる」ことの意味　149

（3）レイドロー報告の「協同組合セクター」論　150

2.　レイドローの「協同組合セクター論」と協同組合運動　153

（1）世界と人類が直面している危機的状態　153

（2）「二大権力」と「第三の力」　155

（3）協同組合セクターの特徴的性格　157

3.　「三つの危機」と「四つの優先分野」　158

（1）「三つの危機」　158

（2）「四つの優先分野」　161

むすび　165

第4章Ⅱ　協同組合は「未来の創造者」になれるか　169
―新ビジョンは協同組合を「正気の島」にする―

1.　「未来の創造者」・「正気の島」とは　169

目次 xi

　2.　現代協同組合運動とレイドロー報告の想像力　　171

　3.　協同組合運動とグローバリゼーション：
　　　協同組合セクターは可能か　　173

　　(1)　世界と人類の危機克服を担うもの　173

　　(2)　四つの未解決の経済問題とグローバリゼーション　175

　4.　コミュニケーション・コミュニティとしての協同組合：
　　　協同組合における教育と学び合い　　178

　　(1)　第3セクターの中心となるために　178

　　(2)　共益と公益を生み出す拠点として　179

　5.　協同組合運動とシチズンシップ：協同組合を「正気の島」にする
　　　ものは何か　　181

　　むすびにかえて　　182

第5章　シチズンシップと非営利・協同 ……………………………… 185

　はじめに：私とシチズンシップ　　185

　1.　近・現代のシチズンシップを理解するために　　187

　2.　「非営利・協同」の概念とシチズンシップ　　193

　3.　新自由主義とシチズンシップ　　200

　4.　再び「非営利・協同」について　　206

　5.　コミュニティが機能する七つの条件　　209

　むすび　　215

参考文献・資史料　217

索引　223

第1章　ロッチデール公正先駆者組合の遺産

はじめに

　ご紹介いただきました中川です．第72回国際協同組合デー中央集会とロッチデール公正先駆者組合創立150周年記念を兼ねた場で講演できることを，イギリス協同組合運動の歴史と思想を研究している者として，嬉しく思うとともに感謝いたします．

　ところで，本日のテーマ「先駆者組合の遺産」ですが，このテーマについてよくよく考えていくうちに，私にとってこれは難しいテーマではないか，と思うようになってきました．一時は「テーマ設定を誤ったかな」との思いが働きましたが，それでも「先駆者組合創立150周年」を記念する話として敢えて難しいテーマに挑戦することで，私たちが「先駆者組合の歴史的ポジション」を改めて理解し認識するための一助になるのであればと思い直し，あえてこのテーマを取り上げることにした次第です．

　いま述べましたように，このテーマは，私には「挑戦的なテーマ」でありますが，実は同時に，「難渋なテーマ」でもあるのです．したがいまして，私にとって挑戦的でありかつ難渋であるテーマを取り上げて論じるのであれば，私はそれなりの覚悟をしなければなりません．ということですので，私はこのテーマに適う参考文献や資料はないものかと探しました．そしてその甲斐がありまして，適切な文献的資料を手にすることができました．1988年7月にエディンバラ大学とロバート・オウエン縁の地ニュー・ラナーク工

場施設との双方で開催された国際学会（「ユートピア思想と共同体実験」）において，著名なロバート・オウエン研究者のJ.F.C. ハリスン教授によって行われた基調講演「ロバート・オウエンの遺産」（*The Legacy of Robert Owen*）がそれです．幸運にも，ハリスン教授のその講演録が中央大学の土方直史教授によって翻訳されていました[1]．したがって，本日の私の講演は，ハリスン教授の講演録「ロバート・オウエンの遺産」を柱とし，その柱にイギリス協同組合運動の歴史と理念とアイデンティティ，それにロッチデール公正先駆者組合の生成と発展など私自身のイギリス協同組合運動の研究をつなぎ合わせて進行させていくことになります．

　協同組合の仕事に従事されている皆さんは，ロッチデール公正先駆者組合が「近代協同組合の創始」であることを十分に認識されていることと思います．しかしながら，私もそうですが，おそらく皆さんも「先駆者組合の遺産とは何か」と改めて問われますと，答えに窮するやもしれません．そこで先ず私は，「先駆者組合の遺産」について語る前に，先駆者組合の遺産がどのように形成されてきたのかについて，換言すれば，先駆者組合に行き着くイギリス協同組合運動について，すなわち，「先駆者組合前史」について話を進めていきます．言ってみれば，「先駆者組合の遺産」は「先駆者組合前史の遺産」でもあるのです．その意味でおそらく，先駆者組合前史の遺産も先駆者組合の遺産もともに，現代の協同組合人の皆さんが自らの協同組合運動を育んでいく一つの重要な滋養となり素材となることだろう，と私には思われます．もっと言えば，先駆者たちの思想と運動が現在の協同組合の事業と運動になお重要な影響力を持っているのだと私たちが考えるのであれば，私たちはその内容をどう理解し，評価するのか，ということになるでしょう．そしてその問いかけに対して私たちは，先駆者たちが自分たち自身と家族のために何を求めて闘ったのか，そしてそれは現在の私たちが求めている物事と共通する物事であるのかを検討するでしょう．例えば，労働，生活，教育，社会的公正，平等，権利，自由といった人間の尊厳に対する認識が先駆者たちと現代の私たちとの間でどの程度共通しているのか，また相違しているの

かを確認するべく検討するようになるでしょう．これが一つ．もう一つは，いま述べた側面について，あるいはそれらの側面に関連する物事について先駆者たちが主張し，かつ改善し改革するべく実践したことが現在にあってもなお有効であるか否かに私たちは言及するでしょう．

1．「先駆者組合の教訓」と現代協同組合運動

　こうした二つのことについて議論していくと，私たちはそれらのことから「歴史の教訓」を探り出そうとします．なるほど，「歴史の教訓」それ自体は，一般に，歴史研究の重要な一つの「成果」です．がしかし，私たちには往々にして歴史的文脈を軽視したまま不用意に「歴史の教訓」を探り出そうとする傾向があります．換言すれば，先駆者組合の生成と発展を導いてきた歴史的文脈を見ずに，あるいは軽視したままに先駆者組合の結果・成果のみを教訓として拾い上げてしまうのです．

　それだけではありません．現在の協同組合運動の視点から先駆者組合の生成と発展のプロセスを見ていくと，私たちはあることに気づかされます．それは，現代協同組合運動を担っている協同組合人と，G.J. ホリヨークが描いた『ロッチデールの先駆者たち』[2]との間には，物質的にも，また情報や知識という点でも大きな隔たりがある，ということです．それ故，私たちは先駆者たちや先駆者組合の「歴史の教訓」を現代の協同組合運動に直接あて嵌めて考えることを正当化することはできないのです．私のこの講演の前にホリヨークの有名な著書『ロッチデールの先駆者たち』に基づいて制作された「ロッチデールの先駆者たち」の映画（ビデオ）を観ましたが，なるほど私たちは，あの映画に映し出された先駆者たちの「活躍ぶり」を想い起こしたり，また先駆者組合の草創とその後の発展に到るまでの歴史的プロセスを追究したりしていくと，何かしらのシンパシィや親近感を覚えたりすることはあるかもしれません．しかし，そのことがまた，私たちをして誤解を生じ易くさせる要因をつくり出してしまうことになりかねないのです．なぜなら，

私たちは，先駆者たちが実際に経験した「生活と労働」の基本的な社会的枠組みや生活様式の――すべてではないが――多くを共有していないし，共有することができないからです．したがって，先駆者たちや先駆者組合に対する私たちのシンパシィや親近感といった反応も，ホリヨークのそれとは内実が違っている，と私には思われます．その意味で，単純なシンパシィや親近感に基づいて「近代協同組合の創始」のエートス（普遍的特性）を考えていくと，却って「先駆者組合の遺産」を誤解してしまうことになりかねません．

いま私が述べたことは，別の観点から，次のように言えるでしょう．「先駆者組合の歴史」についての正しい理解を妨げるもの，それは，先駆者たちが経験した労働と生活に関わるさまざまな基本的事実を私たちが知っていないということではなく，彼ら先駆者たちの基本的な考え方や生活態度，すなわち――マックス・ヴェーバーの言う――「心的態度」（主体的選択に基づく行為性向）に対するシンパシィを私たちが必ずしも持ち得ないかもしれない，ということです．私たちはこのことを殊のほか注意しなければなりません．

当たり前のことですが，「先駆者たちの世界」は，先駆者たちと私たちの間の時間的空間が広がっていくにつれて，精神的にも物質的にも現代の私たちの世界から徐々に離れていきます．しかし，そうであるからと言って，私たちが「先駆者たち」あるいは「先駆者組合」にまったく接近し得ないという訳ではありません．ただし，困難はあります．それは，私たちが先駆者組合を含めたイギリス協同組合運動の歴史を理解し，認識するに際して，先駆者組合の遺産をイギリス協同組合運動の歴史的文脈のなかにいかにして見いだすのか，そしてまたその運動の結果・成果を現代協同組合運動の発展といかにして結びつけるか，ということです．これを要するに，私たちにとって重要なことは，G.D.H. コールが「孤立した実験」3) と称した，1820 年以前の自然発生的で地方分散的な初期協同組合運動から先駆者組合の生成と発展に到るイギリス協同組合運動の単なる「歴史の教訓」を乗り越えた「先駆者組合の深き鼓動」を聴き取ることだと私は思うのです．私がロッチデール公正

先駆者組合創立 150 周年に際して「先駆者組合の遺産」という挑戦的かつ難渋な言葉を以て本講演のタイトルとしたのも，まさにこの点にあるのです．そしてもう一つ重要なことは，「先駆者組合の遺産」は個々バラバラなものとしてではなく，歴史的，体系的なものとして理解され認識されなければならない，ということです．とはいえ，「遺産」の各部分は，それはそれで私たちの強い関心を引きつけることでしょう．そこで次に私は，「先駆者組合の遺産」がどのように形成されてきたのか，簡潔に述べることにします．

2.「先駆者組合の遺産」の形成過程

(1) ロッチデール公正先駆者組合の創立：先駆者組合の「規約と目的」

　周知のように，先駆者たちは，自分たち自身の運動の明確な自己意識の表現として，1844 年 10 月 24 日に――日本では「友愛組合法」と訳されています――Friendly Societies Act に準拠して，すなわち，共済組合として先駆者組合を登録しました．それが「ロッチデール公正先駆者組合の規約と目的」(Laws and Objects of the Rochdale Society of Equitable Pioneers)，一般に「1844 年規約」と呼ばれているものです．これは「ジョージ 4 世治下 (1820-30 年) の友愛組合法第 10 条およびウィリアム 4 世治下 (1830-37 年) の同第 4 条および 5 条」の「法律 (Laws)」に準拠して登録された，れっきとした合法的「規約」であること，したがってまた，その規約の「目的 (Objects)」も合法的である，と先駆者たちは胸を張って "Law First"（「法律第一」）との言葉を「目的」の直ぐ下に書き込んだのです．その意味で，先駆者組合の「目的と計画」がどのようなものであり，またその目的をどのように達成し，その計画をどう実行するのかを示唆した，あの有名な「前文」と「6 つの項目」は先駆者たちの「協同組合アイデンティティ」を明示するものでもあったのです．その前文と 6 項目は次のように記されています．

　本協同組合の目的と計画は，一人 1 ポンドの出資金で十分な額の資本を調

達することによって，組合員の金銭的利益（pecuniary benefit）と社会的および家庭的状態の改善のための仕組み（arrangements）を整えることにある．そのために次のような計画と取り決め（plans and arrangements）を実行に移す．

1項：食料品や衣料品などを販売するための店舗（store）の開設．

2項：組合員の家庭的および社会的状態を改善するために相互に助け合おうと願っている組合員が居住することのできる多数の住宅を組み建て，購入し，または建築する．

3項：失業している組合員あるいは繰り返し行われる賃金の引き下げによって苦しい生活を余儀なくされている組合員を雇用するために，本協同組合が決定する品物の製造を開始する．

4項：本協同組合は，本協同組合の組合員の利益と安全を促進するために，土地の不動産権あるいは土地の受益権を購入あるいは賃借して取得した土地を，失業している組合員あるいは労働に対して不当に低い報酬しか与えられていない組合員に耕作させる．

5項：本協同組合は，実行可能となりしだい，生産，分配，教育および統治（government）の能力（powers）を準備し，整えるよう着手する．換言すれば，共同（協同）の利益に基礎を置く自立的な国内共同居住地（a self-supporting home colony of united interests）を建設し，またそのような国内共同居住地を建設しようとしている他の協同組合を援助することに着手する．

6項：禁酒の普及のために，都合がつきしだい，禁酒ホテル（temperance hotel）が本協同組合の建物の一つに開設される．

繰り返しますが，第1条の前文と6つの項目は先駆者たちの「協同組合の理念とアイデンティティ」の表現であり，彼らの思想的，運動的なメッセージでもあったのです．それ故，彼らのアイデンティティやメッセージには，

1830 年代前半にロバート・オウエンとオウエン主義者たちによって主催された「協同組合コングレス」の意思と心的態度の「遺産」，とりわけ（1832年4月23-30日，ロンドンで開催された）第3回協同組合コングレスにおいて決議された「協同組合に関する諸規則」（以下，「諸規則」）のみならず，労働者たちによってそれ以前に展開された「生活防衛」を主たる動機とする，いわゆる初期協同組合運動の「孤立した実験」の「遺産」，1821-22年の短命に終わったジョージ・ミューディを中心とする協同経済組合の「コミュニティ実験」の「遺産」，また1824-34年にわたりオウエンやウィリアム・トンプソンによって指導された，（第1次）ロンドン協同組合のコミュニティ建設運動を支援する「消費者協同組合運動と生産者協同組合運動」の「遺産」，そして1820年代後半から30年代初期にかけてイースト・サセックス州の州都ブライトンにおいて消費者協同組合運動を指導し，『協同組合人』（*The Co-operator*）を1828年5月〜1830年8月にわたって自ら編集・発行した「ウィリアム・キングの協同組合思想」の「遺産」等々いくつもの「遺産」が組み込まれている，と言ってよいでしょう．実際のところ，先駆者組合の第1項から5項まではいま挙げました「遺産」を私たちに示しているのです．

(2) 一つの「遺産」としての「禁酒ホテルの設立」

ところで，私としては，もう一つ強調したい「先駆者組合の遺産」があります．それは第6項の禁酒ホテルの開設に関係することです．この第6項は，前文にある「組合員の金銭的利益」と「社会的および家庭的状態の改善」に関わる「歴史的，社会的な文脈」を明らかにしてくれている，と私は考えています．その意味で，第6項の「禁酒ホテルを開設しようとのこの決定は，竜頭蛇尾であり，他の5つの項目と比較すると，およそバランスを失している」とのコールの主張に対して，私としては容易に首を縦に振ることはできません．その理由は次のことです．

すぐ前で触れましたオウエン主義者たちによる協同組合コングレスでも禁

酒問題は議論され，特に1832年10月にリヴァプールで開催された第4回協同組合コングレスでは，「禁酒同盟」に関する決議さえなされているのです．リヴァプール協同組合の指導者であり，1846年に崩壊した「最後のオウエン主義協同コミュニティ」と言われているグリーンウッド・コミュニティ——別名「ハーモニー・ホール」——実験の指導者で，かつ禁酒主義者であったオウエン主義者のジョン・フィンチは，「協同組合人は禁酒主義者であると言うだけでは不十分であり，労働者や他の人びとの模範となるべく禁酒同盟に加入すべきである」と強調し，またオウエン主義者で「協同組合運動のベテラン」と称されたウィリアム・ペアーも「禁酒同盟は共済組合とともに協同組合の先駆である」と主張して，次のような決議を擁護しています．「本コングレスは大酒のみの悪習によって引き起こされる不品行や犯罪を深く悔むものである．本コングレスはまた，禁酒同盟の活動がこれまで生み出してきた良好なる結果を高く評価し，禁酒同盟を可能な限り奨励するよう『協同組合の世界』の仲間に強く勧奨するものである」，と．そこで，オウエン主義者のフィンチやペアーの主張や「禁酒同盟の決議」を念頭に置いて，第6項について考えると（その人数の根拠は不明確ですが）「28名の先駆者たち」のうちオウエン主義者はおよそ半数と言われている先駆者組合において何らかの形で禁酒の問題が提起されるのは想像に難くないと私は思います．それはちょうど，「1855年規約」（先駆者組合はこの規約を1854年10月23日の総会において採択しましたが，法律上の承認が1855年1月ですので，本来であれば「1854年規約」としたいところですが，先駆者組合はLaw Firstを主張していますので，1855年規約とします．因みに，1855年規約で先駆者組合の名称がThe Rochdale Society of Equitable Pioneersから"The Rochdale Equitable Pioneers' Society"とされました）に民主的運営の具体化として「一人1票の議決権」を書き入れた先駆者のうちの何名かがチャーティストでもあったこととよく似ています．その意味で，第6項の「禁酒ホテルの開設」は，オウエン主義協同組合運動における「禁酒主義の伝統」として先駆者組合がこれを受け継ぐことで，労働者が自ら飲酒を克服していくとした「飲酒問題の解決

策」の表現であった，と私には思えるのです．要するに，第6項は，他の5つの項目と同じように，オウエン主義協同組合運動の思想やエートスを継承した先駆者たちの理念的，運動的な表現であったということです．

先に私は，「第6項は1844年規約の前文と関わらせてはじめてその持つ意味が分かる」と言いましたが，実際のところ，先駆者たちによって提起された明確で具体的な目的・目標は協同組合運動の産物であるだけでなく，他のさまざまな経済‐社会的な運動や思想の産物でもあったことをそれは意味している，と私は考えています．くどいようですが，1844年規約の前文には，先ほども言及しましたように，「組合員の金銭的利益と社会的および家庭的状態の改善」を確かなものにする仕組みを整えるのだという明確な目的・目標が記されている訳ですから，そのことと結びつけて考えますと，先駆者たちにとって，この第6項は，第1項の「店舗の開設」と並んで，当面の達成可能な「計画と取り決め」の一つであった，と考えることができます．

先駆者組合における飲酒問題へのアプローチは，労働者階級や他の貧民層によって映し出された経済‐社会的文脈そのものであり，したがってまた，先駆者組合が対応すべき「ナイフとフォークの問題」，すなわち，文字通りの「生活の問題」そのものであったのであり，それ故にこそ，何としても解決しなければならない経済‐社会的な問題だと先駆者たちは見て取った，と私は考えています．「ブリテン島における飢餓の40年代」という歴史的文脈は，どうもそう認識した方が辻褄が合うことを私たちに知らせてくれているのではないか，と私には思われます．

(3) 近代協同組合の原罪としての「現金取り引き」と「購買高配当」

先に進みましょう．先駆者組合の「規約と目的」には，後にICA（国際協同組合同盟）大会で「ロッチデール原則」として承認される重要な条項が記されています．第21条の「現金取り引き」(purchasing and selling articles for ready money)と22条の「購買高配当」(「利用高割り戻し」paid to each members in proportion to the amount of money expended at the store)がそれ

です．さらに第22条には出資金に対する利子について「年率3.5%の利子が四半期の開始以前に払われたすべての出資金に対して支払われる」と記されており，これが「利子の制限」につながっていきます．

　実は，21条と22条もまた先駆者組合の「専売特許」ではありません．21条は，先駆者組合以前の初期協同組合運動の経験，また先ほど触れました，イングランド南部のイギリス海峡を望む都市ブライトンにおいて「貧民の医師」として活躍する一方で協同組合の店舗経営を推奨しかつ指導したウィリアム・キングによる「現金のみによる取り引き」の実践，そして1832年4月にロンドンで開催された「第3回協同組合コングレス」で採択された——イギリス協同組合運動史上極めて重要な決議となった——「協同組合に関する諸規則」の第6項「現金取り引きの厳守」があります．このように，協同組合運動にあっては「現金取り引き」の重要性が経験的に受け継がれたてきた，と言ってよいでしょう．例えば，ウィリアム・キングは，彼の『協同組合人』(The Co-operator) の最終号（No. 28, 1830年8月）で「現金取り引き」の重要性を次のように主張しています[4]．

　　現金のみによる購入と販売が絶対に必要である．信用掛けで取り引きする協同組合は数カ月のうちに絶対確実に破産するに違いない．協同組合が取り引きする範囲を分かっていれば，そのことは誰もが予測できる．この点は，今では強調する必要がないほど，理論的にも，また経験的にも十分知られている．

　また1832年に開催された第3回協同組合コングレスで採択された「諸規則」の第6項はこう記しています[5]．

　　協同組合のすべての商取り引きにおいて特に不可欠であると思われることは，信用で借りたり貸したりしないことである．この重要な原則からの逸脱が以前の多数の協同組合の崩壊の唯一の原因であったのであり，

その結果，協同組合の全般的な発展を遅らせる弊害を生み出したのである．本コングレスは，この重要な原則が首尾よく効力を持つようになるために，組合員の間に雇用が不足している場合には，可能な限り，そして地域の事情が許す限り，組合員に何らかの雇用を提供する手段が協同組合によって取られるよう勧奨するものである．疾病の場合には，他の救済の手立てがまったくなければ，協同組合の基金からか，あるいは個々の組合員の寄付金からか，金銭的な援助が施されるであろう．

　キングの主張も，また第6項を中心に7項目から成る「諸規則」も，明確に「現金取り引きの厳守」を強調することで，オウエン主義協同組合運動における店舗経営，すなわち，消費者協同組合の重要性を明確に位置づけることになり，協同組合運動の発展への転換点を創り出すことになります．

　22条の「購買高配当」も同様に先駆者組合の「専売特許」ではありません．例えば，1760年代末から1820年代初期にかけてスコットランドで展開された，記録に残されている「生活防衛型」初期協同組合の一つである，1812年に設立されたレノックスタウン食料品供給協同組合（Lennoxtown Victualling Society）は，先駆者組合より30年以上も前に「購買高配当」のルールを採用したと言われています．1910年に『スコットランドにおける協同組合運動の歴史：その開始と指導者たち』（The History of Co-operation in Scotland: Its Inception and its Leaders）を著したウィリアム・マクスウェルは，レノックスタウン食料品供給協同組合が「利潤分配方式」を実施していたと論じています．マクスウェルはその証拠としてレノックスタウン食料品供給協同組合の「規約第6条」を示しています．翻訳しにくい条文ですが，次のように訳してみました[6]．

　　Article VI.──組合員が利潤（profits）を受け取る権利を与えられる基準は，常に仕入れ品の4分の1が在庫品となるとして，（組合員の）6ヶ月間の消費額（consumpt）が──その消費額を基礎に算定される──仕

入れ額（stock）未満である場合か，またはその消費額が——その仕入れ額（stock）を基礎に算定される——在庫額（stock）以上である場合，である．組合員は，自分が必要とする仕入れ品の4分の1，すなわち，在庫額に応じて，自分の割り戻し分を受け取る．収支が確定される聖霊降臨祭（復活祭［イースター］後の第7番目の日曜日—中川）後に可及的速やかに組合員に利潤が毎年分配され，支払われる．

　私は，この第Ⅵ条は，要するに，仕入れ品のうちの「4分の1」が常に在庫品となることを前提にして，その在庫品の総額を決定し，その範囲内で各組合員の「6ヶ月間の消費額」に応じた「利潤分配」の基準を決めて「割り戻し」する方式であると理解しますが，いかがでしょうか．

　マクスウェルが教えてくれているように，先駆者組合よりも30年以上も前にスコットランドで組合員への利潤分配（利潤の「利用高に比例した割り戻し」）を実施したレノックスタウン食料品供給協同組合のような初期協同組合運動の存在を私たちが知見することは，「協同組合運動の伝統」を私たちが正しく認識するのに不可欠である，と私は考えています．その意味で，G.D.H. コールが，「先駆者組合こそが購買高配当（利用高割り戻し）の創案者」であるとみなされてきたのは，初期協同組合運動において購買高配当がなされていた事実を協同組合運動の指導者たちの間では「忘れられてはいなかったが，オウエン主義者たちがいい顔をしなかった」からであり，彼らオウエン主義者たちは「地方の協同組合が計上し得た剰余金（利潤）があっても，それを組合員に還元せずに，そっくりそのまま協同コミュニティ建設の一助として払い込んでほしかった」からであった，と述べているのはその通りだと私も思います[7]．

　ロッチデールの近隣に位置しているイングランド北部の産業革命都市の一つであるハッダーズフィールドにおいて1830年代に展開されたハッダーズフィールド協同組合も購買高配当を実施していましたし，しかもこのハッダーズフィールド協同組合の指導者トマス・ハーストは，オウエン主義者で

あって，先に言及しました「オウエン主義者の世界」と称された「協同組合コングレス」に参加しており，第4回コングレスでは議長の大役を務めた人物です．またハッダーズフィールド近隣のウェスト・ライディングで1827年に設立されたメルサム製粉協同組合（Melthame Mills Society）も購買高配当を実施しております．要するに，初期協同組合運動以後も組合員への「利潤分配」は継続していたのです．さらにコールは，アレグザンダー・キャンベルは「1833年から34年にかけてロッチデールの先駆者たちから実際に（購買高配当について）相談を受けたという主張を疑ってみる理由は何もない」と，彼の名著『協同組合運動の一世紀』（*A Century of Co-operation*）で述べています[8]．

　先ほど皆さんも私も，「ロッチデールの先駆者たち」の映画で，チャールズ・ハワースがあたかも「購買高配当」を彼自身が考えついたかのように興奮してベッドから飛び起き，他の先駆者たちにそれを知らせに行くシーンを観ましたが，あのシーンは事実と少々異なるのでは，と私は思います．それでも，一歩譲って，あのシーンは，ハワースが「誰からか聞いたことのある購買高配当の制度」をベッドのなかで思い出し，忘れないうちに他の先駆者たちに知らせようとベッドから飛び起きたシーンなのだと見直せば，私たちも納得できるでしょう．いずれにしても，事実は，購買高配当の制度にしても先駆者組合の「専売特許」ではないということです．

　この購買高配当は，「1844年規約」の前文において強調されている「組合員の金銭的利益と社会的および家庭的状態の改善」と結びついています．このことは次のことを意味しています．すなわち，既に言及しました「生活防衛型」初期協同組合運動，とりわけレノックスタウン食料品供給協同組合に典型的に見られたスコットランドにおける協同組合運動も，またウィリアム・キングが指導したブライトン協同組合に見られた協同組合運動も，さらにはハッダーズフィールド協同組合の運動も，「小売り店舗」を開設することによって「組合員の金銭的利益と社会的および家庭的状態の改善」を保証する可能性を労働者に経験させた，ということです．

ところが，です．1832 年 4 月に開催された，オウエン主義者による第 3 回協同組合コングレスは，先に触れました「諸規則」を決議し，小売り店舗経営にいわゆる「現金取り引きの原則」を導入しました．この「現金取り引きの原則」は，「共同の労働・共同の消費・共同の財産・平等な権利」という新しい社会システムを謳ったオウエン主義の「協同コミュニティの建設」のための基金をより確実に確保するための原則として承認されたのであって，それ故，小売店舗経営，すなわち，消費者協同組合による組合員への利潤分配，すなわち，購買高配当は「オウエン主義の世界とは異なるもの」として強く否定されるものでした．「オウエン主義の世界」にあっては，協同組合運動のすべてが「協同コミュニティの建設」に収斂されるのであり，それ故，利潤の不分配・不分割はいわば協同組合運動の基本原則であったのです．

そうであれば，一方でオウエン主義に基づいてリードされた第 1 条第 5 項の「自立した国内共同居住地」＝「協同コミュニティ」の建設に見られるような計画を掲げた「1844 年規約」をかざし，他方でオウエン主義協同組合運動の基本原則に反する「利潤の分配」＝「購買高配当」を掲げた同じ「1844 年規約」をかざす先駆者組合は，果たして，「オウエン主義の世界」から逸脱した性格の，まったく新しい理念を掲げた協同組合として登場してきたのでしょうか，それとも，オウエン主義協同組合の理念を引き継いだ協同組合運動を展開しようとして登場してきたのでしょうか，どちらなのでしょうか．私は先駆者組合のこの二律背反的な状況を「先駆者組合パラドクス（矛盾）」と呼んでいます．このパラドクスはまさに先駆者たちによる後の協同組合人への問題提起に他なりません．私は，彼らのこの問題提起に対して次のように説明することができるのではないか，と考えています．

先駆者組合が創立された 1844 年は，先に触れましたように，「飢餓の 40 年代」の最中でした．先駆者たちはその「飢餓の 40 年代」を別の言葉で語っています．その言葉が規約の「前文」なのです．この時期に労働者たちは，自分自身とその家族の生活を守るために，賃金引き上げ闘

争，10時間労働の要求など労働組合運動を展開し，同時にまた「ナイフとフォークの問題」を背景とする選挙権獲得運動，すなわち，チャーティスト運動を展開していました．先駆者たちもこれらの運動に大いに関心を持っていた，と言われています．この時期の協同組合運動もこれらの労働運動の一つであったのですが，他の運動と比べると「控えめな運動」でもありました．それでも，協同組合運動は，他の労働運動や政治運動と違って，初期協同組合運動における「生活防衛の価値」と，オウエン主義の理念に基づいた「社会システム形成の価値」とを，すなわち，協同組合の事業によって入手可能な「金銭的利益」を以て労働者とその家族の「社会的および家庭的状態の改善」を達成するという，いわば「オールタナティヴな社会システム形成の価値」とを結びつけることによって，その社会的存在の持続可能性を確かなものにしたのです．それ故，規約第1条の第5項以外の他の5つの項目もこのことに収斂される，と私は考えています．言い換えれば，先駆者たちにとって，これら6つの項目こそ，厳しい競争を強いる産業資本主義の下に置かれている労働者をして雇用や金銭的利益を確かなものにしていくことが可能な制度やシステムを，先駆者たちの言葉で言えば，「社会的および家庭的状態の改善」のための社会システムを創り出すものであったのです．したがってまた，先駆者たちは，「金銭的利益の実現」はオウエン主義のアイデンティティである「自らの労働によって得られる公正な分け前」としての当然の「主体的選択に基づく行為性向」（心的態度）だとみなし得るものであり，それ故，オウエン主義協同組合運動からの逸脱でも，オウエン主義協同組合運動と矛盾するものでもない，と考えたのではないでしょうか．

とはいえ，先駆者たちが「オウエン主義のアイデンティティ」と「金銭的利益」とを無媒介的に結びつけ得るのだと考えたのかと言えば，必ずしもそうではなく，「ある程度の距離を置いていた」という表現がよろしいのでは

ないか，と私には思われます．先ほど観ました映画では「金銭的利益」が強調されていましたが，先駆者たちは，協同組合運動を開始するにあたって，協同組合は物質的，経済的なニーズを満たす事業を通じて社会を改革していく諸条件を創り出し，かつ再生産していくのだと考えていたのであって，いわば，組合員が協同組合の事業を利用することによって彼らの物質的，経済的なニーズを満たしていくプロセスを「生活と労働の質」の向上に結びつけるプロセスへと昇華させる「新たな形式と秩序」としての社会システムの機軸に協同組合運動を位置づけた，と言ってよいでしょう．したがって，そこには，産業革命期における疾風怒濤の競争経済とその社会秩序に取って代わり得る，「協力し協同するという人間の本来的関係」に基づいた「新たな形式と秩序」を創り出す諸条件の再生産に寄与する「協同組合アイデンティティ」なり，「協同組合イデオロギー」なりが，そう言ってよいならば，先駆者たちの「協同組合の哲学」が存在していたのです．私たちは，先駆者組合の「1844 年規約」，すなわち，「規約と目的」（Laws and Objects）をそのように読み取るべきだろう，と私は思います．とはいえ，その後の 10 年間に先駆者組合が――協同組合のエートス（普遍的特性）を保持しつつ――徐々に現実主義的な傾向を見せるようになっていくプロセスは，コールも指摘しているように，また「1855 年規約」からも推測されるように，先駆者組合それ自体の経済 - 社会的な成長のプロセスと軌を一にしている，との事実を私たちは見落としてはならないでしょう．

　それはさておき，例えば，1846 年に先駆者組合の組合員となり，後に先駆者組合の組合長，そして CWS（Co-operative Wholesale Society，協同組合卸売り連合会）の初代組合長（1863 年 8 月）となるエイブラハム・グリーンウッドなど若き協同組合人たちは，先駆者たちと共に協同組合運動に携わることで先駆者たちの協同組合アイデンティティや社会改革論や協同組合イデオロギーに触れつつ経験を積み，自らの能力を高め，次代の協同組合運動の活力を育んでいくのですが，若き彼らにとって購買高配当（利用高割り戻し）はもはやオウエン主義からの逸脱でも「先駆者組合パラドクス」でもなくな

っていくのです．とは言え，そのことは，先駆者組合が先駆者たちの「協同組合の哲学」を一顧だにしなくなった，ということでは決してありません．そこで，「協同組合おける民主主義」について考えてみることにしましょう．

(4) 先駆者組合における民主的運営の柱としての「一人1票の議決権」

周知のように，近代民主主義社会の主体的な基盤は市民としての「個人」にあります．その個人は社会的に普遍的な存在としての個人です．協同組合の民主的運営もかかる個人としての組合員や個人としての役員・職員による相互の協力・協同に基づいて遂行されます．このことなくして近・現代協同組合のエートスは何らの意味もありません．先駆者組合はその事業運営に「一人1票の議決権」という近代民主主義の原則を用いました．ここでわざわざ私が「民主主義」の前に「近代」という言葉を付しましたのは，民主主義の実践に対する先駆者組合の歴史的貢献を強調するためです．先駆者組合という小世界が巨大な産業国家イギリスの先頭を切って民主主義を根づかせる試みを実行したのですから．ただし，この原則は1844年規約には記載されておりません．おそらく，イギリス協同組合運動にあっては，「一人1票の議決権」を大原則とし，多数決を以て提案や議題を決することが初期協同組合運動の時代から当然のように実行されていたと思われます．では，なぜ，「一人1票の議決権」が1844年規約には記載されずに，翌年の「修正規約」である45年規約に追記されたのでしょうか．それは，1844年に友愛組合法が改正されたからです．

この改正友愛組合法は，改正前の友愛組合法に準拠して登録された——既に述べましたように，先駆者組合は友愛組合法に準拠して登録されました——「組合員25名以上の友愛組合」が共済等事業上の保護を受けるためには「株式会社として登録しなければならない」と，謳っていました．周知のように，近代株式会社法の起点となる「株式会社登記法」が奇しくも1844年に制定されましたので，おそらく，友愛組合法の改正もこの登記法と関係があったと思われます．そこで先駆者たちは，先駆者組合の株式会社化を実

質的に防ぐために次のような条文を——「1844年規約」に「規約第4条と第5条との間に追記載される新たな条文」——を記載したのではないかと考えられるのです[9].

（前略）すべての定例集会，また3ヵ月毎に開催される集会，それに年次総会に出席する組合員は，すべての問題に関わる意思決定において各人1票のみの議決権を有する．また特別規約の規定が必要とされる本協同組合の解散提案・動議以外のすべての事例は，多数決によって決定されるが，提案・動議に対する賛否が同数の場合は，組合長あるいはその役目に就いている議長がキャスティングボートを有するものとする．

そしてこの条項は10年後の1855年規約第30条において「本協同組合のすべての集会・総会において，各組合員は1票の議決権のみを有する」と記載されることになります．

　ところで，1844年規約に追記載された条文（「修正1844年規約」の条文）も1855年規約第30条の条文も，一見すると何の飾り気もない，また，そう言ってよいならば，何の感動も覚えない法律的，規定的な文言のように思えます．が，これをイギリス社会の歴史的文脈のなかで見ていくと，さに非ず，実にそれらは先進的かつ普遍的な意義を有する条文なのです．第1に，それらの条文は協同組合民主主義の根本を謳っているのであって，あのチャーティストたちが1837年に起草，38年に全国に配布，そして翌39年に議会に提出した「人民憲章」（people's charter）でさえ「成年男女」ではなく，「成年男子」の選挙権を要求していたのです．世界に名高いあのチャーティスト運動ですら，理由は何であれ，普遍的存在たる男女の平等，すなわち，「人間の尊厳」の普遍性を軽視していたのです．それに対して先駆者組合の条文は，普遍的権利としての平等の議決権，すなわち，「一人1票の議決権」が男女の組合員に与えられることを謳うことで民主主義の理念を実践し，「近代イギリス民主主義の扉を開く」役割を果たしたのです．私はこれを「先駆

者組合が，したがってまた，近代協同組合が控えめに演じた近代民主主義の世界的偉業」である，と考えています．

　第2に，「修正1844年規約」の条文に記載された「各（each）組合員」と「1855年規約」の民主主義条項に記された「すべての（all）組合員」という表現は，「組合員は自立・自律した個人である」とのことを意味しており，したがってまた，すべての組合員は協同組合の事業と運動に参加することによって先駆者組合の歴史や理念を，すなわち，協同組合アイデンティティを認識することを意味しています．このような経験は，現代の組合員や役職員などの協同組合人にとってもまた極めて重要な意味を持ちます．というのは，協同組合人としての彼・彼女たちが，協同組合アイデンティティに基礎を置いたその時々の事業と運動の明確な目的や目標を血肉化していくことによって，協同組合の持続可能な発展を実現していくことになるからです．それは，協同組合の事業と運動の「持続可能性因子」のごとくにして協同組合の潜在能力となっていくことを意味するのです．

　第3に，これらの条文は自由な意思決定を基礎としており，したがって，協同組合の門戸開放を促す「協同組合の基本的価値」の確立に与って力があった，と考えることができます．またこれらの条文は，実際には開かれた組合員制としての「加入・脱退の自由」を意味するので，協同組合それ自体の民主主義的な組織文化の構築に貢献するだけでなく，民主主義を社会全体に根づかせていくことに大いに貢献する，と私は考えています．

（5）教育条項

　次に，改正友愛組合法に関連して，先駆者組合規約の教育条項について見てみましょう．この条項もまた1844年規約には明文化されていません．この条項が明文化されるのは，1852年にキリスト教社会主義者のE.V.ニール，J.M.ラドローそれにT.ヒューズの努力と当時国会議員であったJ.S.ミルなどの支援を得て成立した世界最初の近代協同組合法「産業および節約組合法」（Industrial and Provident Societies Act）に準拠して作成された「1855年規

約」においてです．1855年規約は，改めて第30条で「本協同組合のすべての集会において各組合員は1票のみを有する」(*Votes*: At all meetings of the society each member shall have one vote only) を謳い，さらに第42条で「組合員の知的改善」(*Intellectual Improvement of Members*) を次のように明文化しました[10]．

> 本協同組合の組合員およびその家族の知的改善のために，既に設立されている図書館を維持し，また望ましいと考えられる他の教育手段を講じることによって，独自な別個の基金が形成される．このための基金は剰余（利潤）の2.5%分と規約違反金の蓄積分によって形成される．

このように「教育基金を剰余（利潤）から充当する」という先駆者組合の理念は極めて画期的でありまして，コールも「それは協同組合の財務の特徴をなしている教育基金の端緒である」と，高く評価しています．しかも，この42条の教育条項は「産業および節約組合法」の「諸目的」のなかに含まれていないにもかかわらず，1846年の改正友愛組合法の「共済投資条項」にある「（友愛組合の）組合員の子弟および親類縁者の教育」を参考にして作成されたとのことです．こうして，先駆者組合は1854年10月23日の総会で「1855年規約」を採択しました．但し，この1855年規約からはオウエン主義の「コミュニティ建設」という高邁な理想は消え失せてしまった，とコールは『協同組合の一世紀』でこう強調しています[11]．

> 先駆者たちは協同組合を，来世ではなく現世から遊離しないように発展させ，その現世の制約条件に従うことに落ち着いた．彼らは，自分たちの理想主義を脱ぎ捨ててはいなかったとしても，現実主義者になっていたのである．

ここで視点を変えて，1844年規約から1855年規約までのおよそ10年間

に先駆者組合が「組合員教育」をどのように推し進めてきたのか，簡潔に追ってみましょう．

　先駆者組合は，先に挙げましたエイブラハム・グリーンウッドを中心に，組合員教育を自主的に実践していきました．例えば，1849年に先駆者組合は「教育委員会」を結成して，新聞・雑誌閲覧室を設置します．教育委員会は，新聞・雑誌閲覧室を維持するために組合員から月2ペンスを自発的に拠出してもらう任意の寄付金を集めますが，実際には，寄付金を支払うと否とにかかわらず，すべての組合員に閲覧室を開放しています．この教育委員会はグリーンウッドやJ. ナットールなど6名によって構成され，寄付金に加えて寄贈書の蒐集や図書室拡充のための募金なども扱いました．

　多くの組合員が無料で新聞や雑誌を手にすることで自らの生活・労働に関わって経済や社会の情報に接することは，現代と同様，極めて重要なことです．しかしながら，果たして，どれほどの組合員がそれらの情報を正しく理解し得たでしょうか．1830年代当時のイギリス全体の識字率は「男子67％・女子51％」であったと言われておりますが，労働者階級はもっとずっと低かったと思われます．例えば，1830年代のランカシャー東南部の労働者で自分の名前を書けたのは「30％そこそこ」であったと言われているように，ランカシャーに位置する1840年代前半から50年代前半にかけての先駆者組合の組合員のなかには（日本で言う）「読み・書き・計算（ソロバン）」ができない，あるいは不得手な人たちが多数いたであろうと推測できますので，読み・書き・計算のできる組合員ができない組合員のために大声で新聞・雑誌を読み上げた，という言い伝えは本当のことだろうと思われます．その意味でも，先駆者組合は組合員の地域コミュニティでの生活・労働の情報，また多様な経済 – 社会情報を人びとが正確に理解することの重要性を認識していたのです．

　おそらく，先駆者組合が創立された1844年から教育委員会が結成・運営され始めた1849年前後までの協同組合教育は，いま述べたような状況下の「組合員教育」であったろうと思われます．しかし，やがて「教育委員会」

がこの状況を変えていくことになります.

　先駆者組合は教育委員会を通じて図書室の開設・拡充に努力し，毎週土曜日の午後7:00〜9:00まで図書室を無料で組合員に開放するシステムを創りあげていきました．例えば，教育委員会は「図書室への5ポンド助成」を年次総会に提案し，承認を得ています．しかし何と言っても，協同組合教育に関わる歴史的に画期的なことは，1852年に制定された「産業および節約組合法」に準拠して実行された「剰余金の2.5％を教育に充当する」提案が承認されて，1853年の先駆者組合規約に記載され，教育に関わる規定が作られたことです．コールによりますと，この規定は「ロッチデールから多くの他の協同組合に広がっていった」そうです．「なぜなら，多くの新しい協同組合は，その規約の大部分を先駆者組合の規約から模倣したからである．教育の伝統は，オウエン主義から引き継がれて，消費者協同組合の実践のなかにしっかりと定着するようになった．事実，それは非常にしっかりと根をおろし，完全に根こそぎになるようなことは決してなかった」と，コールは述べています.

　コールも述べているように，「協同組合運動と教育」は本来的に切り離すことのできないものです．なぜなら，先に私が触れたように，近代協同組合の創始である先駆者組合の起点が，いわば「オウエン主義的世界のネットワーク」とでも言うべき，1830年代前半に展開された「協同組合コングレス」にあるからです．周知のように，ロバート・オウエンもオウエン主義者たちも「教育」を協同コミュニティの建設とその持続可能性に不可欠な要因だと考えていました．協同組合教育は真の意味で「オウエン主義の賜物」なのです.

　先に言及したように，先駆者組合の「計画と取り決め」は，その協同組合コングレスのイデオロギーや理念を継承しています．そこで，1844年規約の第1条に記されている第5項をもう一度見てみましょう．「本協同組合は，実行可能となりしだい，生産，分配，教育および統治の能力を準備し整えるよう着手する．換言すれば，協同の利益で結ばれた自立的な国内共同居住地

（コミュニティ）を建設し，またそのような国内共同居住地を建設しようとしている他の協同組合を援助することに着手する」．見られるように，先駆者組合は「生産，分配，教育および統治」の能力を有する「自立したコミュニティ」としての「協同コミュニティ」の建設を目指すのだと主張しているのです．換言すれば，「生産と分配」の能力，すなわち，人びとの生活の基盤である「経済」の能力を擁するコミュニティをそのメンバーである人びとが自立・自律的に運営するのだと言っているのです．周知のように，統治とは社会秩序を創り出し，かつそれを維持し，物質的資源を配分し，文化的資源を活かしていくことを意味します．それ故，この第5項は，先駆者組合が建設を目指していた「生産と分配の能力と統治の能力を擁する自立したコミュニティ」を「教育」によって，しかも不断の教育によって支えるのだと私には読み取れるのです．そうであるが故に，かつてロバート・オウエンがニュー・ラナーク綿紡績工場の経営者として彼の労働者とその家族に対して行ったように，先駆者組合もまた，労働者階級の組合員とその家族が多様な情報を正確に理解できるようにするための「教育」を当初から行ったのです．要するに，先駆者たちが1844年規約に主要目標の一つとして掲げた第1条第5項の「自立的なコミュニティ」の建設と持続可能な発展は，何よりも教育に，とりわけ組合員教育に懸かっている，と彼らは考えていたのです．そう言えば，オウエンはニュー・ラナーク工場の「経営」をマネジメント（management）と呼ばずに「統治」（government）と呼んでいましたが，それは，彼にとって「ニュー・ラナーク」は紡績工場だけでなく労働者住宅，保育園，性格形成学院（学校）それに店舗など他の施設を含めた全体を「ニュー・ラナークコミュニティ」として設定していたことを意味していたのだと改めて確認できるでしょう．その意味で，1844年規約の前文と第1条第5項はまさに「オウエン的協同コミュニティ・アイデンティティ」であり，「オウエン的協同の理念」であったと言えるでしょう．

　このような観点からすると，先駆者組合の「教育」は，先駆者たちにとって，労働者組合員とその家族にいかにして正確な情報を提供し，かつそれを

正確に理解してもらうか，したがってまた，労働者階級の人たちと中産階級や支配階級の人たちとの間の「情報のギャップ」をいかにして埋めていくか，という極めて重要な戦略であったと私には見えてくるのです．グリーンウッドはこれを「共通の目的を果たすための協同による，労働者の他の階級に対する知的同等性への接近」と表現しました．彼のこの言葉は，労働者階級の人たちが自らの生活と労働の質を向上させていこうとするならば，彼ら自身が多様な情報を正確に理解することによって中産階級や支配階級の人たちと対等な知性を社会的に創り出していく架橋として「協同組合教育」を位置づけ，かくして近代イギリスの市民社会に「新たな形式と秩序」を浸透させていく「協同組合の組織文化」の何であるかを先駆者組合は提示するのだとの主張に外ならなかった，と私は捉えております．その点で，先駆者組合の果たした知性的，文化的，それに社会的な役割は歴史的に重要なものであった，と私は考えています．

3．先駆者組合の歴史的ポジショニングを考える

そこで次に私は「先駆者組合の歴史的ポジショニング」について言及します．前に触れましたように，1850年代前半に先駆者組合からは，オウエン主義協同組合運動の目的・目標であった協同コミュニティの建設という高邁な理想が消え失せてしまいました．先駆者たちは——コールの言葉を借りて言えば——「自分たちの理想主義を脱ぎ捨ててはいなかったとしても，現実主義者になっていた」のです．しかし，先駆者たちは「現実主義者になっていた」とはいえ，同時代の協同組合人がオウエン主義の理念やイデオロギーを無視したのかといえば，決してそうではありません．このことは正しく理解され，認識されなければなりません．

確かに，先駆者組合において，1844年規約第1条の6つの項目のうち成功裡に実践された計画は——第2項の住宅事業と第3項に該当する穀物製粉事業（協同穀物製粉所）がそれぞれ中途で頓挫したので——実際には，第1

項の食料品・衣料品などを販売する「店舗」、すなわち、消費者協同組合の開設のみでした。とはいえ、先駆者たちにとってそれは決して「安易な協同」の試みではありませんでした。なぜなら、繰り返しになりますが、先駆者たちにとって第1項の消費者協同組合の開設こそ「前文」の「組合員の金銭的利益と社会的および家庭的状態の改善」をまず以て保証し得る手段である、と彼らは正しく認識していたからです。先駆者組合によって形成され構成され得る「新たな経済−社会の形式と秩序」と、それに基づく先駆者たちの「協同組合の理念」は何よりも1844年規約の「前文」の達成にあったのですから、彼らはまずは先駆者組合を「地域コミュニティのための協同組合」として自立・自律し得るようその経済的、社会的な能力の向上と発展に力を注がなければならなかったのです。結果的に、先駆者たちは、第5項の「コミュニティの建設」から「コミュニティのための協同組合の発展」へと舵を切り換えていきましたが、この舵の切り換えは産業革命後期におけるイギリス資本主義の新しい経済−社会的な転換とも重なっており、その意味で決して突飛なことではなかったのです。

　むしろ現代の私たちは、「協同組合とコミュニティの相互依存関係」という観点から、この「舵の切り換え」を「時代の文脈」として首肯するでしょう。言い換えれば、1844年規約の前文と6つの項目は、現代協同組合運動にとっての「時代の文脈とは何か」を私たちに教示してくれているのであって、それ故にまた、私たちをして先駆者たちの協同組合アイデンティティや協同組合イデオロギーへの共感を呼び起こさせ、先駆者組合に接近する意識を生み出させるのだと私はそう強調したいのです。

　現代協同組合運動の理念や理論を考察する際に必ず求められる観点として「先駆者組合の歴史的ポジショニング」が取り上げられます。そこで諄(くど)いようですが、もう少しだけ、イギリス協同組合運動の目的が「コミュニティ建設」から「地域コミュニティにおける良心的な小売り店舗経営」へとその歩みを進める契機となった――先駆者組合の誕生よりも10年以上も前の――1830年代前半に開催された「オウエン主義協同組合の世界」と自らをそう

称したあの一連の協同組合コングレスについて触れておきます．というのは，既に述べましたように，このコングレスこそイギリスとアイルランドにおけるオウエン主義協同組合運動に大きな影響を及ぼすネットワークを形成し構築することによって，イギリス初期協同組合運動とロッチデール公正先駆者組合を筆頭とする近代協同組合運動との間の「架橋」の役割を果たしたからです．

　その一連の協同組合コングレスでの議論・論争のなかでコミュニティ建設と小売り店舗経営との比重がしだいに接近していくのですが，しかし，小売り店舗経営，すなわち，消費者協同組合はあくまでもオウエン主義思想に基づいた「コミュニティ建設」の資金を蓄積し確保するための「手段」でなければならなかったのです．しかし，そうであっても，「小売り店舗経営」（消費者協同組合）にオウエン主義者たちが重要な役割を与えた事実は，オウエン主義協同組合運動の大きな転換点を意味したのです．言うまでもありませんが，「（消費者）協同組合への人びとの期待」や「（消費者）協同組合の果たすべき役割」についての認識がそこまで到達したとすれば，それは，1760年代から1820年頃にかけて展開された初期協同組合運動による「生活防衛」の実践，また1820年代後半から1830年代初めにかけてウィリアム・キングの指導によりイングランド南部のブライトンで展開された消費者協同組合運動の社会的な広がりなど長い月日を費やして展開されたさまざまな協同組合運動の実践や経験の蓄積があればこそ，第3回協同組合コングレスにおいて文字通りの「先駆者組合の先駆け」としての「協同組合に関する諸規則」がオウエン主義者たちによって承認されるところに行き着いたのです．協同組合運動の歴史がそこまで来ていれば，ロッチデール公正先駆者組合の誕生も間もなく見えてくることになります．

　先駆者組合の誕生をイギリス協同組合運動の歴史の大きな流れのなかで観ていきますと，先駆者組合はいわば二つの大きな因子を持って生まれたことが分かります．一つは初期協同組合運動の「生活防衛因子」であり，もう一つは人びとの共同＝協同と平等な権利とに基づくオウエン主義協同組合運動

の「コミュニティ建設因子」です．こうして，ロッチデール公正先駆者組合はその双方の因子をブリテン島に根づかせて「新たな経済 – 社会の形式と秩序」を創り出すべく「（消費者）協同組合が為し得ること」の何であるかを多くの人びとに承認してもらう「難渋な旅」に出たのです．

4. イギリス協同組合運動の発展

先駆者たちは 1844 年 8 月 11 日に第 1 回総会を開催して「協同組合の事業経営」に向けた役職員人事を決めています．組合長にマイルズ・アシュワース，書記にジェイムズ・デリー，会計係にジョン・ホルトが就任し，また受託者（管財人，trustee）にチャールズ・ハワース，ジョージ・アシュワース，ウィリアム・マラリュー，理事にジェームズ・トウィデール，ジェームズ・スミシーズ，ジェイムズ・ホルト，ジェームズ・バンフォード，ウィリアム・テーラー，そして監査にジョン・ベントとジョーゼフ・スミスが就任しました．さらに 10 月 24 日に「ロッチデール公正先駆者組合の規約と目的」が法廷弁護士ジョン・ティッド・プラト（John Tidd Pratt）による法的承認を得たことを受けて，10 月 27 日に開催された総会で「規約と目的」を 250部印刷，店舗の建物を賃借する交渉委員などを決めました．後者については結局，11 月 28 日の委員会でトウィデール，アシュワースそれにデリーの 3名による家主のウォルター・ダンロップ氏への訪問が決定され，そして間もなく彼らは，店舗として「家賃（2 ポンド値下げさせ）年額 10 ポンド・修理費は家主持ち」という条件でトード・レーンにある倉庫を確保しました．この間にまた，ウィリアム・クーパーが出納係（cashier），サミュエル・アシュワースが販売係（salesman），ディビッド・ブルックとジョン・ホルトが仕入品（stock）の購買係（purchaser）に就きました（彼らの日当は「1 時間当たり 3 ペンス」とされた）．仕入品は「小麦粉，バター，砂糖，オートミール」の 4 品です．こうして，先駆者たちは 1844 年 12 月 21 日（土）の夕刻に，近代協同組合の事業と運動の「小さな，しかし，歴史的な一歩」を踏み出し

たのです．

　この歴史的な一歩を印した日から数えておよそ 10 年の間に先駆者組合は大きな成長を見せます．数字で示すと次の通りです；組合員数は 50 倍（「28 人」から 1,400 人），出資総額は 400 倍（28 ポンドから 1 万 1,032 ポンド），事業総額は 63 倍（1855 年時点で 4 万 4,502 ポンド），そして剰余（利潤）は 100 倍（1855 年時点で 3,106 ポンド）もの大きな成長を遂げています．

　この「成長の軌跡」は，1844 年規約第 1 条の「前文」に先駆者たちが託した目標をそれなりに達成しつつあることを，すなわち，現実社会における先駆者組合の経済 – 社会的な実力をそれなりに示し得たことから，先駆者組合があの「計画と取り決め」の第 5 項「生産，分配，教育および統治の能力」を備えた「協同コミュニティの建設」計画を「コミュニティとそこで生活し労働する人たちのための協同組合の建設」へとそのコンセプションを変えていく予兆でもありました．言い換えれば，この「成長の軌跡」は，1824 年にロバート・オウエンとウィリアム・トンプソンの指導の下で協同組合運動を開始した第 1 次ロンドン協同組合（1824-34 年）が――その機関誌『協同組合雑誌』（*The Co-operative Magazine*）の「趣意書」において――協同組合運動によって「新しい社会構造を不変の基礎の上に打ち建てる」のだと人びとに訴えた「社会改革の理想」を，先駆者組合をして後景に置くことを正当化させる最大の理由でもあったのです．先駆者組合の立場から言えば，この 10 年間の「成長の軌跡」は協同組合運動の新たな時代の予兆である，ということになるのです．事実，キリスト教社会主義者の E.V. ニール，J.M. ラドロー，それに T. ヒューズたちの努力によって 1852 年に成立した世界最初の近代協同組合法である「産業および節約組合法」に準拠して作成され，1854 年 10 月の総会で承認された先駆者組合の「1855 年規約」は先駆者組合の「目的」を次のように書き記しています[12]．

　　本協同組合の目的は，一般の販売店（dealer）の取り引きと同様に事業
　　経営することで，食料品，燃料品，衣料品およびその他の生活必需品を

組合員が一層有利に購買できるよう，組合員の自発的な出資によって資金を調達することである．

　私たちはこの「本協同組合の目的」をどう評価すべきでしょうか．皆さんには後日でも結構ですので，是非，1844 年規約のそれと比較しつつ，考えられ得る「評価」を試みていただければと思います．ここでは私は簡潔に次のような「評価」を加えておきます．

　　1855 年規約に記されたこの「目的」に，わずか 10 年前に先駆者たちが掲げた「共同＝協同と平等な権利に基づくコミュニティの建設」という「社会改革の理想」を見いだすことはできないし，どう観てもこの 1854 規約の目的は「事業実績の一層の向上」を目指すことのみを強調しているにすぎない，と私には思えます．例えば，規約第 13 条は「本協同組合の事業は 2 つの部門，卸売り部門と小売り部門に分割される」とし，第 14 条から 17 条で「卸売り部門の設立」についての言及がなされています．要するに，1855 年規約は，一言で言えば，「只々，消費者協同組合のみの一層の発展を目指している」のだと見て取れるのです．そこで私も含めた多くの人たちは，この「目的」だけを取り上げて，「なぜそうなの？」と首を傾げたくなってしまうのです．私の言葉を使って言えば，「先駆者組合は 10 年前に『新たな経済 - 社会の形式と秩序を形成する』ことを社会に向けて宣言したのではありませんか．その宣言，すなわち，先駆者組合のアイデンティティはどうなったのですか」，と．

　加えて G.D.H. コールは，それから 6 年後の 1860 年には先駆者組合の組合長であったエイブラハム・ハワードが 1860 年の「年次報告書」の一部を彼なりの言葉に代えて，『カウンセラー』誌に書き送った「ロッチデールの協同組合人たちの原則は次の通りであると宣言した」文書を明らかにしています．「われわれの協同組合運動は，社会に現存する各種の宗教的あるいは政

30

治的相違に口出ししようとするものではなく，共通の絆によって，言い換えれば，利己心の絆によって，万人の資力や活力や能力を各人の利益のために集中しようとするものである」．これについてコールは『協同組合運動の一世紀』でこう評しています[13]．

　　これは確かに，1844年の最初の先駆者たちが使ったような言葉づかいではない．1844年の彼らであれば，「利己心」を連帯のための絆とは決して描かなかったはずである．ロッチデールの組合長が組合を代表してそのような信条を口にしたということは，ロッチデール公正先駆者組合もオウエン派社会主義の原点からまことに遠く離れたところに旅立ってしまった，ということなのであろう．

　先駆者組合の組合長であるエイブラハム・ハワードをして，いわば「利己心の絆こそ協同組合運動の共通の絆である」と言わしめたこの状況から，私たちは「先駆者組合の混乱振り」を知ることができます．ハワードによる『カウンセラー』誌への記載事件についてコールは，この混乱は公表されなかったし，1844年に出納係に命じられたウィリアム・クーパーがこの時には書記の職務を外されてしまっていたが，直ちに書記の職務に復したことで公にならず，「すべては元通りに治まった」と述べていますが，事業の成長と運動の発展の最中にあった先駆者組合の上記二つの事例は，協同組合の成長・発展の何であるかを問う観点からすれば，現代の協同組合運動と協同組合人にとっても「はるか昔の過去の出来事」と軽々に扱ってはならない「教訓」である，と私には思われます．1980年の第27回ICAモスクワ大会に提案・採択されたレイドロー報告（『西暦2000年における協同組合』）も「協同組合のイデオロギーの危機」の重大性を訴えています．

　すぐ前で示したように，この10年間で先駆者組合の事業は確かに大きく成長しました．しかしながら，成長したとはいえ，先駆者組合の影響力は依然としてイングランド北部に限られていたのです．したがって，この時期の

先駆者組合の小売り流通の能力も相対的には不安定でした．その点で，既に見たように，1855年規約が「資金（資本）調達」をしきりに強調していたのにはそれなりの理由があったと言ってよいでしょう．そのような観点からすれば，「先駆者組合型」消費者協同組合運動のあり様が批判されるようになるのは，むしろCWSを基軸に消費者協同組合が事業的にも運動的にも成長・発展し，全国的に安定してくる1870年代中葉以降のことなのです．

　ところで，1855年規約から「社会改革の理念」がまったく消えてしまったのかと言えば，必ずしもそうではありません．1855年規約の第30条には「本協同組合のすべての集会において，各組合員は1票のみを有する」ことが明記され，「民主的経営」の基本である「一人1票の議決権」の原則が明文化されました．また第42条には組合員とその家族に教育手段を講じるための基金として剰余（利潤）の2.5%が充当される，との「協同組合教育」の原則も明記されました．あのエイブラハム・グリーンウッドが強調した言葉を思い出すまでもなく，協同組合にとって「教育」は協同組合の社会的有用性の承認に他ならないことを先駆者たちは熟知していたのです．キリスト教社会主義者のニールやラドローやヒューズと共に労働者協同組合（生産者協同組合，ワーカーズコープ）運動を支えたG.J.ホリョークは協同組合教育について次のように述べて，協同組合人に協同組合教育の重要性を示唆しています[14]．

　　　自助（self-helping,［協同に基づく自助］の意—中川）とは他者の福祉を尊重することであるとの条件を協同組合は課している．したがって，自助は，もしそれが好意を通じてもなおその条件を満たさないのであれば，単なる略奪となってしまう．また自立（self-subsisting）とは真実の意識と公正の意識によって心を動かされる教養ある「自己」となることである．それ故，協同組合は本質的に自己充実的（self-contained）であり，友愛的であるのだから，自立的で自己充実的な利点を創り出すことこそ協同組合教育の本質的な主題なのである．

さて，協同組合の事業と運動の歴史は，すぐ前で指摘しました「先駆者組合の悪しき事例」を生み出す要因と契機がどこにでも潜んでいることを教えてくれていると同時に，協同組合にはそういう悪しき事例を矯正する力がいつでもどこでも働くことを教えてくれている，と私は思っています．そのような「矯正力」の最も顕著な事例をキリスト教社会主義者たちの協同組合運動のなかに見ることができるのです．

5. キリスト教社会主義者の役割

先駆者組合の 1844 年規約は「友愛組合法」に準拠して作成されましたが，1855 年規約は世界最初の近代協同組合法である「産業および節約組合法」に準拠して作成された記念すべき規約です．その協同組合法の成立は法廷弁護士にしてキリスト教社会主義者のニール，ラドローそれにヒューズに負うところ大であった，と前に述べておきました．

その協同組合法に準拠して作成された「1855 年規約」に記されている諸項目は先駆者組合の事業と運動の発展を当然のように組み込んでいるのですから，この協同組合法はやがて消費者協同組合をしてしだいに大きな力を発揮させることになります．後に協同組合人たちがこの協同組合法を「協同組合のマグナカルタ」と称してきた所以です．

例えば，この協同組合法に基づいて小規模な消費者協同組合でも合法的に製造業者から多量の品物（商品）を直接仕入れて，それらを組合員に販売するに足る資金を集めることを可能にしましたので，協同組合運動がイギリス中に広がっていく重要な契機をこの協同組合法は創り出しました．

またこの協同組合法はその後，少しずつ修正されていくことでさらに大きな発展の契機を協同組合にもたらしました．例えば，1862 年の修正がそれです．それまで協同組合は連合組織を形成することができませんでしたが，この修正によって連合組織を形成することが可能となり，翌 63 年に CWS（協同組合卸売り連合会）を結成する道を開きました．CWS は 1864 年に事業

を開始し，やがて大きな経済能力を擁することになります．またイギリス協同組合大会の開催（1869 年にロンドンで第 1 回大会が開催され，その後は毎年さまざまな地方で開催され，現代に到っている），1871 年に協同組合機関紙 *Co-operative News* の発行，さらに 1873 年には協同組合連合会（Co-operative Union，現在の Co-operatives UK）の設立へと進んでいきます．このように「産業および節約組合法」と称する協同組合法は実に重要な役割を果たしてきたのです．とりわけ CWS はイギリス協同組合運動がしだいにその経済 – 社会的な能力（power）を高めていく礎（いしずえ）となります．と同時に CWS は「先駆者組合型」消費者協同組合の発展を促進することによって自らも大規模化していく過程で，ニール，ラドローそれにヒューズといったキリスト教社会主義者やホリョーク，E.O. グリーニングといった労働者協同組合の指導者たちと「利潤分配のあり方」をめぐって対立していくことになります．そしてこの対立は，イギリス内部の協同組合運動だけでなく国際協同組合運動にも関係し携わった協同組合人に，非営利・協同の組織としての「協同組合の新たな形式と秩序」と，協同組合の事業と運動によって形成される「新たな経済 – 社会の形式と秩序」とは何であるかを議論させ，思考させる機会を与えることで協同組合民主主義の伝統を創り出すことに大いに貢献した，と私は考えています．

6. E.V. ニールのキリスト教社会主義論

　このように，キリスト教社会主義者がイギリス内外の協同組合運動の発展に貢献したことはいまでは私たちのよく知るところです．しかし，なぜキリスト教社会主義者たちが協同組合運動に大きな関心を払いかつその発展に貢献したのか，その「そもそも」について理解しおく必要がある，と私は思っています．そこでイギリスにおけるキリスト教社会主義について「ニールのキリスト教社会主義」を中心に簡潔に説明しておきます．

　イギリスにおいて最初にキリスト教社会主義の思想を展開した中心人物は

F.D. モーリス，ラドロー，そして C. キングズリィです．彼らは「個人主義的で競争的な財産制度」を協同的な制度に取って代えようとしましたが，それは「私有財産制度の否定」を意味するものではなく，イギリス社会に「キリスト教的理想が存在する」秩序を創り出すことを意味していました．というのは，彼らは「神の秩序は人びと相互の同胞愛（fellowship）であるのに対し，私利私欲（selfishness）と競争は人間の無秩序の直接的な結果である」と考えていたからです．このコンセプトがキリスト教社会主義者の基本的な立場です．キリスト教社会主義運動の指導者であるモーリスは次のように主張しています．「私の考えるところでは，キリスト教社会主義は神の秩序を擁護する．人間の社会は，相争う原子の集合体ではなく，多数の構成員から成る一つの組織体（body）であって，そこでは真の労働者は相争う労働者ではなく，協力し協同する労働者（fellow-workmen）である．それ故に，私利私欲ではなく，正義の原理が交換を支配しなければならない」，と．モーリスはこのような主張を以て彼の若きグループに「キリスト教社会主義」の名を与え，キリスト教社会主義者の使命を「社会主義をキリスト教化し（christianising Socialism），キリスト教を社会主義化する（socialising Christianity）」ことだと訴えました．この「若きグループ」のなかに協同組合運動に大いなる関心を持ち，やがて労働者（生産）協同組合を指導するラドローとニール，そしてヒューズがいたのです．

　周知のように，宗教改革は「神と個人の関係」を「直接的な関係に委ねる」ことにより人びとの生活と労働と文化に大きな影響を及ぼしました．例えば，ジョン・ロックは「神と個人との関係」を「市民と国家との関係」に置き換えて「国家の世俗化」を正当化し，またヘーゲルも「神と国家」に言及して「国家こそが人びとの願いや望みの中心である」と論じ，「神聖な存在としての神」に代えて国家を措定しました．イギリス協同組合運動の発展に重要な役割を果たしたキリスト教社会主義者のニールも次のように論じて，「神と人間との関係」それ自体ではなく，「神によって賦与された人間の多様な能力」を発達・発展させていく機会を人びとに保障する実体としての「同

胞愛」を「社会主義」と称することによって「人間と神との関係」を「人び
とが取り結ぶ社会的諸関係」に置き換えたのです[15].

> 社会主義は，本質的にすべての人びとがお互いに表現し合う同胞愛の感
> 情である．しかし，同胞が同胞である所以は，ある一人の共通した親の
> 子孫であることによってであるのだから，社会主義にはその自然的基礎
> としてすべての人びとが神と関係している，という信念が存在している
> のである．他方，社会主義としては，すべての人びとが個々人に賦与さ
> れた多様な能力をバランスよく発達させていくのに必要なすべての機会
> を相互に保障し合うために，またわれわれが現世において存在していけ
> るよう「神の善」が賦与してくれる喜びや楽しみを各個人が十分に享受
> し得るべく保障するために，そして真の愛情が醸し出す友愛的な敬意を
> 以て各人が行動するために，この関係（人間と神との関係—中川）を承認
> する人たちの真摯な努力を伴うのである．

　ニールのこの主張は「キリスト教社会主義」を分かり易く説明してくれて
います．すなわち，(1)社会主義は「人びとがお互いに表現し合う同胞愛の
感情」であること，(2)社会主義の自然的基礎は「人間が神と関係している
という信念」であること，すなわち，「人間と神との関係」を人びとが承認
すること，(3)社会主義を真に社会主義たらしめんとするならば，個々人は
その有する能力をバランスよく発達させる機会と，喜びや楽しみを享受する
機会とをお互いに保障し合うこと，(4)個々人はそれらの機会を保障するた
めにお互いに友愛の精神と敬意を以て行動すること，そして(5)これらのこ
とを実現するためには個々人の「真摯な努力」が伴わなければならないこと，
これです．
　ニールは，このように論じることで，「キリスト教」と「社会主義」とを
結びつけ，人間の能力も喜びも楽しみも神が人間に賦与したものであるけれ
ど，これらを生かしかつ享受する機会を保障し合う同胞愛こそが社会主義を

「真の社会主義」にしていくプロセスである，と労働者に訴えたのです．そして同時にニールは，「社会主義は，一つの理論として考察されるならば，社会全体の福祉を保障するために，人びとが現世において相互に取り結ばなければならない諸関係の科学である，と定義され得る」と主張します．これを要するに，彼は「社会主義は人びとの福祉に関わる科学である」と言っているのです．一方は「人間と神との関係」が，他方は「個々の人間の諸関係」が「社会主義」の基礎を成しており，また前者の社会主義は「同胞愛の感情」であり，そして後者の社会主義は「科学」なのだ，と．

　ニールとってこの「二つの社会主義」は矛盾するものではありませんでした．実は，先に指摘した5つの項目は前者の社会主義の基礎を構成しているのですが，それらはいわば「キリスト教的信念（信条）」に基礎を置く社会主義であって，人びとによる相互の同胞愛的な「友愛的敬意」による社会全体の福祉の促進を意味しており，他方の「科学としての社会主義」である後者の社会主義は，例えば，協同組合運動，とりわけ労働者協同組合運動にキリスト教神学論を持ち込まないための配慮であると言って差し支えないでしょう．彼は「イギリス協同組合運動の精神的，思想的父」と称されるロバート・オウエンの協同思想にある種の親近感を覚えていたのです．その証拠に，彼は「オウエンの環境論」から「重要な示唆を得た」とも述べているのです．こうして，ニールを中心にラドローとヒューズは「産業および節約組合法」の成立をはじめとしてイギリス協同組合運動，とりわけ労働者協同組合運動の発展に尽力していきます．

7. イギリス協同組合大会とICA（国際協同組合同盟）の設立

　世界最初の近代協同組合法の制定に尽力したニールをはじめとするキリスト教社会主義者の協同組合運動への貢献は，1863年に設立され，翌64年に事業を開始したCWSの登場によって多くの協同組合人に知れわたります．同時に労働者階級の人たちがCWSによる協同組合の擁する経済‐社会的な

能力を知るにつれて，協同組合運動における CWS の経済 - 社会的なポジショニングもしだいに高まっていき，したがってまた，消費者協同組合運動全体のポジショニングも高まっていきました．しかしながら，このような状況下に置かれると，人は往々にして「鼻高々」になりやすく，消費者協同組合陣営も CWS を筆頭に「協同組合の理念や理想」を，現代の言葉で言えば，「協同組合アイデンティティ」を後景に追いやってしまいがちになるものです．事実，ニールと E.O. グリーニングは，1869 年にロンドンで開催された第 1 回（イギリス）協同組合大会（the First Co-operative Congress）において消費者協同組合陣営を次のように批判しました[16]．この第 1 回協同組合大会はニールとグリーニングのイニシアティヴによって準備されたのであって，しかも先駆者組合の代表や CWS の指導者たちもこの大会に参加していました．

協同組合の急速な成長は近代史上最も注目すべき事実の一つである．労働者階級の人たちによって創り出された（協同組合という）事業制度が機能しつつあるのだ．それは，正しく遂行されるのであれば，購買者と販売者との関係や雇用主と被雇用者との関係を抜本的に変えることにより，この国の社会的，産業的な諸側面の完全な変革を約束するであろう．それ故，コミュニティにとっても，また実際にその変革の仕事に携わっている協同組合人にとっても，この最も重要な運動が速やかかつ完全に成功し得るよう遂行されているか否かが問われるべき大きな関心事なのである．

　確かに協同組合は至る所に拡がってはいる．しかし，協同組合の主要な原理原則は未だ厳密に定義されておらず，協同組合の高邁な諸目的も多くの人びとに理解されているとは言い難い．さまざまな協同組合の分配と生産における事業方法はなおアンバランスであり連携が取れていない．個々の事例を見ると，成功が確実だと言われている協同組合ほどその成功は疑わしく，また失敗や損失が生じると，そのような「実験」を

始めた人たちに直ちに害を及ぼし，その結果，他の人たちを落胆させてしまう．協同組合運動の成功はもはや疑う余地はないとはいえ，追求されるべき高邁な目的が存在する一方で，除去されるべき障害や対抗すべき危険もまた存在しているのである．

　協同組合運動の状況をこのように批判したニールとグリーニングは，最初のイギリス協同組合大会で協同組合運動を発展させる実行可能な制度としての「産業パートナーシップ」——後の「コ・パートナーシップ」（co-partnership）——を提起します．産業パートナーシップとは，平たく言えば，「労働者協同組合が生産した製品の販売を消費者協同組合が保証する」ことですが，そのことはまた「資本と労働の間での公正な利潤分配を実現する」ことを意味します．グリーニング自身はキリスト教社会主義者ではありませんが，労働者（生産者）協同組合を——1864年に生産事業を開始した——「消費者協同組合のCWS」と同等なものと位置づけ，両者を以て労働者階級の「生活と労働」の安定を，したがって，「購買高に応じた利潤分配」（profit-sharing to purchasing）だけでなく，「労働に応じた利潤分配」（profit-sharing to labour）もまた協同組合原則とすることによってはじめて「公正を旨とするイギリス社会」の実現が可能となり得ると訴えた協同組合人です．また彼は，1867年に「農業・園芸協同組合」（the Agricultural and Horticultural Co-operative）を設立し，農業の領域にも産業パートナーシップ原則を導入した協同組合人でもありました．

　周知のように，協同組合大会は1869年以来現在まで毎年開催されてきているのですが，「利潤分配」に関して言えば，1875年にCWSをはじめとする消費者協同組合陣営は「労働に応じた利潤分配」を廃止します．これに対してニールやグリーニングは「労働に応じた利潤分配」を原則とする労働者協同組合運動を指導し，ついに両者の対立は1883年にエディンバラで開催された第15回大会で決定的となり，翌1884年の第16回ダービー大会でグリーニングはニール，ラドローそれにヒューズと共に「労働アソシエーショ

ン」(Labour Association) の組織化を提案し，労働アソシエーションを設立
し，その後間もなくホリヨークがそれに合流します．

労働アソシエーションの理論的指導者はキリスト教社会主義者のニール，
ラドロー，ヒューズです．なかでもラドローの「労働に応じた利潤分配」の
理論は中々に説得力がありますので，その要旨を紹介しておきます[17]．

生産の組織化は「正しい原則に則って，正しい精神で」遂行されなけれ
ばならない．それ故，問題は，協同組合生産が管理・運営される「形
態」ではなく，「原則と精神」であって，それを一言で言えば，「消費を
生産に従属させること」である．「国民国家においては，人間の肉体と
同じく，生産なしの消費も，消費なしの生産も等しく死を意味する．本
質的な点は，生産と消費の間の必然的な関係を保持すること」である．
したがって，生産と消費を対立させるのではなく，消費を生産の維持と
発展の源泉とすることが肝要なのである．換言すれば，「主たる問題は，
消費者としてのわれわれが所与の商品をポンド重量当たり，あるいは
ヤード当たりより安くまたはより高く購買するかどうかではなく，その
商品の生産に労働を費やした労働者が自分の労働の成果に対して第1の
請求権を持つことができるか否かである」．この観点に立てば，次のよ
うに結論し得る．すなわち，「それ自身の基礎の上に自らを構成するこ
とが生産協同組合（productive association）の権利であるだけでなく，
生産的目的に対しては生産者の協同組合に優先権が与えられるべきであ
る」．生産協同組合にあっては「労働者自身は協同の自己雇用者
（associated self-employers）としての地位にあること」，また「最大多数
の労働者同胞にその利益を配分すること」が重要であって，労働者（生
産）協同組合においてであろうと株式会社であろうと，「労働に対する
配当」（bonus to labour）も「労働者の出資」も「労働者の経営参加」も，
結局のところ，これら二つの目標に至るための要素に他ならないのであ
る．

40

協同組合の利潤分配と協同組合アイデンティティをめぐるラドローのこのような主張は，イギリス国内における消費者協同組合・CWS と労働者協同組合・労働アソシエーションとの間の「利潤分配のあり方」をめぐる対立を明確にし，したがってまた，対立の継続をもたらすことになり，ICA の設立をめぐって表面化することにもなります．この対立は 1895 年に設立されたと言われている ICA（International Co-operative Alliance）大会においても見られました（1895 年に設立されたと一般に言われている「第 1 回国際協同組合同盟大会」の正式名は「第 1 回国際協同組合大会」（the First International Co-operative Congress）で，「同盟」（Alliance）がありません）．またニール（1892年没），ラドローそれにヒューズといったキリスト教社会主義者に加えて，『ロッチデールの先駆者たち』を著したホリョーク，それに労働者協同組合を指導したグリーニングなど労働アソシエーションの指導者たちと，消費者協同組合・CWS の指導者たちとの間で「利潤分配方式」をめぐる対立が国際的に展開されもしました．この対立を一言で表現すれば，「利潤分配方式に関わる協同組合アイデンティティ問題」ということになるでしょう．キリスト教社会主義者を中心とする労働者協同組合の労働アソシエーションの指導者にとって「労働に応じた利潤分配」方式は，オウエン主義と先駆者組合が追求した「新たな経済 – 社会制度を形成する形式と秩序の理念」を表現するものであり，「イギリス協同組合運動のルネサンス」に充分に値するものであったのです．またその意味では，彼らにとって，ICA の設立にしても ICA への加盟にしても，「利潤分配方式問題」は決して避けて通れない「協同組合アイデンティティに関わる問題」であったのです．

むすび

周知のように，ICA は紆余曲折を経ながらも分裂することなく拡大・発展していき，国際的な協同組合運動の能力をしだいに高めていきました．そして，話は現代に入りますが，ICA は，1934 年の第 14 回 ICA ロンドン大会で

実質的に「ロッチデール原則」を確定し，それに基づいて 1937 年に開催された第 15 回 ICA パリ大会において次のような「ICA 原則」を提案・採択しました．(1)開かれた組合員制，(2)民主的運営，(3)購買高配当，(4)資本（出資金）に対する利子制限，(5)政治的・宗教的中立，(6)現金取り引き，(7)教育の促進，の 7 原則がそれです．そして(1)〜(4)の原則を，「協同組合運動の経済的基礎を構成する新たな体制」・「(協同組合) 企業の協同組合的性格の試金石」となる「本質的原則」と位置づけ，また(5)〜(7)原則を，「これら 3 つの原則を遵守しないことは企業の協同組合的性格を消失させる」ことになる「基準というよりもむしろ行動と組織の本質的方法」であると位置づけました．ここに初めて国際協同組合運動に共通の協同組合原則が示され，各国の協同組合運動を普遍的に発展させる「共通のビジョンとアイデンティティ」が協同組合人に示されることになりました．

　ところで，協同組合の事業と運動がここまで辿り着くにはさまざまな努力が求められたことは言うまでもありませんが，重要なことは協同組合人がいかなる問題や課題にも議論（コミュニケーション）を以て対処し，いかなる協同組合も排除することなく，共通の合意を創りあげてきた歴史を私たちは忘れてはなりません．すぐ前で触れました「第 14 回ロンドン大会と第 15 回パリ大会」と言われると，私としてはつい「第 1 回ロンドン大会と第 2 回パリ大会」の「対立の情景」を思い出すのですが，それはさておき，この 7 原則に言及しますと，私としては，1913 年の ICA クレモナ大会におけるスイス代表のハンス・ミュラーの「CWS の重要性」に関わる提案・決議に行き着きます．ミュラーのこの提案とその決議は，それまでなお存続していましたイギリスでの「CWS 対労働アソシエーション」＝「消費者協同組合対労働（生産）者協同組合」との間の「利潤分配方式」の路線対立を希釈化させ，CWS・消費者協同組合への ICA の基軸の移動が決定的になった，と思えるのです．

　また ICA 大会で「ロッチデール公正先駆者組合の原則」という言葉が初めて使われたのもこのクレモナ大会でした．それはベルギー代表の M. バー

トランドが提示した原則で，それは「ICA の主流は消費者協同組合運動であることを正当化する」ものでした．すなわち，「ロッチデール公正先駆者組合の原則に基礎を置く協同組合は(1)できる限り安価で良質な生産物を販売する，(2)実現された利潤（剰余）を購買高に応じて消費者（組合員）に払い戻す」，(3)特定の目的のために留保されている利潤の一部を教育および連帯のために活用する」というものです．彼のこの提案の影響は小さなものではなかった，と私には思えます．彼の提案は「ICA は先駆者組合アイデンティティを引き継ぐのだ」との印象を参加した 25 カ国の協同組合人に与えたからです．

　さらに 1910 年に開催された第 8 回ハンブルク大会において——1896 年の第 2 回パリ大会に参加したイギリスの労働（生産）者協同組合の代表とフランスの消費者協同組合の代表との間で意見が対立したままであった——「ICA 規約」の改正がなされ，新たな ICA 規約が満場一致で承認されたことも，ICA の活性化に繋がっていきました．この規約はハンス・ミュラーの尽力によって作成されました．この第 8 回大会で漸く「ICA の機能・役割と運営が企図されている ICA 規約」が成立したことの事実は，協同組合の発展を願う人たちが結集している組織であってもなお，国際協同組合運動を一つの目標に向けてまとめることの難しさと同時に，それを乗り越えていく協同組合人の粘りと気概とに支えられた努力のプロセスの何であるかを私たちに教えてくれているようで，私としては大いに励まされます．民主主義とは本来このようなプロセスを言い表すものでしょう．私はキース・フォークスの言葉を思い出します．「民主主義は普遍的な真理を達成しようとするのではない．そうではなく，民主主義は多様な市民同士の間の関係を築いていこうと努力することなのである．……民主主義は進行中の絶えず変化するプロセスにおいてなければならない解放（開放）の手段なのである」[18]．

　いずれにしましても，イギリスをはじめフランス，ドイツそれにイタリアなどヨーロッパ諸国における協同組合の事業の成長と運動の発展を背景に協同組合運動の国際化が進展し，1895 年に ICA の設立に到るのですが，先に

見ましたように，その後も多くの協同組合人が ICA の規約や原則の決定プロセスに多大のエネルギーを費やしてきましたが，そのエネルギーの内実を追い求めていきますと，私たちは，各時代のあるいはその時々の協同組合人が「先駆者組合の遺産」を滋養にしつつ協同組合の事業と運動をそれぞれの時代に見合ったものに組み立ててきた努力のプロセスに思い到るのです．そこで最後に私は，本日の講演の「むすび」として「『先駆者組合の遺産』と現代協同組合運動」に言及し，締め括ることにします．

　「先駆者組合の遺産」の生命力が，「先駆者組合創立 150 周年」の 20 世紀末の現在にあってもなお，国際的協同組合運動にも個々の協同組合運動にも持続可能な「力」として働いている，と考えるのであれば，その「力」の源泉は先駆者組合のどのような歴史的な文脈に由来するのかを私たちは検証しなければなりません．本日の私の講演はそのような観点に立つものです．換言すれば，19 世紀中葉に「近代協同組合の創始」たる先駆者組合を設立した先駆者たちがどのような思いで「自らの生活と労働の改善」や「新たな社会制度の形式や秩序の形成」を目指して生き抜こうとしたのか，これらのことに私は言及しつつ現代協同組合の事業と運動の現実とそれらを照らし合わせてきましたが，結局それは「先駆者組合の遺産は現代の協同組合運動の観点から協同組合人にどう理解され，認識されるのか」ということに収斂されるでしょう．

　最初に述べましたように，「先駆者組合の遺産」は，先駆者組合が辿った単なる「歴史の教訓」ではありません．それは「歴史の教訓」を乗り越えてなお，現代の協同組合運動をして「先駆者組合への共感」を呼び起こさせる理念と実践の歴史的文脈から生まれ出る，現代協同組合運動それ自体の経験のなかに見出される認識——ヘーゲルの言う「自己認識」——でなければならない，と私は考えています．要するに，「先駆者組合の遺産」は現代の協同組合人の協同組合アイデンティティと彼・彼女たちによるその実践によってどう再認識され，我が物とされるのか，ということです．

　例えば，協同組合教育ですが，レイドロー報告は「大多数の協同組合には

教育怠慢の罪がある」と指摘して，この状況が続くならば「新しい世代の組合員は，協同組合とは何であるのか，協同組合はどのようにして生まれたのか，理解できないだろう．ゲーテは言っている．『人は，自分が理解しないことを自分のこととは思わない』」と，協同組合教育の現状を強い調子で批判していますが，私もその通りだと思います．

　協同組合教育は，協同組合の事業と運動がある場合には時代の要請に応え，またある場合には時代の特徴的な傾向に抗して，その直面する経済的，社会的，政治的な諸問題に対応するべく組織と組合員の多様な努力を結集するための極めて重要なエッセンス（根本的要素）なのです．先に見ましたように，1937年のパリ大会で採択された「協同組合7原則」のうちの「教育の促進」（第7原則）は「行動と組織の本質的方法」であり，「協同組合事業の特徴的性格」を示すものだと位置づけています．私に言わせれば，この位置づけは次のような表現になります．「協同組合の事業と運動は，それが直面する諸問題を協同組合教育によって克服し，新たな前進を確かなものとするために，協同組合教育に途切れることのない役割を期待する」，これです．ところが，現実は，レイドロー報告の判決申し渡しの如く，「教育怠慢の罪」のままです．では，どうすればその罪を回避できるのでしょうか．

　そこで，協同組合教育を「先駆者組合の遺産」という文脈で言及すると，次のように言えるのではないかと私は考えました．既に「5教育条項」のところで言及しましたが，先駆者組合の1844年規約の第1条の第5項に記されている目的の「生産，分配，教育および統治の能力を準備し整え」て，自立した協同コミュニティの建設を可能にする取り組みに臨むために，先駆者組合はエイブラハム・グリーンウッドを中心に新聞・雑誌閲覧室を設置し，それを組合員や地域コミュニティの人たちに開放し，生活上最も基本的な「読み・書き・ソロバン（計算）」を身に付けるよう教育しました．このような最も基本的な教育から始まり，次に多様な情報を正確に理解する教育を経て，中産階級や支配階級の人たちとの間の「情報のギャップ」を埋めていくための教育が行われました．グリーンウッドの言葉で言えば，それは「共通

の目的のための協同による労働者の他の階級に対する知的同等性への接近」のための教育です．先駆者組合は，このような教育を下敷きにしてはじめてイギリス市民社会に対して「新たな経済 - 社会的な形式と秩序」を支える「協同組合の組織文化」を創り出すことに成功したのです．現代の協同組合人は，教育に関わるこの「先駆者組合の遺産」をどのように再創造するのかが問われているのです．これに加えて，私はさらに，1882年にオクスフォードで開催された協同組合大会でアーノルド・トインビーが強調した言葉，「協同組合人の仕事は市民を教育することである」とのアプローチも協同組合教育に関わる重要な視角である，と捉えています．

　もう一つは「協同組合と社会改革」というテーマです．簡潔に述べます．現代協同組合運動はいかなる社会改革を実践すべきか，協同組合による社会改革とは何か，協同組合運動と社会改革はどのような接点を持ちうるのか，という問題提起に対して「先駆者組合の遺産」の文脈，すなわち，先駆者たちの実践とイデオロギーの文脈を以てどう応答するのか，私たちは腰を据えて，しかし，時代に遅れることなく，あるいはまた時代を先取りして考えなければなりません．このような問題提起とそれへの応答は，現代協同組合アイデンティティにとって決定的に重要なコンセプトであり，協同組合人が取り組む重要な仕事の一つです．私の回答は「協同組合は現代の経済 - 社会に対して『新たな経済 - 社会的な形式と秩序』を提起し，それを実践し，その実行可能性を人びとに明示すること」，これです．

　私は「先駆者組合の遺産」という観点から二つの例を挙げましたが，事例としてはまだいくつもあるかと思います．例えば，協同組合と生活様式，協同組合と階級，協同組合と家族，協同組合と労働，協同組合と女性，そして協同組合と（地域）コミュニティといった問題提起に対し，「先駆者組の遺産」という歴史的文脈に基づいて現代協同組合運動の視角からどのように論究し，かつ実践すべきか，この試みは協同組合人にとって困難であるが故に絶対に必要なのである，と私は思います．なぜなら——ヘーゲリアン哲学の言葉に倣って言えば——協同組合人のかかる論究と実践は「（人びとの）協

同組合に対する期待」・「協同組合の果たすべき役割」・「協同組合のなし得る
こと」という協同組合人の自己意識を確認するプロセスであると同時に，
「協同組合による諸活動の社会的文脈」を確認するプロセスでもあるからで
す．

　以上，最初に述べましたように，私にとって大変難しいテーマを選んでし
まった，と思いながら話をしてまいりました．とはいえ，近代協同組合の創
始である「先駆者組合」の「遺産」は，協同組合人にとって絶えず探究され
るべき対象であろうかと思います．その創立150周年に，本日ここで私の拙
い講演が少しでも皆様のお役に立つことができたのであれば，先駆者組合を
研究してきた者としてこれほど嬉しいことはありません．皆様にお礼を申し
上げて私の講演を終わらせていただきます．ご清聴ありがとうございました．

注

1) J.F.C. ハリスン，'The Legacy of Robert Owen'（土方直史訳「ロバアト・オウ
   エンの遺産」ロバート・オウエン協会，ロバート・オウエン協会年報 XV, 1990,
   pp.58-80). なお，ハリスンのこの講演は，1988年7月に，スコットランドのニ
   ュー・ラナークとエディンバラ大学を会場に開催された「ユートピア思想と共同
   体実験」(Utopian Thought and Communal Experience）と題する国際会議にお
   いて行われた（この国際会議は，国際共同体研究学会 International Communal
   Studies Association とイギリス歴史的共同体研究学会 National Historic
   Communal Societies Association の共催である).

2) G.J. Holyoake, *Self-Help by the People The History of the Rochdale Pioneers,
   Tenth Edition Revised and Enlarged*, 1893.

3) G.D.H. Cole, *A Century of Co-operation*, 1944, p.15. （森晋監修／中央協同組合
   学園・コール研究会訳『協同組合運動の一世紀』家の光協会，1975年，22頁）

4) T.W. Mercer, *Co-operation's Prophet: The Life and Letters of Dr. William King
   of Brighton with a Reprint of The Co-operator, 1828-1830*, Co-operative Union
   Limited, 1947, p.161.

5) *The Co-operative Congress Reports 1-4, 1831-1832*. p.103.

6) William Maxwell, *The History of Co-operation in Scotland: Its Inception and
   Leaders*, Pub- lished by The Scottish Section of the Co-operative Union, 1910,
   p.52.

7) G.D.H. Cole, *op. cit.*, pp.67-68. （前掲書，101-103頁）

8) *Ibid.*, p.68. （同上，101頁）

第1章　ロッチデール公正先駆者組合の遺産　　　47

9)　*Laws and Objects of the Rochdale Society of Equitable Pioneers.*（*Enrolled according to the Acts, 10th, George IV, and 4th and 5th, William IV. pp.2-3.*）Printed by Jesse Hall, *1844.*

10)　*Laws for the Government of The Rochdale Society of Equitable Pioneers*（*Adopted at a General Meeting of the Members, October 23rd, 1854*）, J. Brearley, Printer, & c., No.33, Toad-Lane, 1855. pp.18-19.

11)　G.D.H. Cole, *op. cit.*, p.89.（前掲書，134 頁）

12)　*Laws for the Government of The Rochdale Society of Equitable Pioneers, Laws. 2.-Object.* p.3, なお Laws.1 は名称の変更である；"1- This society shall be called the "Rochdale Equitable Pioneers' Society."（「本組合の名称を『ロッチデール公正先駆者組合』とする」）

13)　G.D.H. Cole, *ibid.*, p.89.（前掲書，133-134 頁）

14)　G.J. Holyoake, *Essentials of Co-operative Education*, The Labour Association, 1998, pp.4-5.

15)　中川雄一郎著『キリスト教社会主義と協同組合：E.V. ニールの協同居住福祉論』日本経済評論社，2002 年，36 頁．

16)　*Proceeding of the Co-operative Congress held in London, at the Theatre of the Society of Arts, May 31ˢᵗ, and June 1th, 2ⁿᵈ, and 3rd, 1869.*, Edited by J.M. Ludlow, London, p.6.

17)　中川雄一郎，前掲書，56-60 頁，

18)　キース・フォークス著・中川雄一郎訳『シチズンシップ』日本経済評論社，2011 年，165 頁．

第2章　協同組合は何を求められているか
―協同組合の理念とシチズンシップ―

はじめに：国連国際協同組合年（IYC）にあたって

　ご紹介いただきました中川です．開口一番失礼とは存じますが，講演に入る前に「宣伝」を兼ねましてお伝えしたいことがございますので，お含み置きいただければ幸いに存じます．それは，本日の私の講演が全労済協会主宰の下で 2011 年 3 月末から本年 4 月初めまで，私と 4 名の若き協同組合研究者，それに全労済協会の主任研究員が共に報告し，議論し合い，検討し合ってまいりました「協同組合研究」の成果をこの 5 月に『協同組合を学ぶ』と題して上梓しました新鮮な書籍に基づいています，ということです．

　私たちの「協同組合研究」の目的の一つは「全労済職員のための協同組合テキストの作成」でしたのですが，およそ 1 年を経た研究成果の塩梅（あんばい）を周囲の方々にお聞きしたところ，「予想以上に芳しい」ということでしたので，全労済職員にだけ本書を用いるのは少々「もったいない（Mottainai）」[1] のでは，ということになりまして，加筆・修正し，生協（購買生協），農協それにワーカーズコープなど他の協同組合の職員や組合員に，また学生・院生に，さらには協同組合研究者にも役に立つかもしれないと欲を出しまして，本書を日本経済評論社から上梓した次第です．ということで，本日の私の講演の「ネタ」は，この『協同組合を学ぶ』からということになります．特に，本日の研究集会のテーマであります「国際協同組合年に際し協同組合の社会的役割と価値を考察する」に関しましては，『協同組合を学ぶ』のうち私が担

当しました第2章と第6章を中心に話を進めることになりますので，本日の研究集会に参加された皆さんにとって「新鮮な内容」になることを私も願っております．

さて，皆さまの手許にございます冊子（2012年国際協同組合年全国実行員会「2012年国際協同組合年ってなに？：日本の協同組合のいま」）に私の講演のイントロダクションが記されていますので，それに目を通していただければ，私のレジュメの「はじめに」の主旨について十分理解していただけると思います．それでも，国連（United Nations）が「国際協同組合年」（International Year of Co-operatives: IYC）を決議した背景について，ここでもう少し詳しく説明した方がよいだろうと思えるので，国連総会で国際協同組合年が決議されました背景から話を始めることにします．私たちは国際協同組合年が決議されました背景をより具体的に理解することによって，「IYCの意義」をより深く理解することができるでしょう．

皆さんもご承知の通り，国連にはいくつかの理事会があります．なかでも世界的，国際的な平和問題を扱う「安全保障理事会」，いわゆる「安保理」は最も有名な理事会ですのでご存知だと思います．それに対して，私たちにとって重要な，また関心のあるもう一つの理事会「経済社会理事会」の存在とその経済的，政治的，社会的な役割については，意外と知られていないかもしれません．じつは，世界の協同組合を代表している国際組織「国際協同組合同盟」（International Co-operative Alliance :ICA）は，その経済社会理事会と協議資格を有している世界最大の非政府組織（Non-Governmental Organizations: NGO）なのです．このことは，「国連と協同組合の相互関係」という観点からしますと，極めて重要なことですので，皆さまには是非このことをよく理解し，認識していただければ，と思います．これを要するに，ICAは世界最大のNGOとして世界的にも国際的にも重要な経済-社会的な役割を果たしている，ということなのです．ICAは，この協議資格を得ていることによって，国連の作業プログラムや目標に貢献することができるのです．例えば，2000年9月に国連総会で採択された「ミレニアム宣言」に基づい

た「ミレニアム開発目標」（Millennium Development Goals: MDGs）[2] に ICA に加盟している世界の協同組合は大いに貢献してきましたし，現在もなお貢献しています．2009 年 12 月に開催された国連総会が「2012 年を国際協同組合年（IYC）とする」ことを満場一致で決議した背景に「MDGs への協同組合の顕著な貢献」があったことを私たちは十分窺い知ることができるのです．

　MDGs とは，「極度の貧困と飢餓の撲滅：1 日 1 ドル未満で生活する人口比率と飢餓に苦しむ人口比率を半減させる」・「普遍的な初等教育の達成：すべての子どもが初等教育の全課程を修了できるようにする」・「ジェンダーの平等の推進と女性の地位の向上：すべての教育レベルにおける男女格差の解消」・「HIV / エイズ，マラリアその他の疾病の蔓延防止」・「環境の持続可能性の確保」など 8 項目にわたる開発目標を 2015 年（項目によっては 2020 年）までに達成しよう，というものです．

　このような開発目標を達成しようとの努力を継続していくことを世界の協同組合は明らかにしているのですが，しかし，「世界の協同組合」といいましても，発展途上諸国の協同組合と西ヨーロッパや北ヨーロッパの諸国それに日本といったような先進諸国の協同組合とでは経済 - 社会的な能力に違いがありますので，MDGs に対する貢献という点では特に先進諸国の協同組合の役割が重要になってきます．言い換えれば，先進諸国の協同組合はMDGs のためにどのような機能を発揮し，どのような役割を果たし得るのか，ということが問われることになります．しかしながら，MDGs は何も協同組合だけの問題ではありません．じつは，MDGs は大きな経済的能力を持っている先進諸国の政府の問題でもあり，したがって，先進諸国の市民の重要関心事でもあるはずです．その意味で，先進諸国の協同組合は言うまでもなく，政府も市民も共に MDGs に対して経済的，社会的，場合によっては政治的な機能を発揮し，役割を果たさなければならない，と私は思っています．とりわけ，世界の「南北問題」は現在でも依然として地球的規模の重大な問題なのです．その点でも，2015 年を目前にした 2012 年の今年に貧困と飢餓の撲滅，教育の更なる普及，男女平等，病気の蔓延を防ぐ等々の

MDGs に向けて先進諸国の協同組合や政府や市民に更なる努力を継続してもらいたい，というのが国連の期待するところだろうと私は考えています．

このような IYC の背景については皆さん理解されたことと思いますので，次に IYC の目標に目を転じて，国連の決議について簡潔に考察してみましょう．

国連の決議は「三つの目標」を提示しています．すなわち，(1)協同組合についての社会的認知度を高める，(2)協同組合の設立や発展を促進する，そして(3)協同組合の設立や発展につながる政策を定めるよう政府や関係機関に働きかける，というものです．これら三つの目標は，すぐ前で述べました MDGs とも関係しますが，さらには協同組合が世界的な範囲で経済的，社会的，文化的に有用かつ有効な機能を発揮してきたこととの関連をもまた示しているのです．国連の決議はこのように述べています．「協同組合は，人びとが経済社会開発（発展）にできる限り参加するよう促して，持続可能な開発（発展），貧困の根絶，都市と農村におけるさまざまな経済部門の形成に貢献できる事業体・社会的企業である」．

実際のところ，世界の協同組合は，2007 年に起こった世界的な食糧危機に，また 2008 年のリーマンショックを契機とするアメリカ発の金融危機・経済危機にしっかり対応し得る「耐久力と回復力」を私たちに見せてくれました．このことは，国連決議が強調しているように，協同組合こそ地域経済にしっかり根を張っており，アメリカ経済が繰り返してきたあのバブル経済とその崩壊の影響を最小限に抑えることを可能にし，「経済システムに安定性をもたらした」ことを物語っているのです．しかしながら，世界的な次元でも地域社会的な次元でも遂行されるこのような協同組合の有用かつ有効な経済−社会的な機能や働きにもかかわらず，いくつかの先進諸国を別にすれば，協同組合の有用かつ有効な現実的な機能や働きは意外と認識されておらず，したがってまた，多くの人びとに十分理解されずにいるのです．このことは多分，日本の協同組合についても当てはまるでしょう．例えば，日本では生協や農協が多くの人びとによって認知されていることから，日本における協同

組合の経済的，社会的，そして文化的な働きや機能も認知され，理解されているだろうと思われるのですが，実態は必ずしもそうではないと言うべきでしょう．じつは，生協や農協も含めて「協同組合の機能と働きに関する真の姿」は意外に認識されず，理解されていないのです．私の経験からしても，新聞やテレビといったマスコミ人たちの協同組合の認識や理解は総じて狭くかつ浅い，と言ってよいでしょう．このような状況をつくりだしていることについては，誰が悪いというよりも，協同組合陣営がもっと積極的に「協同組合の有用かつ有効な機能と働き」をより多くの人びとに知らせ，認識してもらう機会を創り出していくことが求められているのだということでしょう．そのような機会を創り出していくことは可能である，と私は思っています．なにしろ，日本では生協の組合員は 2,600 万人以上であり，また農協，漁協，森林組合，労働者協同組合（ワーカーズコープ），それに中小企業などの事業協同組合を含めると，協同組合の組合員の延べ人数は，なんと 8,000 万人を優に上回っているのですから．

　日本において「協同組合の認知度を高める」とのことについて一言加えますと，ここ 20 年ほどの間に国公立・私立の大学における「協同組合学・協同組合論」といった協同組合に関わる講座・講義がかなり減少してきた，という現象が「協同組合の認知度の低さ」を語っている，という事実です．協同組合を研究し，協同組合学を講義し，ゼミナールを持っている私には，このような状況はまったく以て残念です．私の学生時代には多くの国公立・私立の大学には必ずと言ってよいほど協同組合学・協同組合論の講座や講義やゼミナールが置かれていたのですが，それが次第に他の講座や講義に置き換えられてしまい，現在に至っているのです．しかも，2009 年に国連機関のILO（国際労働機関）が的確に「危機の時期における協同組合ビジネスモデルの強さ」と題する報告書を刊行し，そのなかで「どうして協同組合が経済危機においても安定性を保つことができたのかを示し，またあの金融危機に対応し，将来の危機を避けるための方策として ILO が協同組合を振興する方法を示唆している」と，高く評価しているにもかかわらず，そうなのです．

このような状況を何とかしなければ，ということで，現在，JC（Japan Co-operatives）総合研究所が危機感を覚え，国公立・私立大学の協同組合講座・講義の設置についてのアンケート調査を行っています．多くの大学では学生や教職員の福利厚生に貢献し，また書籍販売や食堂などを経営している大学生協が活躍しているのですから，協同組合の講座や講義やゼミナールは設置されるべきだと私は強調したいのです．

　このような時期に IYC が世界に向かって国連から発せられたのですから，協同組合人や協同組合関係者，また協同組合研究者は，何かしら協同組合の認知度を高めていくような活動をしなければならないということになったのです．

　この「協同組合の認知度を高める」目標と他の二つの目標を遂行するために日本では IYC の実行委員会が設置されました．そしてまたその実行委員会での討論・議論の結果，IYC を単なる「イベント騒ぎ」に終わらせないために「協同組合憲章」を作成し，それを政府に承認させよう，ということになりました．これは，既に鳩山内閣が「中小企業憲章」を承認した事実を受けて，またその「中小企業憲章」から多くを学んで生まれたものです．富沢賢治先生（一橋大学名誉教授）の発案ということもありまして，富沢先生を中心に協同組合憲章案が練られ，漸く「憲章草案」ができあがりました．

　そこで次の行動として野田内閣に承認を呼びかけることになるのですが，ご承知のとおり，野田内閣は「国民生活のための原発稼働」という的外れの政治的アジェンダと，また「社会保障と消費税増税の一体改革」という安易なスローガンを掲げた政治的アジェンダとに夢中かつ霧中になっているので，見通しは立っていません．国民の多数が反対している「原発稼働」も「消費税増税」も極めて重要な政治課題・問題でありますが，立法府を背負って立っている野田政権には「政府の理性」を複眼的に働かせる必要があります．野田政権は今や「単眼的政権」になってしまっている，と私には思えるので，協同組合人や協同組合研究者の頑張りもなかなか前に進まないという状況です．

国際協同組合同盟（ICA）の歴史と理念

　さて次に進みます．本日の研究集会テーマは，この横断幕に書かれているように，「協同組合の社会的役割と価値を考察する」というものです．そこで私としては，「協同組合の社会的役割と価値」について私自身の考えを提示することによって，皆さんが「協同組合の社会的役割と価値」の何であるか，そのエートス（普遍的特性）を考察し，理解し，認識するための筋道を示唆する，ということになります．

　ここで先ず私が示唆することは，皆さんに国際協同組合同盟（ICA）の歴史と理念を知り，理解してもらうためのそれです．ところで，私たちは，自らの仕事に真剣に向き合えば向き合うほど目の前の事柄に関心と注意を当然集中するでしょう．しかし同時に，その当然の行為・行動・活動が得てして私たちの思考を，時として「複眼的」ではなく「単眼的」なところに追い遣ってしまうことがあります．したがって，私は，「協同組合の社会的役割と価値」について考察する際にもまた，単眼的ではなく，複眼的な思考をもって考察するよう強調するものです．換言すれば，現に多くの自立した個人が自発的に参加することによって成り立っている協同組合の事業と運動が，どのような道程を経て現在に至っているのか，またその協同組合の事業と運動は今後どの方向に舵を取るべきなのか，さらには30年後，すなわち，1世代後の協同組合像を現代の私たちはどう想像し，明確に理解し認識するための準備を進めていくか，これらのことを絶えず論じ，検討し，より明確な協同組合像を描き，かくして新たな形式と秩序を備えた協同組合の事業と運動を創造していく道筋を求められるということ，これです．では，なぜ求められるのかと言えば，それは，私たち市民一人ひとりは創造的で創意に富んだ行為者であるからであり，また自分自身の生活や生き方について判断を下す能力を持っているからであり，したがってまた，統治能力のある自立・自律した個人であるからです．そうした市民として協同組合の組合員も役職員も

——制度や法律も含めた——さまざまな社会的枠組みを通して協同組合の「人間的な統治」（ヒューマン・ガバナンス）を安定的に支える責任を遂行するのです．私たち市民は，お互いに「権利を行使し，責任を履行する」という生活上の行為・行動・活動を通じて信頼し合うのですから，「自らの権利を行使し，責任を履行する当事者」として自分自身を認識するよう求められるのです．熟議民主主義の基礎はまさにここにあるのです．要するに，市民としてのステータスを享受しているすべての人びとのうちのある人たちは，市民として有する権利と責任を「社会を維持する枠組みとしての協同組合」の組合員あるいは役職員として遂行し，そうすることで社会的な役割を果たしているのです．そしてまたこのことは，ある時は「自らのアイデンティティ」に基づいてさまざまな社会活動に参加し，またある時は「協同組合のアイデンティティ」に基づいてその事業と運動を担い，協同組合の歴史を学び，協同組合の未来像を提起し，さらにまたある時はフェミニストとして男女平等の社会の実現に尽力し，自然環境を保護することの重要性を訴えるのです．市民のアイデンティティはまさに多元的であり，このような多元性は私たち個人の内部において何ら矛盾するものではありません．本日は，このような観点から，ICA の歴史に触れることで「協同組合の未来像」を考えるヒントを示唆することにします．

(1) ICA 前史

ICA は日本語で「国際協同組合同盟」と表記します．その「同盟」ですが，おそらく，「連合」よりもメンバーシップの強い結びつきを意味している，と私には思われます．国語辞典では「組織・個人・国が共同の目的のために同じ行動をとるよう約束すること」と説明されています．"Alliance" に「共同の目的のために同じ行動をとるよう約束する」という意味を持たせるために「同盟」と訳したのでしょう．因みに同じ国語辞典では「連合」を「個々人・会社・機関・国などが相互の繁栄のために，まとまって一つになること」と説明し，例として「国際連合」をあげています．同じ国語辞典でのこ

の違いを私たちも頭の片隅に置いておく必要があります.

さて,ICA にも「前史」がありますので,簡潔に説明しておきます.協同組合運動の国際連帯がヨーロッパ諸国の協同組合人によって希求された背景には「協同組合間の協同と国際平和の促進」という「二重の願望」がありました.この「二重の願望」こそが,最初はイギリスとフランスの協同組合間で展開され,やがてイタリア,ドイツそしてスペインなど他のヨーロッパ諸国へと広がっていく協同組合運動の国際連帯をさらに促進させるアイデンティティであったのです.この国際連帯志向が本格化するのは 1884 年にダービーで開催された第 16 回イギリス協同組合大会からです.これ以後も,イギリスとフランスの主に消費者協同組合(Consumers' Cooperative)の指導者たちの間で「国際連帯の促進」について話し合いが持たれました.しかし,イギリス国内における消費者協同組合(購買高配当・利用高に比例した割戻し)と労働者協同組合(労働に応じた分配)との間での「利潤分配論争」のために協同組合間の連帯が促進されず,したがって,協同組合間の「同盟」も実現されずにきました.それでも漸く 1895 年に ICA が創立される運びとなります.とはいえ,現在では「第 1 回 ICA 大会は 1895 年にロンドンで開催された」ことになっているこの第 1 回大会の正式名称は「第 1 回国際協同組合大会」(First International Co-operative Congress),つまり「同盟」(Alliance)が抜けていますので,正確に言えば,ICA の名称は翌 1896 年に開催された「第 2 回 ICA パリ大会」が最初だということなります.事実,ICA 規約の承認は第 1 回のロンドン大会ではなく,第 2 回のパリ大会においてなされています.これもまた,イギリス国内における CWS(Co-operative Wholesale Society:協同組合卸売り連合会)に結集する消費者協同組合と,1884 年に「労働に応じた利潤分配」原則,すなわち,コ・パートナーシップ(Co-partnership)を掲げる「労働アソシエーション」(Labour Association)に結集する労働者協同組合との間の利潤分配論争にその原因がありました.イギリス協同組合運動にあっては両者による利潤分配論争は 20 世紀の初期まで続きます.それでも,ヨーロッパ諸国において協同組合運動が成

長していくと国際連帯意識も次第に強まっていき，20世紀に入ると ICA は
ヨーロッパ諸国を中心に地域的広がりを見せるようになります．

　ICA の前史についての大まかなスケッチはこのようなものです．詳しくは
『協同組合を学ぶ』の第 2 章で論じておりますので，そちらを参照してくだ
さい．

(2)「第 1 回 ICA ロンドン大会」のスケッチ

　ICA を構成する協同組合の主要国はイギリス，フランス，イタリア，ドイ
ツなどで，ICA の初期のころはこれらの国々の協同組合人，特に消費者協同
組合と労働者協同組合（Workers' Co-operative）の指導者が――両陣営の対
立も含めて――活躍しました．このことについても『協同組合を学ぶ』第 2
章をご参照ください．

　1895 年にロンドンで開催された「第 1 回 ICA 大会」は「両陣営の対立」
を残したまま閉会します．したがって，ルールに則った「ICA 規約」の提
案・決議は行われませんでした．この大会の会長を務めた E. グレイ（イギ
リス協同組合連合会会長）は，「利潤分配」をめぐって対立してきた，消費者
協同組合と労働者協同組合の両陣営の対立をこの大会に持ち込ませないよう
注意深く計らい，協同組合運動における分裂を防ぎました．両陣営の主張を
理解していたグレイは，協同組合運動の分裂を避けることに力を割き，両陣
営に対し筋を通した大会運営を実行しました．彼の協同組合イデオロギーは
次の主張によく表れています[3]．

　　イギリスの協同組合運動は消費者協同組合の領域では他の国々の「教
　師」たるに値するけれど，他の部門では諸外国の協同組合運動から多く
　を学ばなければならない．イタリアの協同組合運動からは労働者協同組
　合や協同組合庶民銀行の例を，ドイツの協同組合からは信用事業の展開
　を，小規模農民を励ましているデンマークの協同組合運動からは乳製品
　を生産している協同組合工場の管理・運営を，フランスの協同組合運動

からは労働者協同組合工場，とりわけパリ郊外のギーズに設立されている J.B.A. ゴダンの労働者協同組合工場の管理・運営を学ばなければならない．

　この第 1 回 ICA 大会において両陣営の分裂を防いだもう一人の協同組合人がおりました．この大会の唯一の女性参加者で，男女平等を主張し，追求してきた協同組合運動家のキャサリン・ウェッブその人です．彼女はこう論じたのです[4]．

　　労働争議を引き起こさない安定した秩序が，もっと言えば，人間の同胞愛が成し遂げられるために，本同盟は協同組合の原理・原則を受け入れる人であれば誰もが参加できるようにすべきだということ，これが私たち（女性）の考えなのです．……もしこの（ICA 規約の）決議に利潤分配が含まれることによって，ある協同組合人が本同盟によって協同組合に与えられる利益から排除されるのであれば，その部分は削除されなければなりません．

　彼女の主張は他の協同組合人たちを動かし，結局，利潤分配原則は引き続き議論されるので「ICA 加盟資格として原則の承認を表明するに及ばない」，ということになりました．こうして ICA は，最も重大な対立点であった「ICA 原則」の決定を急がず，分裂を避けるために時間をかけて議論し，討論を積み重ねて多様な協同組合運動の統一を図っていく，という一種の「熟議民主主義」を大会運営の原則に高めるという「副産物」を獲得したのです．このことはまた，協同組合事業の展開には「協同組合間の協同と国際平和の促進」が不可欠であるとする「二重の願望」を協同組合運動は固守するのだとの意識を協同組合人のイデオロギー（心的態度：主体的選択に基づく行為性向）に埋め込んでいくことになっていったのです．

(3) ICA 原則の変遷とその意味

かくして，消費者協同組合が協同組合運動の主流になっていくにつれて，消費者協同組合陣営と労働者協同組合陣営との間の利潤分配論争は前者の「利用高に比例した割り戻し」（購買高配当）に収斂していくのですが，それでもこの対立は 1904 年に開催された第 6 回 ICA ブダペスト大会まで続きます．その意味で，協同組合運動が国際的に本格的な転機を迎えるのは 1907 年に開催された第 7 回 ICA クレモナ大会以降になります．というのは，この大会でベルギー代表の M. バートランドが──「ロッチデール公正先駆者組合の原則」という言葉を用いて──「ロッチデール公正先駆者組合の原則に基礎を置く協同組合は，(1)可能な限り安価で良質な生産物を販売する，(2)実現された利潤（剰余）を利用高に比例して組合員に払い戻す（購買高配当），(3)利潤の一部を教育および連帯のために活用する」ことを提案したからです．要するに，バートランドは，「ICA はロッチデール公正先駆者組合のイデオロギーを引き継ぐのだ」との印象を 25 カ国の大会参加者に与えたのです．ICA は，この大会以後，「ICA の機能・役割・運営に関わる規約」を改正しつつ，「ロッチデール原則」について時間をかけて議論・討論を積み重ね，ICA 原則を確定していくことになります．なお，「ロッチデール原則」という用語は，法的構成に関わりなくどのような組織が協同組合であるかを規定した，1921 年開催の第 10 回 ICA バーゼル大会で初めて使われました．

ロッチデール原則に基礎を置く ICA 原則が承認されるのは 1937 年の第 15 回 ICA パリ大会ですが，じつは，その前の第 14 回 ICA ロンドン大会（1934 年）においてロッチデール原則は実質的に確定されていました．ICA 原則特別委員会はこれらの大会に「ロッチデール原則の消費者協同組合への現代的適用に関する報告」を提出し，次の 7 原則を提示しました．(1)開かれた組合員制（加入脱退の自由），(2)民主的運営（一人 1 票の議決権），(3)購買高配当（利用高に比例した割り戻し），(4)資本（出資）に対する利子制限，(5)政治的，宗教的中立，(6)現金取り引き，(7)教育の促進，です．これらの原則

のうち(1)〜(4)は「本質的原則」であって,「協同組合運動の経済的基礎を構成する新たな経済体制」となる「（協同組合）事業体としての協同組合的性格の試金石」であり,(5)・(6)・(7)は「基準というよりはむしろ行動（活動）と組織の本質的方法」であって,「これら三つの原則を遵守しないことは事業体の協同組合的性格を消失させる」ことになる，との説明がなされました．こうして漸く協同組合運動の国際的に共通する ICA 原則が決定され，各国・地域における協同組合運動の国際連帯の意識が本格的に生み出される基礎ができ上がったのです．

　ところで，この「ICA 原則」ですが，これは，すぐ前で述べましたように，バートランドが「ロッチデール公正先駆者組合の原則」という言葉を用いたことによって，「ロッチデールの先駆者たち」がその事業と運動を発展させるよう実践してきた活動や行動の根本原則を具現化させ，国際的に共通する協同組合運動の目的・目標を明確にすることの意義と意味を協同組合人に意識させるべく提起されたものです．私としてはここでこれらの原則の各々に言及したいのですが，時間の都合がありますので，ここでは「民主的管理」の基本原則である「一人 1 票の議決権」に関わって，「協同組合と民主主義」という観点から，私たちが明確に認識しておかなければならない「協同組合の歴史的な社会貢献」について言及することにします．

　現代にあっては協同組合研究者の間でさえほとんど話題にのぼらないようですが，イギリスにおいて 1844 年は二つの近代的事業形態（企業形態）の出発点となった年です．一つはもちろん「ロッチデール公正先駆者組合」の創立です．私たちは，ロッチデール公正先駆者組合が Law First を謳って「友愛組合法」(Friendly Societies Act) に準拠して創立された，名実共に最初の近代的協同組合事業体となったことを知っています[5]．では，もう一つは何でしょうか．それは協同組合人として知っておくべき歴史的に重要な法律とその法律に基づいて設立された事業体（企業）です．その法律と事業体（企業）こそ，17 世紀のイギリス東インド会社やオランダ東インド会社のように，絶対王政下での特許状によって貿易の独占的権利を与えられた会社制

度と明確に区別される，近代株式会社法体系の開始を告げた法律であり，泡沫会社を整理するために制定された法律でもありました「登記法」に準拠した事業体（企業）です．なぜこの登記法が重要なのかと言えば，「法人なき会社」をこの登記法によって規制し，会社設立の要件を満たすよう求めたからです．そしてこの登記法から 12 年後の 1856 年に近代株式会社法（Joint Stock Companies Act）が制定されることになります．既にそれより 4 年前の 1852 年にキリスト教社会主義者たちの努力によって「協同組合のマグナカルタ（Magna Charta）」と呼ばれた協同組合法「産業および節約組合法」（Industrial and Provident Societies Act）が制定されていたことは私たちのよく知るところです．この 1844 年から現在まで，近代協同組合と近代株式会社の「二大事業（企業）形態」は 170 年もの長きにわたって多くの国や社会で「非営利の協同組合」と「営利の株式会社」という形態で競合しつつ共存してきました．

　そこで私は強調したいのです．民主主義を事業経営だけでなく「人びとの生活と労働」にも組み込んで社会的に普遍化していく「新たな形式と秩序」を創り出し，確立していくことに大きく貢献したのは，「営利の株式会社」よりもむしろ「非営利の協同組合」である，ということです．言い換えればこうです．「組合員は一人 1 票の議決権を有する」という——この「普遍的権利」は，先駆者組合から始まったと言われていますが，実際には先駆者組合以前から実践されていました——「意思決定の平等な権利」はすべての協同組合において原則化されていました．この原則は，協同組合の組合員は「意思決定の権利」を平等に行使することにより，協同組合の安定した人間的な統治（human governance）を支える共同の責任を履行する，とのことを意味しているのです．人あって，この「意思決定の権利の原則」は現代のすべての市民にとって「民主主義に不可欠な当然の原則」であるのだから取り立てて言うほどのことなのか，と思うかもしれませんが，重要な点はまさにその「民主主義に不可欠な」というところです．現在の私たちが享受している当然の権利，すなわち，「個々の人びとが自立した市民として自らが帰属

する国やコミュニティ，組織やグループの意思決定を主体的かつ平等に行使する権利」は，1844年当時のイギリス社会には——したがってまた，世界のほとんどの国にも社会にも——あり得なかった，という歴史的な文脈からするならば，「一人1票の議決権」というこの協同組合の平等の原則がじつに価値ある社会アイデンティティであり，人間的な統治の理念であるのかが分かる，というものです．このような観点からすれば，協同組合運動の発展がイギリスのみならず他のヨーロッパ諸国において民主主義の根幹である「普遍的権利としての市民の意思決定の権利」，すなわち，「政治的権利」の確立に重要な貢献を果たしたことは大いに強調されるべきだと私は思います．さらにはこの「一人1票の議決権」という社会的，人間的な権利の理念はまた，「自己の尊厳」だけでなく「他者の尊厳」も，すなわち，「すべての人の尊厳を承認する闘い」（ヘーゲル）を意味する市民の普遍的権利の意識を醸成していった，とのことを協同組合人は主張できるのです．

(4) レイドロー報告の想像力

　話が少々横道に入ってしまいましたので，軌道修正をしてICA原則の変遷に戻ります．先に述べましたように，いわゆる「ロッチデール原則」と称された最初のICA原則が1937年のICAパリ大会で決定されました．そしてこのICA原則が改定されるのは，それから29年後の1966年に開催された第23回ICAウィーン大会でした．この間に長期にわたる第二次世界大戦が起こり，戦われたことから，世界の協同組合が落ち着きを取り戻すのにかなりの時間を必要としました．とりわけ世界大戦の戦場であった西ヨーロッパ諸国の協同組合はそうでした．そしてそれらの協同組合が「通常業務」の再開に取りかかった時，アメリカと西ヨーロッパ諸国の小売り流通は激しい競争を展開しつつありました．このような状況のなかで「協同組合はどのような政策を打ち出すのだろうか」との関心が協同組合に寄せられました．

　協同組合におけるこの時期の事業政策について，1992年に東京で開催された第30回ICA大会に提案・採択されたベーク報告はこう記しています．

「1960年代の初めに起こった流通革命に対して，ICA大会や中央委員会は，組合員の社会的，経済的な利益を守るための最善の方法として，外部環境への積極的な適応を勧告し，競争相手より一歩先んじるよう協同組合構造の根本的な改革を求めた」，と．これが1960年の第21回ICAローザンヌ大会において ICA会長のM.ボノーが提起した「協同組合の構造改革」なのです．それ故，1966年の第23回ウィーン大会でボノーによって提案され，決定された「1966年原則」はこの構造改革路線の産物であったのです．この「1966年原則」が1937年のロッチデール原則と相違するところは，(5)の政治的，宗教的中立の原則と(6)の現金取り引きの原則がなくなり，代わりに「協同組合間の協同」の原則が入り，「6原則」となったことです．したがって，この「ICA6原則」の表現も変わりました．すなわち，(1)自由加入制，(2)民主的管理，(3)出資金に対する利子制限，(4)剰余金（利潤）分配の基準，(5)協同組合教育の重視，(6)協同組合間の協同，ということになりました．

　しかしながら，ボノーの構造改革路線は基本的に成功しませんでした．むしろこの路線は組合員の参加・結集や協同組合教育を実質的に後退させていくのではないか，と危惧されるようになったのです．「諸資源の集中化，管理・運営の単位の拡大と統合の強化，サービスの中央管理，連合による力，経営プロフェッショナルの育成」といった構造改革路線は，結果的に，協同組合運動の基盤であるさまざまな部門への組合員参加・結集を排除してしまったのです．しかも，イギリスをはじめとする西ヨーロッパ諸国の協同組合にあっては，このような傾向が1970年代末から80年代にかけて一層強まり，「はじめに経済効率ありき」が当然のように経営上の指針とされたのでした．協同組合における事業と運動の適切なバランスが崩れていったのです．「民主主義の弱体化が構造的な傾向となって恒常化した」と言われる所以です．

　この構造改革路線に反省を迫り，協同組合の事業と運動の目標を「協同組合よりももっと広い基盤の上に置く」ことによって，協同組合の経済的，社会的な機能と役割をグローバルに展開することのアプローチが80年代のま

さにその初めに提起されたのです．1980年にモスクワで開催された第27回 ICA 大会に提出された「レイドロー報告」がそれです（レイドロー報告の正式なタイトルは『西暦2000年における協同組合』）．

レイドロー報告は，現代協同組合のいくつもの主要な課題・問題に言及し，論及していますが，一つは「協同組合イデオロギー」あるいは「協同組合アイデンティティ」の危機克服という課題・問題への言及であり，論及です．そしてこの危機克服の課題・問題に対して主に二つの対応が提起されました．一つは「1966年原則の改定」であり，もう一つは協同組合セクター論をベースとした協同組合の「未来（将来）の選択」です．この二つの対応はもちろん相互に関連しています．

前者についてレイドロー報告は，「1966年原則」は ①これまでの慣行を原則の水準に格上げさせてしまった，②主として消費者協同組合（生協）に準拠しており，農協，漁協，労働者協同組合それに住宅協同組合など他の種類の協同組合に同じように適用できない，と「1966年原則」を批判し，「協同組合原則は運営規則ではなく，基本的な指針の表明として定式化されなければならない」と主張して，原則改定の必要性を指摘しました．

後者は，レイドロー博士が常々主張してきた「世界と人類が抱えている四つの未解決の経済問題」とそれに連動する，現代の協同組合が挑戦すべき「四つの優先分野」です．前者の「四つの未解決の経済問題」は次のものです．①地球の諸資源を分け合う方法，②誰が何を所有すべきかという方法，③土地の果実（農産物）と工業製品を分け合う方法，それに④各人が必要とする部分を公正に分け合う方法，です．そしてこの未解決問題に挑戦する協同組合の対応（あるいは「政策」）が「未来（将来）の選択」としての「四つの優先分野」なのです．この「四つの優先分野」は以下のものですが，協同組合人にはかなり知られているので，ここではタイトルを示すだけにしておきます．「レイドロー報告の想像力」の何たるかを皆さんが自らの想像力を働かせて，次の協同組合の事業と運動のあり様をレイドロー報告と共に多様な角度から追い求めてもらいたいと思います．

第1優先分野：世界の飢えを満たす協同組合
第2優先分野：生産的労働のための協同組合
第3優先分野：持続可能な社会のための協同組合
第4優先分野：地域社会（コミュニティ）の建設

(5) ベーク報告の役割

　このようなレイドロー報告の主張を受け継いだ——1992年に東京で開催された第30回ICA大会に提出・採択された——「ベーク報告」（正式なタイトルは『変化する世界における協同組合の基本的価値』）もまた，「協同組合の本質」に言及して「構造的な民主主義の弱体化」をいかに矯正し，組合員の参加・結集を回復させるのか，そのための重要な視点と論点を提示します．ベーク報告はそのなかで「参加型民主主義の再活性化」を提起し，「組合員民主主義」と「職員民主主義」のあり方について論及し，世界の協同組合人による活発な議論を求めました．そのなかでベーク報告は，協同組合アイデンティティを理解し，認識している組合員が自発的に参加しようとする事業と運動の活動領域として，①計画立案，②意思決定，③実行，④ニーズを満たすサービス，⑤資金調達，⑥利益，そして⑦評価と管理を挙げて，組合員の参加・結集を訴えました．ここで重要なことは，これらの活動領域が職員だけでなく組合員によってもまた担われる基本的な事業と運動の活動領域であることを協同組合人が明確に認識し，意識することです．すなわち，組合員の自発的参加を拡大し，実質化していくために，組合員による自発的参加と「参加型民主主義の再活性化」とをどのように結びつけることができるか，ということです．この視点・論点を協同組合運動にしっかり組み込み，浸透させるために，ベーク報告もまた「1966年原則」の改定を主張したのです．かくして，ベーク報告は，レイドロー報告を引き継いで，1995年の新原則を確立する「橋渡しの役割」を果たしたのです．

(6) 協同組合のソーシャル・ミッション

こうして，1995年にマンチェスターで開催されたICA 100周年記念大会において「協同組合の定義・価値・原則」が「協同組合アイデンティティに関するICA声明」として承認されました．すなわち，この「協同組合の定義・価値・原則」は「あらゆる種類の協同組合がそれに基づいて活動できるような一般的枠組み」として現代世界の協同組合人によって承認されたのです．ある協同組合人は，近代協同組合運動の歴史を回顧して「今日まで100年もの長い歳月が通り過ぎたことか」と言うかもしれません．とはいえ，この長い歳月を多くの協同組合人が共有してきたからこそ，運動の基本的な目的や目標を再検討する機会が創り出されたのだと私たちは世界中の協同組合人に向かって強調することができるのです．であればこそまた，協同組合は「新たな挑戦課題」に即した「運動の基本的な目的・目標」を絶えず再検討することを厭わなくなるのです．換言すれば，協同組合は，変化する世界のなかにあって「協同組合の定義・価値・原則」に即応した事業と運動の諸条件を再生産し，再構成し得るのであれば，「協同の倫理と参加の倫理，そして平等・公正の理念」に導かれて，組合員・役職員と地域社会で生活し労働している他の人びととの連帯による「尊厳を求める行動」を展開するようになる，これなのです（「協同の倫理」と「参加の倫理」については『協同組合を学ぶ』第2章および第6章を参照）．

フリードリヒ・ヘーゲルはこのような行動を「承認の必要性」と呼びました．「個人は自らが他者によって承認されることではじめて幸福に導かれる」とする「承認を求める闘い」を主張したヘーゲルは，この闘いによって「対等平等な人びとの間での相互の承認のための秩序」が創りだされることを示唆しました．ヘーゲルの言う「承認の必要性」の形式と秩序は，現代にあっては，「自治・権利・責任・参加」をコアとするシチズンシップによって導かれる「協同と公正に基づく新しい社会秩序の形成」を促す契機になり得る，と私は考えていますので，協同組合の組合員・役職員のみならず多くの他の人たちも，そのような観点から協同組合の定義・価値・原則を読み解

き，協同組合の事業と運動のあり様を想像しつつ実践することを私は大いに勧めるものです．

(7) アリスメンディアリエタの「協同組合のミッション」

そこで次に私は，協同組合のソーシャル・ミッションを私たちが認識し理解するために，スペイン・バスクに創立された「モンドラゴン協同組合企業体」（MCC）のイデオロギーとアイデンティティの重要性を主張し続けたホセ・マリア・アリスメンディアリエタ神父の「協同組合のミッション」に言及します．

MCC は，先に触れたレイドロー報告の「四つの優先分野」のうちの「第2優先分野：生産的労働のための協同組合」のモデルだと言ってよいでしょう．MCC は「高度な産業発展の新たな段階の労働者協同組合の姿を示している」と，レイドロー報告は述べています．MCC は，地域コミュニティの人たちのために雇用を創出し，地域コミュニティの再生・再活性化をもたらしているのです．

1956 年に 5 人の若者が始めた労働者協同組合（5 人の若者の頭文字を取ってつけられた工業協同組合ウルゴール）は，アリスメンディアリエタの指導の下で簡潔にして明瞭な次の原則を決めました．(1)協同組合に不可欠な要素である資本の重要性を低めることなく，労働が資本の上に位置づけられること，(2)すべての組合員は平等である：組合員は「一人 1 票の議決権を有する」．同時に形式的平等を避け，3 対 1 の比率で組合員の報酬の差を認める，(3)あらゆる事柄について，連帯する組合員総会が最高議決機関であり，これによって温情主義を避ける，(4)教育に振り向けられる基金は協同組合に最大の利益をもたらす，これです．現在の「MCC の 10 原則」の基礎はまさにこの「簡潔にして明瞭な原則」にあるのです．アリスメンディアリエタが，協同組合のミッションを「協同は新しい社会秩序を形成する経済的，社会的なプロセスに人びとを確実に統合する．協同組合人は，この目的を，労働の世界において正義と公正を切望するすべての人たちに広げていかなければなら

ない」と，論じたことは有名な話ですが，彼のこのミッションは現在，
MCC の第8原則「社会変革」としてしっかり位置づけられています．第8
原則は彼の主張についてこう解説しています[6]．

> MCC はその剰余の大部分をバスクの地域社会に投資する．すなわち，
> MCC は，その主要な部分を新しい雇用の創出に，地域社会（コミュニティ）の開発・発
> 展に，組合員の相互の連帯と責任に基づいた社会保障制度に，バスク労
> 働者の運動を前進させる他の諸制度との協調に，そしてバスクの言語と
> 文化を発展させる共同の取り組みに充当する．

　私たちは彼の主張から次のような内容を汲み取ることができるでしょう．
協同組合が目指す「新しい経済−社会制度」の形成は，「人びとの生活と労
働の質」と「地域コミュニティの質」の向上を実現するための「新しい形式
と秩序の枠組み」を協同組合（の構成員）と他のさまざまな組織やグループ
（の構成員）が相互に協力・協同・連帯して創りあげていくことによっては
じめて可能となる，これです．そこで，21世紀の現在においてアリスメン
ディアリエタの主張を未来へ向けて敷衍すると，次のように言うことができ
るでしょう．協同組合が拠って立つ「地域コミュニティの質」と，そこで生
活している人びとの「生活と労働の質」の双方を向上させるために，

> 協同組合は，「協同の倫理」と「参加の倫理」に基礎を置く事業と運動
> を通じて，「大量生産・大量消費・大量廃棄の経済−社会秩序」に取っ
> て代わる「新たな経済−社会の形式と秩序」を人間的な統治（ヒューマン・ガバナンス）によって確
> 立するために，経済的，社会的および文化的な諸資源を活かしていく諸
> 条件の再生産に貢献する．

　こうして私は，アリスメンディアリエタが目指した「協同組合のミッショ
ン」とは，協同組合はその事業と運動を通じて「経済−社会の新たな形式と

秩序」を創り出し，発展させることにより，現況の「大量生産・大量消費・大量廃棄」の経済－社会秩序を改革し改善する諸条件の再生産に貢献することだと理解し，認識した次第です．

なお，ここで私が主張している「経済－社会の新たな形式と秩序」とは，「市民であること」，あるいは「市民のステータス」，要するに，「シチズンシップのアイデンティティ」なのです．すなわち，平等と公正に基礎を置いた人びとの「社会包摂的意識」が承認する「個人の自治」に反映される一連の「権利と責任（義務）」を包括する政策を通じて，社会生活の利益と負担を共有することで経済的，社会的，文化的な諸資源を公正に分配し，有効に管理・運営する方法，これなのです．したがって，シチズンシップは，市民たる私たちをして，個人の尊厳を認め，同時に個人が行為・行動・活動する社会的な文脈を再確認させるのです．アンソニー・ギデンズの言葉を借りて言えば，「個人的行為の社会的文脈」，すなわち，「個人的な行為と社会的な実践とは相互に依存し合うのであって，個々人は，権利を行使し，義務や責務を遂行することを通じて，シチズンシップに必要な諸条件を再生産する」ということなのです．具体的には，次のアマルティア・センの「協同組合のミッション」がそれを語ってくれています．

(8) アマルティア・センの「協同組合のミッション」

そこで，協同組合の事業と運動の相互依存，相互作用を理解し認識するために，アマルティア・センの「協同組合のミッション」について耳を傾けてみましょう．

彼は人間の「市民的存在」（「市民のステータス」・「市民であること」）をこう論じています．「人間はその多様性に関心を持ち，それに基づいた平等や公正を主張し，社会倫理，慎重さ，自己の利益の判断，それに社会的義務や自発的責任を踏まえて行動する」[7]．このような社会的に市民的な存在として人びとは協同組合を設立し，事業と運動を構成し，展開して，さまざまなレベルの福祉を実現するために努力するのです．これはヘーゲルの言う「承認

を求める闘い」でもあるのです．アマルティア・センは，協同組合の事業と運動について，①協同組合は，その事業と運動の範囲を超える広い基盤の上に「参加」を位置づけることの必要性，そして②グローバルな倫理（すなわち，民主主義に基礎づけられた社会的な価値基準・規範─中川）への協同組合の貢献，という重要な二つの課題を提起しました．ここでは，時間の都合により，これら二つの課題のコア部分に言及することにします．

　まず①の課題ですが，それは個人（市民）と社会と制度との関係についてです．センは，私たちの生活は「さまざまな制度によって決定的に左右される」と言い，そしてそれらの制度に「市場」が大きく関係してくる，と言います．彼は正しくも，人びとの「生活と労働の質」にとって「市場がより有効に，より透明に機能できるような制度と規範を確立し，発展させること」が重要であること，また「市場の総体的な結果は政治的，社会的な秩序と根本的に結びついている」ことを強調しています．要するに，センのこのような制度論は，市場メカニズムを社会のなかにどう位置づけるか，換言すれば，それは，市場メカニズムと「（人びとの）生活と労働の質」との関係をどう私たちが理解し，自己意識化するのかを問うものなのです．ここで協同組合にとって重要なことは，彼が「基本的な社会秩序が市場メカニズムによって維持される」と主張していることです．

　なぜ「基本的な社会秩序」が「市場メカニズムによって維持される」のか．じつは，それが「制度」と「市場」と「（人びとの）生活・労働」の密接な関係なのです．センはこう主張しています．「市場メカニズムの長期的に有効な機能は，社会的な平等と公正に基づいた，人びとの社会的な参加の機会を創り出すことによって促進されなければならない」，と．換言すれば，このことは次のように言えるでしょう．誰もが平等，公正に市場に参加できる機会を保障される民主主義社会においては，誰もが生産者あるいは消費者として市場に参加し得る何よりの保障は，市場に関わる情報を正確に理解するのに不可欠な「読み・書き・計算の能力」を身につける「教育を受ける権利」という制度的保障です．この「教育を受ける権利」という制度的保障に

よって彼・彼女たちは，平等，公正に市場に参加し得ることで「市場・制度・生活（労働）」をより強く結びつけ，連携させ，平等，公正な社会秩序を創り出し，かつ維持していくのに貢献するだけではありません．彼・彼女たちの市場への参加を通じて生み出されるかかる結合・連携によって，平等，公正に物質的資源が分配され，文化的資源が活かされていくという「人間の本来的要求」に応える人間的な統治にもまた大いに貢献するのです．なぜなら，人びとをして，「市場・制度・生活（労働）」の密接な関係が人間的な統治の基本である「人間の本来的要求」に対し「責任・義務の意識」を呼び起こすからです．まさにこの責任・義務の意識なしに人びとが「安定した人間的なコミュニティ」を想像することは困難なのです．その意味で，権利と責任は，対立ではなく，「相補関係」にあるのです．「市場・制度・生活（労働）」の相互依存・相互作用は，人びとの社会的な参加を促して，権利の承認と市場メカニズムのための社会的枠組み——例えば，裁判所，学校，病院それに議会など——を維持する役割を果たすよう求めるのです．かくしてアマルティア・センは，このことが明確に理解され，認識されるよう私たちに向かって簡潔にして要を得た言葉で訴えます[8]．

> 参加の役割は，協同組合の古典的な文献で論じられてきた伝統的な補完的役割をはるかに超えて広がっているのであるから，協同組合は，その事業と運動を通じて参加の役割をより有効にし，より多くの人びとの参加を保障し得るように市場メカニズムを「（人びとの）生活と労働の質」と「地域コミュニティの質」の向上に結びつけていく政策を確立すること，このことこそ協同組合が追求し，実現していくミッションである．

　次に②の課題ですが，ここにアマルティア・センの言葉を引用しますので，皆さんには想像力をさらに逞しくしてもらい，センの言う「協同組合のミッション」の深意を理解してもらえるよう私は願うものです[9]．

協同組合運動の豊かな遺産には世界に提供すべき多くの事柄が含まれています．また世界は生産や取り引きを超えた，地球上の個人と個人との関係にかかわる根本問題で覆い尽くされています．その意味で，国際援助や経済援助の更なる一層の拡大はそれほど必要ではありません．それよりもむしろ必要なことは，国家を超え，国境を越えて，市民である一般の人たちによるしっかり根の張った相互依存の必要性を私たち一人ひとりが承認することです．

(9) シチズンシップと協同組合

さて，アリスメンディアリエタとアマルティア・センの「協同組合のミッション」を理解していただけたと思います．そこでもう一度，「市民，市民社会，そしてシチズンシップ」の相互関係について言及することにします．というのは，シチズンシップを理解することが「協同組合のエートス」（協同組合の普遍的特性・特質）の認識につながるからです．

「市民」（citizen）とは，社会の正当かつ対等平等な「構成員の資格」（membership）を正式に享受する「個人」を意味し，またシチズンシップ（citizenship），すなわち，「市民であること」・「市民のステータス」の理念とは，「個人」にはさまざまな権利を享有する資格のあることを承認する理念（idea）であり，またその市民たる「個人」には安定した統治（governance）を支える「共同の責任」のあることを承認する理念でもあることを意味します．こうして私たちは，「市民」を社会的な存在としての「個人」であると認識します．かくして私たちは，このような認識に基づいて，現代シチズンシップが私たちの「公的生活」だけでなく，「私的生活」にも関係することを理解し，認識し，意識します．

民主主義を基礎とする社会にあっては，「市民というステータス」は人びとを排除するのではなく，彼・彼女らが相互に包摂し合う「社会包摂的意識」を示唆しています．したがって，「市民」である「個人」一人ひとりは，自らの生活を通じて理解し，認識した社会包摂的意識に基づいて地域コミュ

ニティに貢献することを（他者によって）承認され，自治（自治の権利）を保障されるのです．そしてこの「自治」が一連の諸権利に反映されることによって——上意下達の承諾受諾関係を拒否する——「参加の倫理」を恒常化させていくことになります．このことはまた同時に，「市民」である「個人」一人ひとりが自らの諸権利を行使するのに必要とされる社会的枠組みを維持する——義務や責務も含む——責任を求められる，ということになるのです．その意味で，市民の「権利と責任」は，対立関係にあるのではなく，ともに補い合う「相補関係」にあるのです．

　では，「市民社会」とは何でしょうか．簡潔に表現すれば，「市民社会」とは，私たち市民の社会的な諸関係の総体を，もっと言えば，私たち市民の社会的な諸関係に基礎を置いた個人，グループあるいは組織の社会的な行為や行動の総体を意味します．これは，「市場」が生産者あるいは消費者としての個人，グループ，組織などの経済関係（売買関係）あるいは経済行為（売買行為）の総体を意味しているのと同じです．社会も市場もともに抽象概念ですので，社会や市場は，いま述べた意味で「抽象的実在」と言ってよいでしょう．したがって，私たちは，そのような抽象的実在としての社会を，「市民としての個人は一人ひとり，人種・民族，宗教，政治信条，階級，ジェンダー，さらには他者と違う独自のアイデンティティによってあらかじめ決定されることなく，自分自身の生活について判断を下す能力のあることを承認する社会」であると見なします．

　そこで次にシチズンシップですが，「シチズンシップとは何か」と問われれば，すぐ前でも触れておきましたように，私は簡潔にこう答えます．それは，市民である個人の「自治・権利・責任・参加」を承認する最も重要な政治的理念の一つであり，またそれは，個人にはさまざまな権利を享有し享受する資格があることを承認する理念であり，したがってまた，個人には安定したガバナンスを支える共同の責任があることを承認する理念です[10]，と．

　このように，市民，市民社会それにシチズンシップの三つを相互に関連させて考えると，シチズンシップは，日本においてしばしば目撃される「上意

下達の承認受諾関係」と明確に区別される「参加の倫理」を基本とする「市民のステータス」と言えるでしょう．そうです，シチズンシップの真髄を別の言葉で言い表すと，「市民は能動的ステータスである」ということになるでしょう．これを要するに，市民にとって，あるいは市民社会にとって，能動的ステータスとしてのシチズンシップは，上意下達の承認受諾を強いるいかなる支配とも相容れない，ということです．

　余談になりますが，EU メンバー国はこのような内容のシチズンシップ教育を中学・高校のカリキュラムで必修化しています．日本ではこのようなシチズンシップ教育が忌避されているように私には思えます．「これでは欧米の若者たちと日本の若者たちとが対等に話し合うことは難しいのでは」と私は考えるのですが，皆さんはどう思いますか．シチズンシップ教育の真髄は「若者が政治文化を変えていく」ことにあるのですが，具体的には，中学・高校の生徒に先生が政治的事象も含めてさまざまな生活の現状について「あなたは・君は，どう考えますか」と問い，生徒たちが自分たちの意見や見解を述べるのです．日本ではこのことが忌避されている，と私は思っています．

（10）協同組合にシチズンシップを重ね合わす

　シチズンシップには別の際立った特徴があります．それは，「安定した人間的な社会秩序」を創り出すために，シチズンシップはすべての市民が権利を行使する意識だけでなく，責任を履行する意識もまた持つように促す，というものです．このことは，シチズンシップは個人の尊厳を認めると同時に「個人的行為の社会的文脈」の再確認を意味し，したがってまた市民の個人的行為と社会的実践とが相互に依存し合っていることも意味します．かくして，市民はシチズンシップを人間的な統治の優れた基礎とみなすのです．私たちがシチズンシップに協同組合を重ね合わせるのも，これまで私が述べてきました観点や視点を押さえてのことです．私は，不躾にも開口一番，『協同組合を学ぶ』を紹介させてもらいましたが，その第2章第3節で「シチズンシップと協同組合の8つの特徴点」を記し，両者がいかに重ね合わさって

いるかを示しておきましたので，時間の都合で申し訳ありませんが，是非
『協同組合を学ぶ』を見ていただければと思います．

むすびにかえて：アーノルド・トインビーと G.J. ホリヨークの言葉

　講演の終了時間が近づいてきました．そこで「むすび」に入りたいのです
が，私の場合しばしばあることですが，本日の講演も「むすび」ができるよ
うな整理された講演になっておりませんので，話の継続のような内容で講演
を締め括ることになりますので，それを「むすび」にかえさせていただきま
す．

　少し前で「ICA 声明」，すなわち「協同組合の定義・価値・原則」に触れ
ましたが，このきわめて現代的，今日的な定義・価値・原則もじつは 18 世
紀の 60 年代から始まる長い協同組合運動の歴史の産物である，と言えない
訳ではありません．そこで「協同組合とは何か」を問うた二人の著名な協同
組合人に登場してもらい，その「歴史的産物」の意味を皆さんに探っていた
だきたいと思います．

　一人は「産業革命」という歴史的な言葉を広めたアーノルド・トインビー
です．彼はオクスフォード大学で教鞭を執っていた——若くして亡くなって
しまいましたが——著名な経済史家であり，オクスフォード地区の協同組合
代表を務めていました．1882 年にオクスフォードで開催された第 14 回イギ
リス協同組合大会において彼はこう演説しました．「協同組合人の仕事は市
民の教育である．われわれが協同組合運動の起源を考察するならば，われわ
れは最も徹底して協同組合運動の理想的な目的と調和するものこそ教育にお
ける仕事であることに気づくであろう」．彼は，この短い言葉を以て，当時
のイギリス協同組合人に，自治と公正と民主主義に基づく新しい社会の建設
は協同組合における教育的成果の上に達成される，と訴えたのです．

　トインビーにとって「市民」は協同組合の「組合員」でもあり，近い将来
「組合員」となるだろう個々の「市民」でもありました．それ故，彼の言葉

の真意は，協同組合と市民との関係は本来的に互恵的であり，相互依存的であるのだから，協同組合が真に発展を望むのであれば，したがってまた協同組合が「自治と公正と民主主義に基づく新しい社会の建設」を目指すのであれば，協同組合は積極的で活動的な市民を必要とする，ということなのです．現代の私たちの目からすれば，「協同組合人の仕事は市民の教育である」というトインビーの言葉は，「協同組合における協同の倫理・参加の倫理」という言葉に置き換えられるのではないでしょうか．

　もう一人は，オウエン主義者で，有名な『ロッチデールの先駆者たち』（1857 年）を著したホリヨークです．彼の次の言葉も 19 世紀 80 年代のものです．少々長くなりますが，彼の鋭い「知恵」を紹介させてもらいます．

　　協同組合運動にとって「自助」とは「他者の福祉を尊重する」ことを意味する．言い換えれば，協同組合運動における「自助」は組合員相互の助け合いを通じた「自助」，すなわち，「協同による自助」である．したがって，協同組合運動が「他者の福祉を尊重する」という条件を満たさないのであれば，その「自助」はただ単に「競争の促進」を意味するにすぎなくなる．それ故，協同組合運動における自助は，言葉の真の意味で，（組合員を含む）人びとの「自立」を支援し，また自立した人びとの福祉を保障するものでなければならない．

　　また協同組合運動にとって「自立した人間」とは「真実と公正を求める意識」によって動かされる，教養ある「自己」である．このように，協同組合運動は本質的に友愛的であり，自己充実的であるのだから，協同組合にとって友愛的，自立的，そして自己充実的という優位性を創り出すことこそ協同組合教育の主題なのである．

　皆さん，この二人の人物の言葉はいずれも，21 世紀の現代にあっても私たちに十分に理解可能な言葉であり，イデオロギーである，と思いませんか．私には，二人の言葉を重ねると，協同組合とは「市民が生き活きした生活と

労働を営む意志を創り出す教育の場」である，と言っているように思えるのです．そして私はまた，トインビーとホリョークの二人から才知を得て，「協同組合とは何か」という問いかけに，こう答えようと思います．「協同組合はコミュニケーション・コミュニティである」，と．皆さん，協同組合について，また労働組合について大いに議論し，討論して下さい．これで私の話を終わらせていただきます．ご清聴ありがとうございました．

注

1) この言葉「Mottainai」は2004年にノーベル平和賞を受賞したケニア人女性のワンガリ・マータイ氏がしばしば使った日本語である．彼女は翌2005年に訪日した際に「Mottainai」の意味を理解したそうである．彼女は，1977年から「グリーンベルト運動」と名づけられた自然環境保護のための植林運動を開始し，延べ10万に及ぶ貧しい女性たちと共におよそ4,500万本もの苗木を植樹した．彼女はまた，この植林運動が「ゴミの削減・リサイクル（再資源化）問題」，「環境問題」，そして「人権問題」と結びついていることを世界の人びとに訴え，とりわけ「男女平等・女性の人権尊重」が「ゴミの削減・再資源化」と「自然環境保護」の基礎であることを世界の人びとに認識させるのに寄与した．彼女は最初のナイロビ大学女性教授でもある．

2) ミレニアム開発目標（Millennium Development Goals: MDGs および持続可能な開発目標（Sustainable Development Goals: SDGs）は以下のものである．

MDGs：(1)極度の貧困と飢餓の撲滅 (2)普遍的初等教育の達成 (3)ジェンダーの平等の推進と女性の地位向上 (4)乳幼児死亡率の削減 (5)妊産婦の健康の改善 (6)HIV／エイズ，マラリアおよびその他の疾病の蔓延防止 (7)環境の持続可能性の確保 (8)開発のためのグローバル・パートナーシップの推進（JICA）．

SDGs：(1)あらゆる場所のあらゆる形態の貧困を終わらせる (2)飢餓を終わらせ，食料安全保障および栄養改善を実現し，持続可能な農業を促進する (3)あらゆる年齢のすべての人びとの健康的な生活を確保し，福祉を促進する (4)すべての人に包摂的かつ公正な質の高い教育を確保し，生涯学習の機会を促進する (5)ジェンダーの平等を達成し，すべての女性および女児の能力を高める (6)すべての人びとの水と衛生の利用可能性とその持続可能な管理を確保する (7)すべての人びとの，安価でかつ信頼できる持続可能な近代的エネルギーへのアクセスを確保する (8)包摂的かつ持続可能な経済成長と，完全（働く意志と能力のある人が適切な賃金で雇用される状態）かつ生産的な雇用と働き甲斐のあるディーセント・ワーク（人間の尊厳が尊重される人間味のある雇用）を促進する (9)強靭なインフラ構築，包摂的かつ持続可能な産業化の促進およびイノベーションの推進を図る (10)国内および国家間の不平等を是正する (11)包摂的であり，安全かつ

強靭である持続可能な都市と人間的な居住を実現する．(12)持続可能な生産・消費形態を確保する (13)気候変動とその影響を軽減するための緊急対策を講じる (14)持続可能な開発のために，海洋および海洋資源を保全し，持続可能な形で利用する (15)陸域生態系の保護，回復，持続可能な利用の推進，持続可能な森林の経営，砂漠化への対処，および土地の劣化の阻止・回復ならびに生物多様性の損失を阻止する (16)持続可能な開発のための平和的かつ包摂的な社会を促進し，すべての人びとに司法へのアクセスを提供し，あらゆるレベルにおいて効果的で説明責任のある包摂的な制度を構築する (17)持続可能な開発のための実施手段を強化し，グローバル・パートナーシップを活性化する (unicef)．

3) 中川雄一郎「第2章 協同組合のビジョンとアイデンティティの歴史」(中川雄一郎・杉本貴志編・全労済協会監修『協同組合を学ぶ』(第2版) 所収，日本経済評論社，2012年，46-48頁)

4) 同上，45頁．

5) 本書・第1章「先駆者組合の遺産」を参照されたい．

6) グレッグ・マクラウド著・中川雄一郎訳『協同組合企業とコミュニティ：モンドラゴンから世界へ』日本経済評論社，2000年，50-51頁．

7) 中川雄一郎編著『生協は21世紀に生き残れるのか：コミュニティと福祉社会のために』大月書店，2000年，180頁．

8) Amartya Sen, *Cooperation and Global ethics*, Text of Lecture at the Bologna of Lega Coop on 27th October 1998.

9) *Ibid.*

10) キース・フォークス著・中川雄一郎訳，前掲書，iii頁．

第3章　地域づくりと社会的企業
―共生経済と社会的企業―

1．共生経済と地域コミュニティ

　ご紹介いただきました中川です．本日の私の講演をワンフレイズで表現すれば，「社会的企業は地域コミュニティの再生・再活性化に貢献する」ということになるでしょう．お手許のレジュメに記されています講演タイトルがそのことを示唆してくれています．言い換えますと，メインタイトルの「地域づくりと社会的企業」とサブタイトルの「共生経済と社会的企業」とが相互に補い合いながら本講演を導いてくれる，ということです．したがいまして私は，必要に応じてサブタイトルの「共生経済と社会的企業」に言及しつつメインタイトルの「地域づくりと社会的企業」に迫っていくことになるでしょう．

　ということで，私は，1990年代にイギリスにおいて急速に発展し，現在に至っている社会的企業（social enterprise）が「共生経済」の一つの重要な役割を担っている事実を報告することで，「地域づくり」に関心を抱いている，あるいは挑もうとしている方々，また「地域づくり」を現に実践されている方々にとって大いに参考になるよう講演を進めてまいります．実際のところ，社会的企業は，イギリスの地域コミュニティにおいて人びとの「生活と労働」を安定させる経済－社会的な役割を担っています．例えば，社会的企業は，若者や女性の経済－社会的な自立に向けた雇用の創出のための教育・職業訓練を指導し，また質の高い持続可能なケア（保育，高齢者ケア・

障害者ケア）を実践して「地域コミュニティ（地域社会）における人びとの生活と労働の質の向上」に貢献しているのです.

　そこで，本講演の内容についてですが，それは，先進国のイギリスで展開されている社会的企業によって生み出される成果が，イギリスをはじめ他の先進諸国の人びとに一つの有力な「共生経済モデル」として次第に理解され，認識されつつある現状を踏まえてのことと同時に，発展途上国のバングラデシュで展開されている，一種の社会的企業である「ソーシャル・ビジネス」としての「グラミン銀行」にも見出せる「共生経済モデル」を踏まえていることを強調しておきます. したがって私は，現代世界にあっては，先進国においてであれ発展途上国においてであれ，市民である人びとがそれぞれの国や地域に適合した「共生経済」としての「新たな形式と秩序」を創り出し，それを維持していくプロセスでさまざまな経済的，社会的な諸資源を配分し，また文化的な諸資源を活かしていく多様な行動や活動が展開されることについて述べたり，論じたりすることになるでしょう.

　そこで私は，本講演のこの入口で，「共生経済」の概念について簡潔に触れておきます.

　皆さんはおそらく，「共生経済」の概念をその用語からある程度理解できていることでしょう. 例えば，「共生」は，地域コミュニティの人たちが協力し協同して自分たちの生活と労働を改善し，それを維持することによって地域社会の質を向上させていくために連帯・連携する努力のプロセスを意味しており，また「経済」は，それらのプロセスを支える基盤としての「教育・職業訓練の保障」・「雇用の創出」・「保健・医療の充実」など社会福祉を実体化させる経済能力を意味しているのだ，と.

　ところで，皆さんは，「経済（economy）」という用語が，中国の故事「経世（国）済民」（「世の中（国）を治め，人民を苦しみから救い助ける」）に由来していることはご存知かと思います. 因に，「人びとが協力・協同して不慮の事故に備えて助け合う」ことを意味する「共済」provident という用語は，名詞の providence に，すなわち，キリスト教の「神の摂理（神意）」から

「将来への配慮」・「用心深さ」に，そして「先見の明」・「将来に備えた保護」へ，またそこからさらに「倹約」・「節約」へ，と進化というか変化してきました．その意味で，1852 年にイギリスにおいて E.V. ニール，T. ヒューズそれに J.M. ラドローなどキリスト教社会主義者の努力により制定された世界最初の協同組合法である *Industrial and Provident Societies Act* を「産業および節約組合法」と日本語に訳したのは，あながち間違いではないでしょう．

　少々横道に逸れましたが，私は，共生経済を基礎とする地域コミュニティの「新たな形式と秩序」は少なくとも次の 6 項目をしっかり根づかせているものだと考えています．すなわち，それは，

(1) 健全で活気に満ちたコミュニティ（good community）の持続可能性を担保する，

(2) 人びとの生活と労働に安全・安心（public safety）をもたらし，促進する，

(3) 活発な経済（strong economy）を創り出し，持続させる，

(4) 健康管理（health care）の施設を常備する，

(5) 多様な教育・職業訓練の機会（educational opportunities）を常に用意する，

(6) 適切な人口規模（optimum population）を維持する，

というものです[1]．

　このような「新たな形式と秩序」についての正確な情報が（territory を意味する）市・町・村を単位とする地域コミュニティの人びとによって，あるいはそれらよりもずっと広域の都市の人びとによって理解され，認識されるにつれて，例えば，日本の農村コミュニティの再生や再活性化に重要なヒントを与え，かつ農村コミュニティの持続可能な発展を実現する道筋を確かなものにしていくことが可能となるのではないか，と私は思っています．その

84

ヒントをイギリスの社会的企業の発展に，またバングラデシュのグラミン銀行の展開に見て取ることできるのではないだろうか，と私は考えています．

2. 共生経済の概念とシチズンシップ

ここで一言付け加えます．本講演は「共生型経済推進フォーラム」との共催ですので，その点を配慮して「共生型経済」との用語を使用すべきかもしれませんが，「共生型経済」も「共生経済」も概念上は同じだと私は観ておりますので，ここでは私が通常用いている「共生経済」を使用させてもらいます．

その「共生経済」の英語表記は 'symbiotic economy' です．symbiotic のギリシャ語の sym や syn は，ラテン語の co や com（con）と同意で，「共に」・「共同の」・「協同の」という意味であり，また biotic は「生命に関する」の他に「（特定の）生き方をする」や「…で生きる」という意味ですので，文字通りの「共に生きる」となります．また「共生型」を英語であえて表記するならば symbiosis ですので，「共生型経済」の英語表記は，おそらく 'economy of symbiosis' あるいは 'symbiosis economy' となるでしょう．因みに，symbiosis は協同組合における「共益」をも意味します．いずれにしても，私はここで使用される「共生経済」を次のように概念化しています．

> 地域コミュニティにおいて自治・権利・責任・参加・公正・民主主義に基づいて展開される人びと相互の，また非営利・協同組織相互の経済活動は，「新たな経済 – 社会の形式と秩序」を創り出し，それを維持し，発展させていくヒューマン・ガバナンス（人間的な統治）に基礎を置く経済である．

先に私は，「共生経済」を基礎とする地域コミュニティの「新たな形式と

秩序」は少なくとも上記の「6項目」を根づかせる，と指摘しておきましたが，さらにここで，共生経済の概念の中心に「シチズンシップと民主主義」が存在していることを強調しておきます．

　私たちはまた，「経済」は本来，人びとの「生活と労働」を改善し，維持し，向上させていく一つの重要な基礎であること，またそのために物質的資源を配分し，文化的資源や自然環境的資源をより能く活かしていく基礎でもある，と理解し，認識しています．そのような観点から，市場が経済‐社会的秩序を維持する一つの重要な機能を果たしていることも私たちは理解し，認識しています．その意味で経済は，私たちの「生活と労働を改善し，維持し，向上させていく」という人間の本来的要求と密接に関係しているのですから，多元的な価値やアイデンティティを承認する民主的なヒューマン・ガバナンスの現代社会にあっては，人間と自然と地域コミュニティが共に連帯・連携することによって創り出される「新たな形式と秩序に基礎を置く共生経済」こそが求められ，実体化されなければならない，と私は考えています．内橋克人氏は，この「共生経済」を，市場化され企業化された公共ではない，「連帯・参加・協同を原理とする共生セクター」によって推進される経済である，と論じています[2]．

(1) ヘーゲルの「承認の必要性」・「承認の構造」

　私の拙いこの共生経済の概念との関連で，私にはもう一つ是非付け加えておきたい視点があります．それは，ヘーゲルの「承認の必要性」と「承認の構造」です．私もその一人ですが，人によってはヘーゲルあるいはヘーゲル哲学と聞いただけで，何やら難解なものだと思い，とっさに耳目を閉ざそうとする傾向があります．そうではありますが，ここで私が触れます「ヘーゲル哲学」は彼の長大な哲学体系の極一部のそのまた一部分にすぎないので，我慢して聴いてください[3]．

　ヘーゲルは，彼の『精神現象学』のなかで「自己意識」について論究し，自己意識は「他者と出会い，他者を介して自分を捉え返す」ところに，すな

わち，自分と他者との関係のなかで主体としての自分を自覚しつつ客体の媒介を経るところに成立するのであるから，自己意識は「自らを意識しているところに成り立つ主体性の自覚」である，と述べています．要するに，自己意識は，「私（自分）は，私（自分）一人だけで生きているのではなく，他者との関係のなかで生きていることを意識する」ことによってはじめて「共同（協同）性に基づく存在」・「（他者と相互に）協力し協同する存在」となる私（自分）を意識する意識なのです．

　突然ここで，ヘーゲルの『精神現象学』の主要テーマである「自己意識」に触れましたのは，私たちの日常生活は言うまでもなく，市民の皆さんによる「地域づくり」や「社会的企業」といった経済 – 社会的な事業・運動もまた，「共同（協同）性に基づく存在」・「協力し協同する存在」としての多くの市民の「主体性の自覚」に導かれて遂行され，実践されることを強調したかったからです．そこでもう少し我慢していただいて，ヘーゲルの「承認の必要性」に関わる論点を簡潔に復習しておきます．というのも，すぐ後で触れますが，この「承認の必要性」と「個々の市民には自分自身の生活について判断を下す能力があることを承認する」というシチズンシップの理念とが相互に関連し合うからです．

　さて，近代社会における「共同（協同）性」は「自立した個人」によって構成され，成り立つのですから，それは「共同（協同）と個の自立との統一」を意味し，また個人はこの「共同（協同）と個の自立の統一」を「他者」を介して理解し確信する，とヘーゲルは論じています．こうして自立した各個人は「自己意識的存在」となり，各個人の自己意識はその充足を「他者の自己意識においてはじめて達成する」と，ヘーゲルは強調します．言い換えれば，個人は，「他者を意識する意識」ではなく，「自己を意識する意識」によって「自己意識」を自覚するのですから，各個人の自己意識は「他者の自己意識においてはじめて達成される」ことを理解し，認識するのです．要するに，各個人の「自己を意識する自己意識」が「自分は自分一人で生きているのではなく，他者との関係のなかで生きていることを意識する意識」

第3章　地域づくりと社会的企業　　87

を生み出すのです．彼はこれを「自己意識は承認されたものとしてのみ存在
する」と言い，また自己意識は「精神の概念が実現される場」となり，それ
故に，自立した各個人は「社会で生きる自覚」を意識するのである，と論じ
たのです．これが有名なヘーゲルの「承認の必要性」です．彼は，「個人は
自らが他者によって承認されてはじめて幸福に導かれる」と言い，これを
「すべての人間の尊厳を承認する闘い」であると主張し，この闘いによって
「対等平等な人びとの間での相互の承認のための秩序」が創り出されること
を明示したのです．
　こうしてヘーゲルは「承認の必要性」を主張し，「人びと相互の承認のた
めの秩序」を明らかにして「承認の構造」をこう論じました．

　　　自立した個人は，「自分自身を他者のなかに見いだす自己意識」によっ
　　て，すなわち，自分が他者と人間関係を結ぶなかでこそ，「自分に対す
　　る期待」，「自分の果たすべき役割」，「自分のなし得ること」について意
　　識するのであり，それ故に，自立した個人たる市民としての「われわ
　　れ」は，「人びとがお互いに承認し合っている」ことを「承認する」の
　　である．

　そこで私は，ヘーゲルの言う「承認の必要性」・「承認の構造」を非営利・
協同組織の代表格である協同組合に当てはめて，こう記してみました．

　　　市民たる協同組合人の自己意識は，自己自身を他者のなかに見いだすこ
　　とによって，すなわち，他の市民との関係のなかで「協同組合に対する
　　期待」，「協同組合の果たすべき役割」，「協同組合のなし得ること」につ
　　いて意識し，かくして，多くの市民と協同組合は「お互いに承認し合
　　う」のである．

　そしてさらに私は，「すべての人の尊厳を承認する闘い」あるいは「承認

の必要性」というヘーゲルの言葉を「シチズンシップ」（市民であること・市民というステータス）に結びつけて，次のように言い換えてみました[4]．

> 市民は社会の正当かつ対等平等な構成員の資格を正式に享受する．それ故，シチズンシップは恣意的な処遇を許さないし，市民は客観的で平易な基準によって判断されなければならない．シチズンシップはまた，個人一人ひとりは人種・民族，宗教，階級，ジェンダー，あるいは自分自身の独自のアイデンティティによってあらかじめ決めつけられることなく，自分自身の生活について判断を下す能力のあることを承認する．シチズンシップは，このようなものとして他のどんなアイデンティティよりも人間の基本的な政治的欲求を充足させることができるのである．

このような内容を包含するシチズンシップとヘーゲルの主張や言葉を結びつけて考えると，ヘーゲルの「承認の必要性」は，市民というステータスがそうであるように，「より広いコミュニティに包含される『包摂の意識』を示唆している」のだとみなすことができるのです．これを要するに，市民である個人一人ひとりは「コミュニティに貢献することを承認されると同時に『個人の自治』を与えられる」のであって，まさにこの自治が「権利を行使する人たちによる政治的行為・行動・活動の承認を意味する一連の諸権利に反映される」のです．そしてここにおいて，「上位下達の承認受諾関係」と明確に区別されるシチズンシップの立ち位置を意味する「参加の倫理」に基づく「『非営利・協同』と『事業と運動の統一』」という「形式と秩序」を承認する協同組合や社会的企業が展開され，その実体が理念と概念を措定するのだと私は考えております．

　少々遠回りしてしまいましたので，これまでの私の話を踏まえつつ，幾分か早足で「地域づくりと社会的企業」について述べることにします．

(2) 地域づくりとは：グラミン銀行の事例

　まずは，バングラデシュで展開されている「グラミン銀行」を例に取って，「地域づくりとは何か」との課題に迫ってみましょう．

　周知のように，バングラデシュの農村地域で開始され，やがて広い範囲にわたって根を下ろしたグラミン銀行とグラミン銀行創設者であって総裁でもあるムハマド・ユヌス氏が2006年にノーベル平和賞を受賞しました．彼はグラミン銀行の事業を「ソーシャル・ビジネス」（social business）と称しています．皆さんもグラミン銀行とユヌス総裁については新聞・雑誌や書籍で，またテレビ・ラジオそれにインターネットなどを通して理解を深めていることでしょう．私も彼の自叙伝やグラミン銀行などについての書籍に目を通しました．

　私は，「グラミン銀行の特質」を，貧しい女性たちがグラミン銀行の事業に参加することで「経済－社会的な自立」を実現していくことにより「生活と労働のあり様」を改善し，またそうすることを通じて地域コミュニティにおける他者との相互の協力・協同の関係を厚くし深くしていくことにより「地域コミュニティの質の向上」に貢献する，という努力のプロセスであると観ています．別言すれば，グラミン銀行の事業目的は，女性を主体に「家庭と地域コミュニティにおける生活と労働の改善」を実現していくために，シチズンシップと民主主義を徐々にであれ確かなものにし，実体化させていく「主体的選択に基づく行為性向」（マックス・ヴェーバーの「心的態度」）を家庭と地域コミュニティの双方において創り出し，それを常態化していく努力のプロセスである，と言えるでしょう．この点で，主に女性の起業を支援するソーシャル・ビジネスの事業体であるグラミン銀行と，雇用の創出（job creation）やより質の高い持続可能なコミュニティ・ケアなど「地域コミュニティにおける生活と労働の質の向上」を目指す事業体としての（イギリスの）社会的企業は軌を一にしている，と私は観ています．なぜなら，両者の事業にあっては，シチズンシップと民主主義の双方が，一方で「個人の経済－社会的な自立・自律」（以下，自立）を支え，他方で「地域コミュニティの再生・再活性化」を実現していくプロセスにおいて重要な理念的役割を果

たしているからです.

　ところで，シチズンシップも民主主義も時として何やら難しい意味内容を
もつ言葉として登場してきます．が，実は必ずしも難しい概念を必要とする
訳ではありません．例えば，民主主義は基本的に，多くのさまざまな市民が
共に生活できるよう差異を認識し，多様な市民同士の間の関係を築いていこ
うと「努力するプロセス」を意味するのであって，普遍的な真理を達成しよ
うと努力することではないのです．その意味で，民主主義は「進行中の絶え
ず変化する努力のプロセス」なのです.

　したがって，民主主義は「個人一人ひとりが自分自身を自治的で自律的な
行為者であり，かつ権利と責任の意識を持った行為者であることを明確に認
識する」よう私たち市民に求めるのです．こうして私たちは，社会を構成す
る市民として個人同士の間で多様な連帯や連携を構築し，「民主主義とシチ
ズンシップの密接な関係」を認識するのです.

　シチズンシップについては，既にヘーゲルの「承認の必要性」・「承認の構
造」で触れておきましたが，ここでもう少しだけ付け加えておきます．日本
では「シチズンシップ」という用語を聞くことは滅多にありませんが，協同
組合や社会的企業——それにソーシャル・ビジネスなど——について論究す
る際には，現代シチズンシップ（市民であること・市民のステータス）もまた
理解しておかなければなりません．なぜなら，シチズンシップは，市民生活
における「本来的に平等主義的な理念」であるだけでなく「常に互恵的な理
念」でもあって，それ故にまた，「社会的な理念」でもあるからです．この
ことは，シチズンシップのコア（中心核）が「自治・権利・責任・参加」で
あることからも理解できるでしょう．実際のところ，市民である私たちが地
域コミュニティのメンバーとしてこれらのコアを理解し，意識してはじめて，
私たちは安定した人間的なコミュニティを想像することができるのです．シ
チズンシップが「人間的な統治のための優れた基礎である」と言われる所以
は，また「個人の尊厳を承認すると同時に，個人がその基で行動する社会的
な文脈を再確認する」と言われる所以は，まさにこの点にあるのです．要す

第3章 地域づくりと社会的企業 91

るに，私たち市民は，積極的で能動的なアイデンティティとしてのシチズン
シップを，「参加の倫理」に基づいて「一連の権利と責任（義務・責務）を包
み込み，平等・正義・公正および自治を含意するメンバーシップのステータ
スである」と理解し，認識するよう常に求められているのです[5]．

　さて，このような「シチズンシップと民主主義との相互関係」を理解し，
認識していることを前提に，タイトルにあります「地域づくり」と関連させ
てグラミン銀行の実体を考察しますと，大まかに次のようにまとめることが
できます．

　グラミン銀行は，経済的に貧しい女性たちに少額の資金を貸付けて，彼女
たちの起業を支援する．その際に，彼女たちは5名ほどのグループを構成し，
初等教育レベルの「読み・書き・計算の能力」を身につける．これは必須条
件です．またグループ内メンバーの貸付け金返済が滞った場合には，メン
バー全員がその返済に責任を負うことを条件としており（責任意識の涵養），
相互に助け合いつつ自立していくことを学ぶ仕組みが施される．こうして，
女性たち一人ひとりの起業が，相互の助け合いに基づいて，彼女たち自身の
経済的，社会的な自立を育み，やがて家庭と地域コミュニティの双方におい
て彼女たち自身の経済–社会的な自立を実現させ，さらには彼女たち一人
ひとりの自立意識の，ゆっくりではあるが着実に広がっていく民主主義の
根づきを家庭と地域コミュニティに創り出し，確かなものにしていくのであ
る．

　今や私たちは，バングラデシュの女性たちがグラミン銀行のソーシャル・
ビジネスの支援を得て事業を起こし，その事業に支えられて自立のための土
台を創り出し，またその土台に支えられてはじめてシチズンシップを経験す
る「努力のプロセス」を看取することができるのです．グラミン銀行のノー
ベル平和賞受賞がその確かな証左なのです．「民主主義とシチズンシップは
相互に密接な関係を有している」，また「シチズンシップは民主主義の前提

と見なされる」と言われる所以がここにあります．このことは，先に指摘しましたように，一方でシチズンシップが「上意下達の承認受諾関係」を拒否する「参加の倫理」を促進することによって，また他方で民主主義が「平等に参加する権利」の理念を社会に浸透させることによって，「言論の自由」の権利，「異議を唱える自由」の権利，それに「結社（アソシエーション）の自由」の権利といった市民生活に不可欠な市民的権利を承認する社会的，政治的なガバナンスが根づいていくことを明らかにしているのです．

　このように，シチズンシップそれ自体は中々に難しい意味内容を持つ言葉ですが，グラミン銀行によるソーシャル・ビジネスにあっては，それはより簡潔かつ明瞭です．すなわち，シチズンシップは，「市民」（citizen）たる彼女たちがその有する権能（empowerment）に基づいて平等な権利を行使し，社会的行為・行動・活動としての意思決定に参加し，また利益も損失もお互いに共有し合う自発的責任を遂行する，自立した市民のステータスであると概念化して差し支えないのだと私は考えています．

　話を元に戻しましょう．ベンガル語の「グラミン」は「村」（「農村」）を意味します．バングラデシュではおよそ 70% の人びとが農村で生活しています．またバングラデシュの女性の地位は家庭的にも社会的にも依然として低いままに置かれています．とりわけ農村地方においては，女性は結婚すると家庭の外で活動することも，場合によっては隣近所の男性であっても話を交わすことさえままならない，典型的な「男尊女卑」の状態に置かれている，と聞いております．また，以前程ではないようですが，若くして結婚を強いられたり，反対に若くして離婚を強制されたりする状態が未だに見られる，と私は聞いています．

　そこでユヌス氏は――すぐ前で触れましたように――主に貧しい女性たちをターゲットに，彼女たちが経済的に，したがってまた，家庭的，社会的に自立し得るさまざまな仕事おこし・起業を可能にする方法として「グラミン銀行」を立ち上げ，女性たちが自ら家庭的，経済的，そして社会的に自立していく方法，道筋を創り出したのです．「グラミン銀行がバングラデシュの

女性の地位の向上にいかにして貢献するか」を俯瞰して，すぐ前で私が示唆
したような鳥瞰図をユヌス氏は描きかつ実践化したのです．

　ユヌス氏は，チッタゴン・カレッジで経済学講師を4年間勤めた後に渡米
し，ヴァンダービルト大学で経済学博士の学位を修め，バングラデシュ独立
後の1972年に帰国して政府経済局計画委員会副委員長に就任し，その後チ
ッタゴン大学経済学部で教鞭を執っていましたが，1974年の大飢饉を機に
「土地なし農民」など貧しい家族，とりわけその女性たちの窮状を目の当た
りにして彼女たちの救済活動に目覚め，1983年にグラミン銀行を創設しま
した[6]．

　ユヌス氏は，女性たちが「無担保で少額の融資」を得て小規模ビジネスを
開始する「新しい形式の銀行」を，すなわち，グラミン銀行をマイクロクレ
ジット（micro-credit）として立ち上げたのです．「無担保で少額の融資」で
あれば，彼女たちが利子の支払に責任を負うことも不可能ではありません．

　バングラデシュの農村で生活し労働する貧しい女性たちが家庭生活で身に
つけた技能を基礎に起業（仕事おこし）することで家庭生活を改善し，やが
て経済的，社会的な自立を意識するようになっていけば，たとえその目標達
成の道程は長かろうとも，「新たな形式と秩序」に基づいた女性たちによる
自由な経済‐社会的な行為，行動，活動が，やがて「自治・権利・責任・参
加」というシチズンシップを根づかせて，より多くの人びとによる協同の力
で貧困を削減・根絶し，かくしてバングラデシュ全体の経済‐社会的な発展
と民主主義の広がりを創り出す基盤を保障するようになるに違いない，とユ
ヌス氏は考え，展望したのではないでしょうか．

　これを要するに，ユヌス氏は，グラミン銀行によるソーシャル・ビジネス
が，貧しい農村の女性たちの起業（仕事おこし）の支援による家庭生活の改
善から始まり，やがてそれがバングラデシュ全体の女性たちと男性たちの生
活と労働に対して社会的な影響を及ぼすようになれば，バングラデシュの経
済‐社会的な発展と民主主義の広がりとを支える「新たな形式と秩序」の承
認もまた確たるものになっていくのだと考えたに違いない，と私は思ってい

ます．グラミン銀行の具体的な仕組みがどのようになっているのか，その詳細については，本日のテーマから少々離れてしまいますので，これ以上触れませんが，皆さんには，多くの書籍・雑誌やインターネット等の情報を得て，グラミン銀行について学び，学習する機会がございますので，是非それらを手にしていただければと思います．

　ところで，これまで簡潔に述べてきましたように，女性の経済的，社会的な自立を通して彼女たちの家庭的，経済的，そして社会的な自立を実現していく諸条件を女性たち自身が創り出し，再生産していくための能力を身につける，そのための支援を実行する機能と役割が「グラミン銀行の特質^{エートス}」だと私は考えました．その「グラミン銀行の特質」がまさにグラミン銀行によって実行された「シチズンシップ」の中身を，個人の尊厳を承認するヘーゲルの「承認の必要性」・「承認の構造」から見て取ることができるのであれば，「(バングラデシュの女性たちの) グラミン銀行に対する期待」，「グラミン銀行の果たすべき役割」，そして「グラミン銀行のなし得ること」の何であるかを探究することは，社会的企業の実践にとっても大いに意味のあることだと私には思えます．

　グラミン銀行は，人びとの標準的な生活レベルの向上，貧困の削減・根絶，女性の雇用の創出・仕事おこし，そして不平等の是正などを掲げています．そのような目的・目標の基底にある女性の経済 − 社会的な自立とバングラデシュ社会における民主主義の発展とが，グラミン銀行の支援を通して意識的に推し進められていくのであれば，女性たちの脳裏にそれらの目的・目標の経済 − 社会的な意味がはっきりと埋め込まれ，かくしてそれが生活と労働にも組み込まれていくことになるのではないでしょうか．おそらく，ユヌス氏はそのような方向をしっかり見据えてきたし，現に見据えているのだろう，と私には思えます．

　ユヌス氏も述べていますが，バングラデシュの女性たち，それも主に貧しい女性たちは，自分たちが家庭的，経済的，そして社会的に自立することの意味をしっかり学んできています．例えば，「私たちは家庭生活や社会生活

に必要なさまざまなことを実現したい．男子であれ女子であれ，子どもたち
にしっかりした基礎教育を身につけさせたいし，でき得れば高等教育を学ば
せたい．清潔で健全な家庭生活を送りたい」と，彼女たちはその明確な要求
と家族生活のビジョンとを語ることができるようになっています．彼女たち
のそのようなビジョンを実現するために，グラミン銀行は成長し，発展して
いくプロセスで経済 - 社会的な機能を発揮し，自らの役割を果たしていきた
い，とユヌス氏が強調していることを付け加えておきます[7]．

3．地域づくりは人づくり

　これまでグラミン銀行の理念やアイデンティティ，またそれらに関わるユ
ヌス氏自身のイデオロギーやアイデンティティについて触れることで，「地
域づくり」と「人づくり」の実践プロセスについて私なりの視点や観点を提
示してきました．そこでこれからは，その視点や観点に基づいて「地域づく
りは人づくり」について述べていくことにします．
　ところで，私たちは「地域社会」という言葉をしばしば使いますが，私は
「地域社会」ではなく，「地域コミュニティ」という言葉を使いますので，こ
れ以後は「地域コミュニティ」を使用して話を進めます．ここでは説明を抜
きにしますが，「社会とコミュニティ」は必ずしも同一ではありませんし，
時には「対立」することさえあるからです．それは「社会」が「(政治組織
としての) 国家」(polity) と対立するのと同じことを意味します．したがっ
て，コミュニティは社会と対立するだけでなく，国家とも対立するのです．
　さて，地域コミュニティは，一定数の個人が存在してはじめて形成される
のは言うまでもありません．また現代では「多数の個々の人びと」を「多数
の自立した個人」だと私たちは認識しています．その「自立した個人」であ
る一人ひとりの「私」が地域コミュニティを構成する「対等平等な資格」，
すなわち，メンバーシップ（membership）を享受しているのです．視点を
変えて言えば，地域コミュニティを構成している自立した個人一人ひとりが，

お互いに協力し協同することによって各人の自立した生活を実現するのです．その意味で，自立した個々人が地域コミュニティにおいて相互に協力し協同して生活と労働のニーズを満たす，それが人間の本来的な関係に外ならないのです．この「協力・協同＝共同の文脈」においてはじめて人間的関係が持続可能となり，したがってまた，権利の行使と責任の履行が可能となるのです．

　このことは，自立した個人一人ひとりがお互いにその地域コミュニティに貢献していることを承認し合う「包摂の意識」を示唆しているのであって，この社会包摂的意識が彼・彼女たちに「個人の自治」を与えるのです．そしてこの「個人の自治」が多様な行為・行動・活動を承認する権利に，すなわち，「地域づくり」・「地域の再生・再活性化」の行為・行動・活動に参加する権利に反映されるのです．私が「地域づくりは人づくり」と言っている本意は，それが自立した人びとの「自治と権利」の意識と同時に，その自治と権利に基づいて人びとが地域コミュニティのさまざまな行為・行動・活動に参加する自発的責任の意識，すなわち，「参加と責任」の意識を指してのことなのです．言い換えれば，「地域づくりは人づくり」とは，シチズンシップのコアである「自治・権利・責任・参加」という市民の積極的，能動的なステータスに基づいて，彼・彼女たちがお互いに地域コミュニティにおいて「（他の人たちが）自分に何を期待しているのか」，また「自分の果たすべき役割は何か」，そして「自分が果たし得ることは何か」を理解し，認識することによって「個人的行為（活動）の社会的文脈」を確認し，自覚していく努力のプロセスを意味しているのです．

　シチズンシップについては先ほどの視点とは別の視点から再び触れることになりますが，取りあえずここでは，「地域づくりは人づくり」の基底にシチズンシップがしっかり控えていることを理解しておいてください．

　繰り返しますが，バングラデシュで展開されているグラミン銀行の事業展開は，簡潔に言えば，貧しい女性たちの起業を支援することにより，彼女たちが自ら協力・協同して家庭的，社会的な自立の基礎を築き，かつ自らの

「生活と労働」を改善し，もって家庭と地域コミュニティにおいてこれまで当然のように負わされてきた不平等・不公正を取り除いていく実践プロセスを描いている，と私は考えています．だが，この実践プロセスの道程（みちのり）はそう容易なものではないでしょう．とはいえ，この道程を走破することなしにはバングラデシュ社会における民主主義の基礎構築プロセスを展望することは難しい，と私は想像しています．私のこの想像が真に意味あるものになり得るとするならば，グラミン銀行とその支援の基で起業する女性たち双方の努力は，バングラデシュ社会に「新たな形式と秩序」を必ずや創り出してくれることでしょう．そうであってこそ，このプロセスは「人づくり」であると同時に「地域づくり」となり，「逆もまたそうである」(vice versa) ことを私たちに告げ知らせている，と私には思えるのです．

(1)「地域」と「人」を結ぶシチズンシップ

「地域づくりは人づくり」・「人づくりは地域づくり」，これは，言葉としては容易に頷（うなず）ける対象であるかもしれませんが，実際には中々難しいのです．後で触れますが，それは「生活の質」(Quality of Life: QOL) を人びとがどう捉え，どう観るかによって異なるのと同じように，一筋縄ではいかないのです．なぜなら，個人の拠って立つアイデンティティの多様性や人びとが置かれている経済的，政治的，社会的，文化的，それにジェンダー的な文脈や内容の差異を自立した個人一人ひとりがどう捉え，理解するかによって違ってくるからです．例えば，個人が置かれている（自然環境を含む）生活環境・生活状況の相違だけでなく，彼らの生活と労働に影響を及ぼす諸制度の相違が，個々の人たちに対して異なる多様な影響を及ぼすからです．しかしながら，そうであってもなお，「地域づくりは人づくり」であり，「人づくりは地域づくり」なのです．それは，「地域」（地域コミュニティ）と「人」（自立した個人）を柔軟に結びつける行為・行動・活動のプロセスを意味すると同時に，「協力し協同する人間の本来的な関係」を私たちに自覚させる「人間的なガバナンス（統治）」のプロセスを意味するのです．

そこで，それらのプロセスをよく見ていくと，「地域と人」の二つの要素を結びつける主要な媒介項こそシチズンシップであることが次第に分かってきます．私は先に，「共生経済」を基礎とする地域コミュニティの「新たな形式と秩序」が根づかせてくれる「6項目」を示しておきました．そこでこの6項目を再び頭に入れて，「地域と人の結びつき」に関わるシチズンシップ的考察を試みることにしましょう．

第1に，シチズンシップは「市民による自治」を基礎としている，これです．自治権と自治能力を有している市民の皆さん一人ひとりがその能力，すなわち，権能を発揮させること，これが権利の行使と責任の履行に反映されるのです．

第2に，シチズンシップにあっては，市民の権利は，その承認と制度（system）のための社会的枠組みを通じて，すなわち，裁判所，学校，病院，議会などを通じて行使されるのですから，市民のすべてがこのような社会的枠組みを維持する役割を果たすよう求められる，ということです．換言すれば，私たち市民は，平等な権利の行使と責任（義務・責務）の履行をもってはじめて，人間的で安定した地域コミュニティのガバナンスを想像することが可能となるのです．

第3に，シチズンシップは市民の「自発的責任」を尊重し重視します．現在にあってもなお，日本の市民社会では「権利か責任か」という二分法的あるいは二元論的な「権利と責任の対立」を当然のように考える傾向が見られます．しかし，「シチズンシップ」の何であるかを理解すれば，つまり上の第2のシチズンシップを想定すれば，シチズンシップこそ「権利と責任」は相互に補い合う相補的な関係にあることが理解できます．その意味で，シチズンシップの「責任」は本来，「市民の自発的責任」であることを意味します．このことは，例えば，社会的企業が常に求められる「コミュニティ住民への説明責任」と関わってきます．その点で，イギリスでは，社会的企業の説明責任は事業活動の必須課目と位置づけられています．

第4に，シチズンシップは市民による「参加」（「自発的参加」）が基本です．

第3章　地域づくりと社会的企業　　　　99

実際，シチズンシップは市民の自発的参加なしには存在しないのです．上の第1から第3は，この第4の「参加」によって支えられている，と言ってよいのです．この「参加」＝「自発的参加」こそシチズンシップのコア中のコアと言ってもよいでしょう．いずれにしても，「自治，（平等な）権利，（自発的）責任，それに（自発的）参加」がシチズンシップのコアであることを私たちは明確に理解し，認識しておかなければなりません．

　私たち市民はさまざまなことを考慮して行為・行動・活動します．すぐ後の話に関わってきますが，例えば，私たちの経済行為はただ単に「安価」や「安心」だけを求めていればそれでよい，ということでは決してありません．そのように単純化された行為・行動・活動ではないのです．

　例えば，フェアトレード（公正な貿易）について考えてみましょう．最近でこそ，日本でも「フェアトレード」への関心が増してきているようですが，しかしながら，日本におけるフェアトレードの認知度はわずか2.9％（2007年）[8]にすぎず，イギリス・50％（2004年），イタリア・34.5％（2003年），それにスウェーデン・47％（2004年）と比較しますと，極めて低いものです[9]．おそらく，他の西ヨーロッパ諸国やアメリカ合衆国の市民の認知度も20〜30％台だと思われますので，それらの国々の市民の間では「フェアトレード」はそれなりに知れわたっている「用語」だと言ってもよいでしょう．

　また例えば，イギリスでは，かつてイギリスの植民地であったケニアの紅茶生産農民の「経営と生活の維持」を保障していくために，あるいは紅茶生産地域での「自然環境の維持」を確かなものにしていくために，市民としてのケニアの紅茶生産者と市民としてのイギリスの消費者が協力し，共に自治と責任とに基づいた「公正な取り引き価格」を相互の理解によって実現しています．ですので，価格は通常の取り引き価格よりも高くなります．しかし，相対的に高い価格でもフェアトレード商品のマーケットシェアは小さくないのです．

　なぜそのように相対的に高い価格にもかかわらずマーケットシェアが維持・拡大され得るのでしょうか．換言すれば，「なぜ，ケニア産紅茶のフェ

アトレード市場が成立し，維持・拡大し得るのか」ということです．それは，イギリスの消費者が自らの「市民（しみん）としてのステータス」を理解し，認識して経済行為を行っているからだと私は考えています．すなわち，現在のイギリス市民は，かつてケニアがイギリス国家によって植民地とされ，イギリス資本によって自然資源をはじめとする多様な物質的資源を収奪されてしまったこと，とりわけイギリス人経営者による農業プランテーションがケニア農業をモノカルチャー化し，その結果，食料生産の多様化を破壊してしまい，ケニアの人びとは独立後の食料生産にも多大な困難を被ったこと等々の「ケニアの歴史」に責任を負う，「近・現代イギリスの負の歴史」をしっかり意識しているのです．ケニア産のフェアトレード紅茶が相対的に高い価格で販売されているにもかかわらず，イギリスにおいて比較的大きなマーケットシェアを維持・拡大している事実は，近・現代イギリスの植民地主義による「負の歴史」に対する「イギリス市民の歴史意識」のあり様を示唆しているのだと言ってよいでしょう．

　先ほどから私はフェアトレード商品の価格は「相対的に高い」と言い切っておりました．そう言い切れる理由は次のことにあります．一つは，フェアトレードにあっては「発展途上諸国の生産者や労働者を社会的弱者の存在から安全で自立した存在へと変えていくプロセス」として「労働の場における男女平等」と「国連子どもの権利条約」が尊重され，もって賃金の平等と安定および児童教育の促進を保障することが求められているからであり，もう一つは，四つの国際フェアトレード機構が合意した，①持続可能な生産と生活に必要とされる公正な対価を支払う，②生産者団体の生産および商品の市場アクセスを支援する，③生産者・生産者団体の能力向上とエンパワーメント（知識・技術・権利の向上）の実現，④生産者からの要望があれば，前払いに応じるなど「11の協同活動」の「フェアトレード・アプローチ」[10]によって経済的，社会的，それに政治的に公正・平等なルールをグローバルな範囲にわたって定着させて，発展途上諸国の労働者，とりわけ女性労働者の「生活と労働の質の向上」に大きな役割を果たすことが求められているから

です．

　ということで，現在，イギリスの多くの市民は，ケニアの農民を支援して農業生産協同組合の設立とフェアトレード商品としての高品質を保証し得る紅茶などの生産・販売を支援しています．ケニア紅茶のフェアトレード市場は堅調な市場だと言われています．もちろん，イギリスの多くの消費者協同組合（生協）も，ケニアのみならず，その他のかつての植民地諸国の多様なフェアトレードに大きな力を注いでいます．「ヘーゲル哲学の第３テーゼ」と言われている「歴史のなかで自己を知る」ではありませんが，まさにイギリスで実践されているこのようなフェアトレードは，近・現代における「イギリス帝国主義の歴史」を知ればこその市民による経済行為なのだと，私は大いに強調したいのです．

　最近の日本の生協は「安価であること」を優先する傾向があるように見受けられますが，西ヨーロッパ諸国で実践されているフェアトレードに見られるように，単に「安価であればそれで善し」というものではありません．確かに「安価である」ことは消費者にとって重要です．しかし同時に，私たちは同じ市民としての生産者——しかも，遠く離れた生産者——が置かれている状況や立場を配慮して経済行為を行うよう求められる場合には，その求めに応じることがあります．私たちが経済行為を行う際に自分たち自身の利益について考慮するのは言うまでもありませんが，同時にまた他者の利益にも配慮して経済行為を行うのです．フェアトレードが成り立つ大きな要因の一つがそれです．それこそが「シチズンシップの為す業」である，と私は強調したい．協同組合運動の観点からすれば，フェアトレードは市民としての私たちの面目躍如たる事業活動でもあるのだと私は見ているのです．なぜなら，市民である私たちのそのような経済 - 社会的な行為・行動・活動が民主主義を支えることに見事につながっていくからです．地域コミュニティにおける私たちの生活と労働には時として互酬性が機能するのであって，それがフェアトレードのように国際的，地球的な範囲にわたり経済 - 社会的行為・行動・活動として展開されるようになると，私たちはそれを——フェアトレー

ドがそうであるように——社会的経済, 連帯経済, あるいは社会・連帯経済と名づけることによって, 新たな形式と秩序に基づく経済−社会的な関係を創り出すのです. 私は, これこそがまさに「地域づくりは人づくり」・「人づくりは地域づくり」の「努力のプロセス」でもあると観ています. 換言すれば, フェアトレードの原点は「地域づくりは人づくり」・「人づくりは地域づくり」にあるのだと, 私は強調したいのです.

シチズンシップのコアである「自治・権利・責任・参加」を経済−社会的な行為・行動・活動のプロセスにおいて実体化させていくこと, それは, 民主主義を人びとの生活と労働に根づかせていくプロセスでもあり, したがってまた, 地域コミュニティに民主的な改革や改善が根づいていく諸条件を再生産するアプローチでもある, と私は想像するのです.

(2) コミュニティとシチズンシップ

ところで, これまで私は, 皆さんが「コミュニティ」の概念を理解していることを前提に話を進めてきました. しかしながら, 「コミュニティとは何か」と, その概念を改めて問われますと, 答えに窮する人が少なからずおられることでしょう. 実際のところ, コミュニティの概念を示したり, 況してや定義したりすることは大変むずかしい作業なのです. 「十人十色」という言葉がありますが, 「コミュニティ」の定義は文字通りの「十人十色」なのです. そこで簡潔にコミュニティの概念について説明しておきましょう.

コミュニティの概念を大きく分けると, 明確に区別される二つの概念があります. 一つは, 「町・村・近隣・市・都市」というように, 特定の地域 (territory) や人びとが定住している地域 (location), 自然的地形の土地・地域, それに地理的連続性を意味する概念で, 私がここで使用しています「地域コミュニティ」(local community) がそれです (なお, 既に触れましたが, 日本では一般に, local community を「地域社会」と訳しています). もう一つの概念は, 「人びとの関係性」(relational) を意味するもので, 「人間関係 (human relationship) の質や特性」を基礎とする概念です. この概念は, 集団

や組織の構成員による相互の協力・協同の関係を基礎とするものですから，「人間の本来的な関係に基礎を置くコミュニティ」であり，したがってまた，「人間関係の具体的な特性を創り出すコミュニティ」なのです．言い換えれば，人間関係の質や特性に基礎を置くコミュニティ概念は，同じ目的や目標に賛同する人たちの関係性に基づいて構成される集団や組織の具体的特性を内包する概念です．例えば，協同組合や社会的企業，それに大学がその概念に該当します．

　私は，ドイツの社会学者にして哲学者のユルゲン・ハーバーマスが，「コミュニケーション・コミュニティ」は社会の「すべてに向けて開放されている対話的モデル」であって，その典型が真理を追究する大学である，と説いていることを受けまして，協同組合や社会的企業もまた対話的モデルに基礎を置く「コミュニケーション・コミュニティ」である，と提起してきました．というのは，例えば，協同組合は，歴史的に，組合員や役職員の「生活と労働」だけでなく，地域コミュニティの他の多くの人たちの「生活と労働」もまた改革し改善するという目的・目標を対話的プロセスを通じて遂行してきたからです．ご承知のように，1995年にICA（国際協同組合同盟）100周年を記念して開催された「ICAマンチェスター大会」で新たに「ICA第7原則：地域コミュニティへの関与」（「協同組合は，組合員が承認する政策にしたがって，地域コミュニティの持続可能な発展のために活動する」）が付加されましたが，この原則こそ「協同組合はコミュニケーション・コミュニティである」ことを明示するアプローチだと私は強調したいのです．

　これに加えて，私はまた，ICAが協同組合の「定義」・「価値」・「原則」を「協同組合アイデンティティ」であると明確に位置づけたことを高く評価します．なぜなら，「協同組合アイデンティティ」は協同組合の「存在理由」（raison d'étre）を私たちが明確に理解し認識することを強く求めるからです．因みに，英語のidentity（アイデンティティ）は，語源的にはラテン語のidentitas（同一性）などに関連するそうですが，社会学的には「自分が何者であるかの自己規定」，あるいは「取り替えのきかない自己の存在証明」，さ

らには「変わることのなかに保たれている斉一性，連続性がアイデンティティの基軸である」と説明されていますので，覚えておいてください．

「コミュニケーション・コミュニティ」に戻りますが，この「対話的プロセス」こそ「コミュニケーション・コミュニティ」の基礎である，と指摘するハーバーマスは「対話的プロセスは常に閉鎖に抵抗し，したがって結局は，支配に抵抗する」のである，と強調しています[11]．

私は，協同組合の役職員が「協同組合はコミュニケーション・コミュニティである」との意味を理解し，また常に意識するようになれば，彼・彼女たちは「協同組合の普遍的特質（エートス）とは何か」，また「協同組合人の心的態度（「主体的選択に基づく行為性向」）とはどうあるべきか」をより深く追究するようになるだろうし，もって地域コミュニティの組合員や他の多くの人たちに協同組合の果たすべき経済−社会的な機能と役割について告げ知らせるようになるだろうし，またその結果，協同組合の経済−社会的な機能と役割がこれまで以上に「広くかつ深い人間的な未来像（ビジョン）」を内包していることをさらに多くの人たちが承認してくれるのではないだろうか，と考えています．なぜなら，コミュニティ研究者のジェラード・デランティが述べているように，多くの人びとが大学や協同組合を「コミュニケーション・コミュニティ」であると理解し認識するようになれば，現代の社会的諸関係が「権威，地位，儀式など他の媒介物によってではなく，コミュニケーションをめぐって組織される」ようになるからです[12]．ということで私は，協同組合には――そして大学においてさえも――前者の地域コミュニティと後者の人間関係のコミュニティの双方が必要とする共通概念が生み出され，存続するようになる，と考えています．その意味で，地域コミュニティで営まれている生活と労働のあり様を改善するニーズを満たすために，組合員や役職者をはじめとする多くの人たちが協同組合の事業と運動に参加することは「コミュニケーションの内容をより豊かにする場」を確かなものにしていく重要な作業プロセスである，と私は主張したいのです．

本講演の主催者である「協同労働の協同組合の法制化を求める市民会議」

も，「協同労働の協同組合法」の制定を求めるという「特定の目的のために形成された組織」としての「コミュニティ」であると言ってよいでしょう．この市民会議は，「協同労働の協同組合法」が制定されることによって，多くの市民が自らの「生活と労働」のあり様を改善し，「地域コミュニティの質」を向上させていく構想や未来像について議論し，また――前に触れましたが，イギリスのキリスト教社会主義者たちが組織した「労働者協同組合促進協会」のイニシアティヴによって1852年に制定された世界最初の近代協同組合法「産業および節約組合法」がそうであるように――「協同労働の協同組合法」それ自体を市民会議のメンバーがさまざまな観点から議論する「コミュニケーションの場」だということになります．コミュニケーション・コミュニティをそのように想像すれば，皆さんは「そうか，それでは，多くのさまざまな人たちと十分にコミュニケーションを図り，議論し，かつ問題提起をしていこう」という気になるでしょう．

　この点で，大阪の人たちの間ではコミュニケーションが捗（はかど）るのでは，と私は思います．というのは，本日，新大阪から地下鉄でこの会場まで来るのに不慣れな私はかなりの時間を費やしてしまいました．地下鉄の乗り換えホームが分からず，苦労しました．「そのお陰で」と言うのも変ですが，電車に乗って座席に落ち着いたところ，向かい側に座っていましたお婆さんが――おそらく初対面と思われます――隣の若い女性に話しかけ，また若い女性もその話にしっかり応じ，会話を成り立たせていました．私はこのようなお二人の会話の風景を東京でほとんど見かけたことがありません．私にとってそれは，穏やかで楽しい，何とも心温まる風景でした．その若い女性とお婆さんの会話は，私が下車するまで続いていました．お二人の会話の様子はまさに「一種の対話」であり，「コミュニケーションの場」を無意識のうちに創り出していた，と私はそう感じました．

　私も含めて東京の人たちは，テレビによる影響もありましたか，大阪の人たち，特に女性たちを「図々しく，厚かましい」とみなしがちですが，これは要するに，大阪の人たちはコミュニケーションが上手なのだと言うべきで

しょう．かつてはともかく，今や東京では，あのお二人のように初対面の人と打ち解けて話題を提供し合ったり，話に応えたりする風景など見ることはほとんどありません．そう言えば，東京では，買物しても店員さんに「勉強してくださいよ」と声をかける人をついぞ見かけたことがありません．「お客」は言われた通りの値段で買物を済ませます．そこにいくと，大阪の人たちは，コミュニケーションを図って相手の一方的な言い分を諒承しない，ある意味で，欧米的な生活感覚と共通するところがあるのかもしれませんね．

　私の経験談を話しましょう．それは，後に言及しますイギリス・サンダーランド市のヘンドン地区を中心に「地域コミュニティの再生」を委ねられて設立された「コミュニティ小学校」（VRCPS）で垣間見た事例です．

　5〜6名の4年生同士が花壇の管理について話し合っていました．「この花壇のこの区画の花は私たちのグループが世話をしている」・「あの花壇は私たちのグループが世話している」と言い合っていました．このような「花壇の世話」を通して生徒同士のコミュニケーションがなされることで，生徒たちは「私」と「私たち」や「私」と「あなた」・「あなたたち」といった関係を自然に理解し，このような小学校生活を架け橋に「私」と「私たち」や「私」と「あなた」・「あなたたち」との関係をより広く・深く知るようになり，身近な人間関係のあり様や交流のスキルを高めていく，とコミュニティ担当副校長のジョージ・スタッバートさんが教えてくれました．実は，「シチズンシップ教育の基礎はここから始まるのです」と，スタッバート副校長は小学校におけるシチズンシップ教育の重要性を強調しておりました．

（3）シチズンシップ教育

　シチズンシップ教育はヨーロッパ連合（EU）メンバー国においては中学・高校の必修課目（小学校高学年は自由課目）だそうですが，イギリスは，西ヨーロッパでいちばん遅れてシチズンシップ教育を開始したそうです．あのサッチャー首相（当時）が，理由は分かりませんが，開始を遅らせたためだそうです．それでも，繰り返しになりますが，現在ではシチズンシップ教育

は——事実上，小学校高学年から始まりますが——基本的に中学生と高校生はカリキュラムに必修として組み込まれています．要するに，シチズンシップ教育は「参加を基礎とする市民としての権利と責任」と「民主主義の基礎」を学ぶ教育なのですから，政府が民主主義を云々するのであれば，いかなる国においても小学校から高校まで「シチズンシップ教育」を学習することは当然のことです．翻って，日本はどうでしょうか．真に民主主義を社会に深く根づかせるためにも，イギリスや他のEU諸国のように是非，民主主義の基礎となる「シチズンシップ教育」を小学校高学年と中学・高校のレベルで実行してもらいたいものです．

　それはさておきまして，そのシチズンシップですが——学校から離れて——市民の視点からしますと，既に述べましたように，その第1は「市民の自治」，あるいは「市民による自治（権）の行使」です．それは，市民である自立した個人がコミュニティに貢献することを社会によって承認されると同時に，その市民に「個人の自治」が与えられ，そしてその自治が市民の一連の諸権利に反映されることを意味します．第2は，市民は「平等の権利」を明確に理解し認識することを求められる，ということです．そして第3に，私たちは市民として「自分たち自身の行為・行動・活動に対する自発的な責任を共有することができますか」と問われる，ということです．さらに第4は，市民の市民たる所以は「自らの生活と労働を改善していくことを通じて地域コミュニティの質を向上させるべく社会的に必要な物事に自発的に参加する」という「市民のステータス」の遵守です．成人のシチズンシップ教育には学校のような指導は付きませんが，いい加減な態度で遣り過ごしていますと，後できついしっぺ返しが付きまとうことになります．

　そこで，日本の文部科学省にも「民主主義の基礎」を子どもたちがしっかり身につけられる「シチズンシップ教育」を小学校高学年から高校までのカリキュラムに組み込んでもらいたい，と私は思っています．およそ先進国と称されている国々では「シチズンシップ教育」は必修なのですが，日本では「シチズンシップ教育」をカリキュラム化しよう，との声は文科省からは聞

こえてきません．その代わりに，やれ道徳教育に点数を付けるとか，剣道や柔道を体育の必修授業課目にするとか，市民として成長していくためのシチズンシップ教育の筋道から外れたことを言っているようです．道徳教育は本来，学校生活を通して「市民であること」・「市民のステータス」とは何であり，権利と責任に基づく市民の社会的役割とは何かを理解し，児童・生徒にしっかり意識させることにその本意があるのです．スタッバート副校長が語ってくれましたように，シチズンシップ教育の基礎は，家族と社会における「私」と「私たち」や「私」と「あなた」・「あなたたち」の個人的，社会的な関係を理解することであり，またやがて市民として自己の多元的なアイデンティティを生活と労働のなかに組み込み，シチズンシップのコアである「自治・権利・責任・参加」を家庭生活と社会生活の双方において体現していくことだと私は思っています．因みに，ここで私は，イギリスにおけるシチズンシップ教育に関する独立諮問委員会報告書のほんの一部を読み上げますが，おそらく皆さんは一様に驚き，日本とイギリスの根本的な相違を思い知らされるでしょう[13]．

(I) われわれは，全国および地方にわたって，この国の政治文化を変えていくよう努力する．「何のためにそうするのか」と言えば，人びとが自分自身を，社会生活において影響力を持つことを厭（いと）わない，影響力を持つことのできる，そして影響力を身につけた積極的な市民であると位置づけて，だが，そのことを口に出して行動する前に，事実を証明する証拠を考量する批判的能力を有する市民であると考えるようにするためであり，またこれまでの「コミュニティや公共サービスへの参加」の伝統や慣例を最善のものへと築き上げ，そのあり様を若者たちにしっかり広げていくためであり，さらには若者たちが彼ら自身の間で新しい参加や行動・活動の形態を見いだすことに個人的に自信をつけさせるようにするためである．

(II) （現在，11歳から16歳までの中等学校の生徒たちは「シチズンシップ」と

いう「新しい教科」を学び始めている．この教科は次の３つの実際的な理念に基づいている．）第１に，生徒たちは，教室のなかだけでなく教室を出て，また学校の先生たちと議論するだけでなく生徒同士がお互いに議論し合い，自信（self-confidence）を身につけ，社会的および道徳的に責任を負う行為・行動・活動を学ぶ．第２に，生徒たちは，地域コミュニティへの参加とボランティア活動による地域コミュニティへの奉仕を通じての学習を含め，自分たちが生活しているコミュニティにおける人びとの暮らしや営み，それにその他の関心事を学ぶことによってコミュニティに貢献するよう関わりを持つ．第３に，生徒たちは知識，技量，価値観——これらは単なる政治的知識だけでなく，もっと幅広い関係や立場を追い求める「政治を理解する能力」といわれるものである——を通じて，自分たち自身が公共生活に実際に影響を与えるようになることを学び，その結果，自分たち自身が実際にどうすれば役に立つことができるのか，その仕方・方法を学ぶのである．

今私は，独立諮問委員会報告書のほんの一部分の件を読み上げたのですが，この報告書はまた，次の三つの必要条件を考察するよう勧告していますので，ここにその「三つの必要条件」を付け加えておきましょう．

(1) 初等・中等学校および高等学校におけるシチズンシップ教育は，その目的の一部がより参加的かつ自立・自律的であり，また真に民主主義的である社会を徐々に創り出すことであるとするならば，社会構造を成功裡に改革する必要条件となる．

(2) 初等・中等学校および高等学校におけるシチズンシップ教育は，人びとを排除しない，これまで以上に社会包摂的な社会となるための必要条件，すなわち，学校からの排除，シニシズム（冷笑的態度），福祉依存，無関心，犯罪行為や公共物破壊行為，それに不幸にして若者の間に広まっている，選挙や公的な課題・問題に対するある種の「われ関せずの，

110

まったくどうでもよいとする態度」（could- not-care-lessitude）を無くしていくための必要条件となる.

(3) 結局のところ，たとえ民主主義が不完全なものであるにしても，われわれ市民は実際に民主主義を体現しているのであるから，法律に基づいて生活しているわれわれ市民は，民主主義をどのように機能させることができるのか，またわれわれ市民は，われわれの共通する「思考力や知性」（mentality）をもってして，自分たち自身を健全で積極的な市民に変えていくことができるのだとすれば，民主主義をどう前進させ，向上させることができるのかを理解し認識しなければならない.

シチズンシップ教育に関わるこれら3つの必要条件は，まさに「自由な教育」（市民である個人一人ひとりが主体的に考え，実践する自由な教育―中川）の一部なのです.

4. 地域づくりと社会的企業

私は，ここ数年間イギリスの地方自治体の職員や協同組合・社会的企業の関係者にそれぞれの地域コミュニティの経済的，社会的，政治的，それに文化的な状況について話を聴いてきました. 例えば，イングランド北東部に位置するタイン・アンド・ウィア州サンダーランド市には貧しく恵まれない地域コミュニティがいくつか存在しますが，それらのコミュニティを中心に社会的企業 SES が「雇用の創出」や「地域コミュニティの再生・再活性化」のために奮闘し活躍しています. SES については後で触れますが，実は，それらのコミュニティの一つが，先ほど言及しましたコミュニティ小学校がありますヘンドン地区のコミュニティなのです.

サンダーランド市の住民はその大多数が白人で，移民やエスニックは限られています. 同じようにヘンドン地区のコミュニティにも移民やエスニックの住民はほとんどおりません. 大多数が白人の住民であるこのコミュニティ

は，他のコミュニティと比べて電話の所有数や自家用車の所有数が少ないそうです．またこの地域は交通の便が悪く，鉄道の駅まではかなりの距離があります．このような地域コミュニティでは総じて住民に「正確な情報」が伝わり難いのです．情報社会の現代にあってはこのような生活環境はマイナス要因として作用します．ここでは車の盗難や車内の荷物が盗難に遭うことしばしばだそうです．

　また例えば，先に言及しましたコミュニティ小学校では児童・生徒たちの「不登校」を防ぐことに力を入れていますが，この「不登校」という現象それ自体がコミュニティにおいて生じているマイナス要因と言いますか，悪影響の一つの現れ方なのです．私は，この地域コミュニティのある母親が「学校は私たちと何の関係もありません．私は学校教育から何の利益も得ていません」，と憤然として言い切ったことを未だに忘れることができません．

　こうなりますと，「悪循環のメカニズム」が作用して，地域コミュニティそれ自体が「社会的排除」（social exclusion）に遭遇してしまうのです．この地域コミュニティの近隣のワシントン地区に日産自動車工場がありますが，そこではおよそ5,000もの雇用があると言われています．しかし，ヘンドン地区のあるコミュニティからは誰一人としてその工場に採用されない，いわゆる「社会的排除」にその地域コミュニティ全体が遭遇しているのです．

　現在のところ28カ国から成るEUメンバー国[14]では，とりわけイギリスを含む最初の15メンバー国では，失業者，貧困者，高齢者，障害者の「社会的排除」を防ぐための社会政策が遂行されていますが，しかしながら，社会的排除の実状は容易に解決されないのです．このようなコミュニティの人びとは「悪のスパイラル」から抜け出す経済‐社会的な能力を創り出せないでいるのです．私たちはすべて市民としての尊厳を有しているのであって，それ故，恣意的に分け隔てされたり，人種・民族，宗教，階級，ジェンダー，それに独自のアイデンティティによって差別されたりすることは決して許されないことを知っています．これまで再三言及してきましたシチズンシップの概念はそのことを私たちに教えてくれています．それにもかかわらず，個

人はもちろんのこと，地域コミュニティまでもが社会的に排除されるような状況があのイギリスで生起しているのです．

　1997年の総選挙に勝利した労働党のトニー・ブレア政権は，このような状況や状態を克服するために，人びとを排除するのではなく，社会的に包摂していくための「社会的排除対策局」（Social Exclusion Unit）を設置し，社会的排除をもたらす大きな原因の一つである「失業」を克服する「雇用の創出」を支援し，「排除の悪循環」を断ち切る政策を提示して，それに基づいたプロジェクトを実行するようイニシアティヴを執りました．そしてその政策の最先端に位置づけられたのが社会的企業であったのです．

　1997年の総選挙で労働党はその「マニフェスト」で「第三の道」（the third way）を掲げ，その一つとして「社会的企業」の育成を主張しました．総選挙に勝利したブレア政権は，社会的企業政策を推進すると同時に，「福祉から労働へ」（welfare to work）という政策を掲げました．この「ニュー・レイバー」（新しい労働党）政策は，保守党のサッチャー政権と同様の「新自由主義」（neo-liberalism）に基づく「福祉の切り捨て」政策であり，したがって「サッチャー路線の継承」である，と労働党内からの批判もあり，しばしば議論がなされたことは，私たちの記憶しているところです．これについてはこれ以上触れませんが，いずれにしましても，その「福祉から労働へ」という政策が社会的企業の成長・発展に結びつくことになったこともまた事実です．というのは，ブレア政権が，社会的企業に「雇用の創出」を目指す「地域コミュニティ再生」計画をプロジェクト化させ，それに応じた——地域再生計画プロジェクトの審査を経て配分される——政府予算の「特別地域再生予算」（The Single Regeneration Budget）をかなりの程度準備し，配分したからです．その点で，この地域コミュニティ再生の政策展開は，地域コミュニティとその住民を排除する「悪循環のメカニズム」を断ち切るために「多様な社会的能力」を結集させて「個人と社会との濃厚な関係」を，別言すれば，「個人的行為の社会的文脈」の有効性を人びとが承認する「協同のメカニズム」を創り出すことに大いに寄与したのです．

第3章　地域づくりと社会的企業　　　113

　そして今や，そのような「個人的行為の社会的文脈」の有意性を多くの人
びとが意識し，承認するにしたがって，「協同のメカニズム」の中心核を担
う実体として社会的企業が浮かび上がってきているのです．その意味で，社
会的企業は「地域づくり」と「人づくり」の，同じことですが，「人づく
り」と「地域づくり」の架け橋に，しかもますます重要な架け橋になってき
ているのです．

(1) 社会的企業とは

　では，社会的企業はどのような企業・事業体なのでしょうか．イギリスと
違いまして，日本では「社会的企業」は少々聞き慣れない「用語」ですので，
ここで社会的企業について簡潔に言及しておきましょう．

　実は，社会的企業の定義も，コミュニティの定義と同様に，「十人十色」
なのです．したがって，現在のところ，社会的企業の統一された定義はあり
ません．とはいえ，次の項目については多くの社会的企業研究者や実践者の
一致するところです[15]．

　第1に，社会的企業の社会的目的は「人びとの生活と労働の改善」と「地
域コミュニティの質の向上」である．

　第2に，社会的企業はその社会的目的を達成するために，財およびサービ
スの生産と供給を継続する「非営利・協同の事業体」であり，それによって
生み出された利潤（利益）を個々のスタッフおよびメンバーに分配しない
（「利潤の不分配」）．

　社会的企業のこの「利潤の不分配」ですが，この点は「組合員に利潤（利
益）を分配する」協同組合と異なることを認識しておいてください．皆さん
には周知のことだと思いますが，生協，農協，漁協，森林組合それにワー
カーズコープ（労働者協同組合）など伝統的な協同組合は組合員に「利用高
に比例した『利益（利潤）の分配』」を行います．それが伝統的な協同組合
の原則なのです．というのも，現代協同組合は，近代協同組合の創始である
ロッチデール公正先駆者組合が「1844年規約」で人びとに訴えた「組合員

の金銭的利益と社会的および家庭的状態の改善」という事業目的，すなわち
――現代の言葉で表現すれば――「人びとの生活と労働の改善」と「地域コ
ミュニティの質の向上」を目指して事業を展開する「非営利・協同」のアイ
デンティティとイデオロギーに基礎を置いている点で資本主義的事業体とは
異なる「新たな形式と秩序」を 160 年以上にもわたって堅持しているからで
す．

　ということで，社会的企業は伝統的な協同組合と明らかに異なります．社
会的企業は，協同組合よりもむしろ NPO（非営利組織）に類似しているかも
しれません．日本では NPO を名乗る際には Non-Profit-Organizations と表
記しますが，この表記はアメリカ型「非営利組織」の概念に基づいています．
それに対して，イギリスにおける NPO の多くは，「非営利・協同の理念」
や「協同組合アイデンティティ」を取り込んだ用語 Not-for-Profit を強調し
て，Not-for-Profit-Organizations と表記します．その意味するところは，
協同組合や社会的企業といった「非営利・協同の事業体」は利潤追求を動機
とするのではない，ということです．要するに，協同組合も社会的企業も，
人びとの生活と労働を改善する持続可能な事業を展開し，もって地域コミュ
ニティの安定と発展に貢献する，とのことを目的としており，したがってま
た，それぞれの事業体によって生み出された利潤（利益）は，それらの事業
体のアイデンティティに基づいて原則化されているのです．協同組合は組合
員の社会的，家庭的な状態の改善と地域コミュニティの質の向上に，社会的
企業は地域コミュニティの質の向上と，そのための事業の持続可能な成長・
発展とに責任を負うことにその本質的価値を置いているのです．それ故，社
会的企業は得られた利潤を「地域コミュニティの質」の一層の向上を目指す
事業に再投資することになります．ある意味で，イギリスの非営利組織には，
近代協同組合運動を世界で最初に創り出したことで，資本主義的産業社会の
真っ只中に「非営利・協同という新たな経済的，社会的な形式と秩序」を生
み出し，かつ成長させて世界の協同組合運動を牽引してきた「協同組合運動
の歴史」が埋め込まれているのだという矜持なり誇りなりがあるのです．因

みに，アメリカでは，EU 諸国や日本など他の大多数の国々と違って，協同組合は税法上「営利企業」と位置づけられています．

そして第3に，社会的企業は地域コミュニティの経済 – 社会的な発展に関わる計画・戦略を実行します．この点は，社会的企業をその前史も含めて考察すると，よく分かります．とりわけ，アーネスト・ベーダーによって1951 年に開始されたスコット・ベーダー社の株式の 90% を従業員共同所有制とした「コモンウェルス」の試み，また 1971 年に形成され，1976 年に法制化された「産業共同所有運動」（Industry Common Ownership Movement: ICOM）に基づいてワーカーズコープ（労働者協同組合）やコミュニティ・ビジネス，コミュニティ・エンタープライズ，それにコミュニティ協同組合などが有限責任の法人格を取得したことなどが挙げられます．このような法的，経済的な支援を得て，やがて 1997 年以降のトニー・ブレア政権が社会的企業の広がりと発展を支えたことは先に言及し通りです．

第4は，したがって，社会的企業は法律に準拠した事業組織である，ということです．要するに，社会的企業は法律で保護されている合法的な非営利事業組織なのです（ただし，アメリカでは社会的企業を名乗る株式会社が存在しています）．

第5は，社会的企業は「地域コミュニティによって，地域コミュニティのために委託された資産と富を保持する」ということです．すなわち，社会的企業は自らが生み出した利潤（利益）の一部を「地域コミュニティの資産（富）として」これを保持しなければならない，ということです．そしてそのために，社会的企業のガバナンスにコミュニティの住民がステークホルダー（利害関係者）として参加できる制度を構築しておくことが求められることになります．これは，社会的企業のコミュニティ住民に対する「情報開示」の責任の履行と同時に，社会的企業への「ボランティアの動員・結集」を可能にするシステムにもなり得るものです．

第6に，社会的企業は，地域コミュニティの住民に対して「説明責任」（accountability）を果たさなければならない「自立・自律した事業体」であ

る，ということです．換言すれば，それは，地域コミュニティの人たちが社会的企業を立ち上げた「理由，事業内容，利潤（利益）の推移，地域コミュニティへの経済的，社会的貢献」などについてコミュニティの住民に明示し，説明する自発的責任（義務）があります，とのことを意味します．

　社会的企業にはこのような六つの項目の特徴が共通して見られることから，今では社会的企業研究者・実践者の多くは，これらの項目は「社会的企業に共通する項目」であると認識するようになってきています．私もイギリスで展開されている社会的企業調査をこれら6項目に基づいて行っています．なお，社会的企業の育成に積極的に取り組んだブレア政権は，2002年7月に「社会的企業：成功のための戦略」を公表し，そのなかで社会的企業の特徴と性格を明らかにするために，次のような「社会的企業の定義」を提示しています[16]．

　　社会的企業は何よりも社会的目的を有する事業体である．その剰余（利潤）は，その社会的目的を果たすために，主に事業あるいはコミュニティに再投資される．社会的企業の事業は，株主や事業主のために利潤を最大化しなければならないとする動機によって遂行されるのではない．

見られるように，この定義は「社会的企業は雇用の創出とコミュニティの再生という社会的目的を遂行する『非営利・協同』のアイデンティティを基礎とする」と，強調しています．イギリスの労働党は国会では協同組合党と常に連合していることから，ブレア政権もそれを考慮して「非営利・協同の旗」を前面に出しているのです．

(2) 社会的企業とシチズンシップ

　それはともかく，社会的企業にはこれら6項目にわたる共通の要素があります．そこで私は，これら6項目と，しばしば示してきました「シチズンシップの四つのコア」とを連関させて社会的企業を考察してみたところ，シチ

第3章 地域づくりと社会的企業　　117

ズンシップが「社会的企業を支える価値体系の主要な構成要素である」ことに気づきました．

　ということで私は，「自治・権利・責任・参加」に基礎を置く社会的企業は，数字の上でもそれに即した傾向を見せているだろうと考えて，イギリスにおける状況を調べたところ，確かにイギリスでは逓増していました．労働党政府の 2005 年の統計によりますと，社会的企業数はおよそ 1 万 5,000 でした．他方，オクスフォード大学の研究者によりますと，なんと約 5 万 5,000 だそうです．この 5 万 5,000 から 1 万 5,000 を差し引きますと 4 万の差がありますが，この差はおそらく，「社会的企業の定義」の違いによるものではないかと思います．このように数字上の差はありますが，政府筋はこのような場合には慎重になりますので，社会的企業の数を 1 万 5,000 としているのでしょう．ということで，私も一応イギリスの社会的企業数を約 1 万 5,000 と見ることにしています．

　実は，イギリスでは現在，およそ 20 万のチャリティ組織が登録されているそうです．「チャリティ組織」という「ボランタリィ組織」はイギリス社会において長い伝統を有しており，人びとの社会生活に影響を与えてきました．チャリティ法（charitable status）の存在がそのことを語っています．チャリティ組織はこの法律に基づいて認可・登録されて，現に多様な非営利の慈善事業を行っていますし，それらの事業で得られた利潤（利益）に対しては課税減免措置がなされています．

　イギリスではチャリティ組織の他に――他の法律に準拠した――およそ 40 万ものさまざまなボランタリィ組織が非営利の活動を行っています．チャリティ組織とその他のボランティア組織を合わせた「60 万」という数字は，イギリスの成人の「100 人に 1 人」がいずれかのボランタリィ組織に参加していることを意味します．イギリスではさらに約 100 万にも及ぶ小規模なアソシエーションが存在し，音楽，スポーツ，文化，福祉，保健・医療，研究，学校運営などそれこそ多様な活動を行っています．イギリスの社会は，このように多くの市民が自発的にボランタリィ活動に参加して，「人びとがお互

いに協力し協同するという人間の本来的な関係」を自覚することを通じて地域コミュニティの発展に貢献しているのです[17].

　日本では NPO が漸く 3 万 2,000〜3 万 3,000 団体（2008 年）に達したようですが[18]，イギリスではチャリティ組織と他のボランタリィ組織を合わせただけでもおよそ 60 万ですので，さらに非営利・協同組織の社会的企業を含めると，ボランタリィ組織やアソシエーションの数は日本とは比較できないほど多数になるでしょう.

　このような非営利組織，例えば，ある高齢者のご夫婦が生活している地域で活動している小さなチャリティ組織は，そのご夫婦に毎日一定時間内での愛犬の散歩を依頼されているのですが，このチャリティ組織のメンバーはその散歩が利益を得るサービス事業だとはまったく考えておらず，「無償の助け合い」・「無償のボランタリィ活動」だと考えているそうです. 他方では，大規模な事業を展開して大きな利益を生みだしているチャリティ組織もあります. ある統計によりますと，イギリスのボランティア・セクターは，およそ 50 万人を雇用し，年当たりおよそ 200 億ポンド（統計時の 1 ポンド＝190 円で換算すると，3 兆 8,000 億円）に及ぶ事業を展開しており，イギリスの国内総生産（GDP）の約 10% を占めているとのことです[19].

　話を社会的企業に戻しましょう. 2005 年 6 月に社会的企業のための新しい法律である「コミュニティ利益会社法」（Community Interest Companies Regulation: CIC）が制定されました（同年 7 月施行）. この法律に準拠して登録された社会的企業，すなわち，「CIC としての社会的企業」は，2007 年 10 月 28 日現在で 1,380 となっています. この数字をどう分析し，どう見るか——予想通りか，予想以上か，それとも予想以下なのか——についてはここでは触れませんが[20]，この CIC としての社会的企業の「課税減免措置」は中小の営利企業に対して取られているのとほぼ同じ課税減免措置です.

　それは例えば，私が先ほど触れたような貧しい地域コミュニティに中小企業が工場あるいは店舗を開設すれば，「課税減免措置」がなされますが，同じように CIC としての社会的企業がそのようなコミュニティに開設されると，

課税減免措置がなされるということです. ただし, それに加えて, 社会的企業に投資する人たちには「社会的投資家」として「課税減免措置」がなされることになっています. なぜ, 課税減免措置が狭い範囲にしか許可されないかといえば, それは, 労働党政府が「社会的企業はリスク引き受けの企業文化を身につけなければならない」と, 指導しているからだと私は考えています.「リスク引き受けの企業文化」を労働党政府が主張する根拠, 理由を分析することが必要になりますが, ここでは言及しません. それでも, そのことが「公的な助成金や補助金に安易に依存することなく事業経営を遂行する」こと, 換言すれば,「CIC としての社会的企業は市場志向であり, したがって事業の持続可能性を求められることから, ある程度の企業家精神を有する非営利の事業体である」ことを示唆していることは言っておきましょう. いずれにしましても, 前に述べましたように, 労働党政府は「チャリティ組織の現代化」を「CIC としての社会的企業」に結びつけようと企図していますが, 現在のところ政府の予測ほど捗らないのは, やはり社会的企業に対する課税減免措置が限定されているからだと私は思っています.

(3) 保守党の「社会的企業政策」

ところで, 野党の保守党は, これまで, 社会的企業を「労働党の社会的企業」だとみなして「高みの見物」を決め込み, 国民的な議論に加わってきませんでしたが, 近年の社会的企業による経済 - 社会的な効果を政治的に評価して, これまでの態度を変えてきました. 2006 年 1 月に保守党の新しい党首に就任したデイビッド・キャメロンは, 就任直後に保守党としての社会的企業政策を示し,「社会的企業ゾーンズ」(Social Enterprise Zones) と称する社会的企業の政策部局を立ち上げました.

保守党は, それまで社会的企業について黙視してきましたが, ついに口を開かざるを得なくなった訳です. その理由は単純で, 市民の多くが社会的企業を評価しているからです.「地域コミュニティのニーズに対応してくれるし, 雇用の創出・仕事おこしに, したがって, 失業率の減少に寄与してくれ

ている」との市民の高い評価を認識し，社会的企業についてこのまま惰眠を貪っていると保守党に対し市民から政治的なしっぺ返しが来る，と保守党は判断したのでしょう．そこで保守党は，CIC 法の「弱点」と思われる 2 つの課題——「課税減免」と「投資・融資の確保」の課題——を衝いて，①チャリティ組織と同様の課税減免措置を許可し，また生みだされた利潤（利益）を社会的企業の長期ビジネス戦略のための「共同出資金」とし，そのために「コミュニティ利益準備金」（Community Interest Reserve）制度を設置する，②サード・セクターを支援する「新しいコミュニティ銀行」を育成する，という 2 本柱を中心とする「社会的企業の基本政策」を急遽提示したのです．

　しかしながら，政権を奪い返した保守党のキャメロン政権は，労働党の社会的企業政策とは異なる政策を，実際には，社会的企業などに配分される公的資金の引き下げを隠すための，「小さな政府」を「大きな社会」（big society）と言い換えた，保守党の従来の政策である「小さな政府」を押し出しました．保守党によるこのような社会的企業政策の切り換えは，社会的企業の経済 - 社会的な能力を実質的に弱体化させることにつながっていきました．

　それはともかく，失業率，とりわけ若者の失業率の減少は，イギリス社会の将来に極めて大きな利益をもたらします．失業している若者たちやディーセント・ワーク（人間の尊厳を尊重する，人間味のある労働・仕事）の就労を希望している若者たちが，社会的企業が管理・運営する職業訓練所で専門的技能を身につけたり，スキルアップを図ったりして，自分たち自身で仕事をおこし，雇用の機会を創り出す．こうして，失業している若者たち自らが「雇用受容能力」（employability）を高めていくことで，ある者は企業に雇用の機会を見いだし，またある者はいわゆる「自己雇用」（self-employment）という，自らが起業して「雇用の機会」を創り出しているのです．

　この「自己雇用」ですが，少なくともイギリスや西ヨーロッパ諸国には「自己雇用」という用語が，したがってまた，その概念とともに法律上でも記されています．しかしながら，日本では未だにその用語も概念も法律上の単語としても存在しませんし，記されてもいません．要するに，日本社会に

あっては現在まで，西ヨーロッパの概念に基づく「自己雇用」という用語が存在していないのです．用語が存在しなければ当然のこと，概念も存在するはずはありません．その証拠に，英和辞典を引きますと，self-employmentは「自営業」あるいは「自家営業」と訳されています．国語辞典には「自己雇用」という用語や言葉は載っていません．日本社会における「自営業」や「自家営業」の概念は「被雇用者に支払われる給料によって生活するのではない」とのことを含意しており，一般的には商店街で営まれているような個人営業の店舗，あるいは個人・家族による小規模な生産業がイメージされています．

　それでは，イギリスなどで使用されている「自己雇用」とはいかなる概念でしょうか．それは次のような概念です．

　　　自己雇用とは，「雇う・雇われる」という関係を超えて，一人の事業者あるいは複数の共同事業者が「自治的で高い専門的資質を有する労働者」として能力を発揮し，地域コミュニティのニーズや他の特別なニーズに応える労働（仕事）のあり方を意味する．したがって，自己雇用に求められる労働の革新性と労働の質は，その労働を遂行する労働者の専門的な資質と創造力に左右される．

　これがイギリスや他の西ヨーロッパ諸国で認識されている「自己雇用」の概念です．「自己雇用」の一般的な概念はこれで十分理解できますが，私としてはこの概念の一部に「シチズンシップ」の概念の一部を付け加えて，「自治的で高い専門的資質を有する労働者として，そのスタッフあるいはメンバーと協同し，かつ責任を共有し，平等な権利に基づいて（能力を発揮し…）」との言葉を挿入したいところです．いずれにしましても，イギリスで使われている「自己雇用」とは，上記のような概念に基づいています．

　したがって，「自己雇用としての労働者」とは，簡潔に言えば，「自治的で高い専門的資質を有する労働者」ということになります．ところが，日本に

おいては「労働者」は，企業経営者である雇用主に雇われていることが前提
となっていますので，「被雇用者」（雇用主に雇われて働いている者）でなけ
ればなりません．企業経営者が「雇用主」で，労働者は「被雇用者」なのです．くどいようですが，日本の場合には雇用主に雇われていることが「労働者」の前提なのです．しかし，もうそろそろ日本でもそのような「労働者」の観念を改めて，イギリスや西ヨーロッパ諸国並みに「自己雇用としての労働者」の存在を承認し，かつその労働者の労働を概念化し，また法律上の用語としてもしっかり位置づけなければならない時期に来ているのではないでしょうか．「協同労働の協同組合」の法制化要求は，実は，このこともまた視野に入れているのです．

　イギリスでは，社会的企業の指導者たちが，この「自己雇用」を希望する若者による「起業・仕事おこし」の実行可能性と存続可能性を明らかにするためのマーケティングを行い，融資や助成金の取得などを指導しています．

　保守党は，社会的企業の成長と発展がまさかこのような雇用創出の実態を反映させるに至るとは予想だにせず，高を括っていたのですが，最近やっと保守党として「何とかしなければ」という気になった訳です．とはいえ，先に触れましたように，私には「小さな政府」を「大きな社会」と言い換えたにすぎないと思えるような保守党の社会的企業政策は，次に紹介します地方都市のダーリントン市やサンダーランド市で実践されている社会的企業による地域コミュニティの再生・再活性化の取り組みに水を差すことになるのは，遅かれ早かれ明らかになるでしょう．私にとって，キャメロン首相の「大きな社会」とは，多様な人びととの「協力・協同の力」を弱体化させてしまう，単なる「自己責任」による対策にすぎないのではないか，と思えるのです．

5. イギリスで見た「地域づくり」と「人づくり」の実践

　それでは，社会的企業が実際にどのような事業を実践し，地域コミュニティの人びとの「生活と労働の改善」と「地域コミュニティの質の向上」に貢

献しているのか，二つの社会的企業の事例を取り上げましょう．

　一つは，イングランド北東部のダラム州ダーリントン市のスカーネ・パーク地区で社会的企業の SPCEA（Skerne Park Community Enterprise Association）が実践している「チャターボックス・カフェ」（chatterbox cafe）と「道具図書館」（tool library）の事例です．そしてもう一つは，そのダーリントン市からもう少し北東部に位置しているタイン・アンド・ウィア州サンダーランド市のヘンドン地区で SES（社会的企業サンダーランド）[21] の支援を得て運営されているコミュニティ小学校（VRCPS：Valley Road Community Primary School）での「教育とガバナンスの実践プロセス」を反映させせさせた「地域コミュニティの再生・再活性化」の試みの事例です．

（1）SPCEA について

　スカーネ・パーク地区は，かつては石炭と鉄鋼で栄えた地域でしたが，サッチャー政権のエネルギー政策による炭鉱閉鎖と，それに伴う鉄鋼産業の衰退によって失業者が増大し，その結果，現在は貧しく恵まれないコミュニティを抱える地域の一つに数えられています．SPCEA はそのようなスカーネ・パーク地区の労働者住宅街にあります市の施設を借用して事業を行っています．

　SPCEA は労働党政府による「特別地域再生予算」（SRB）を得て，1998 年に協同組合法に準拠して設立された社会的企業です．また SPCEA は，イギリスの大手小売り流通企業の一つであるモリソンズが設立した財団「ウィリアム・モリソン・エンタープライズ・トラスト」（MET）の資金を受けて，これから話しますチャターボックス・カフェを経営し，道具図書館を運営しており，また──本講演では触れませんが──SPCEA の事業で最も規模の大きな「チャイルドケア・センター」（保育園）を経営管理しています．

　SPCEA は，2002 年 6 月に「スカーネ・パーク地区におけるコミュニティ・エンタープライズの計画を展開し，援助し，持続させ，またスカーネ・パーク地区の失業者に助言と情報と援助を提供する」とのミッション・ス

テートメントを提示して，次のような「四つのビジョン」を掲げました．

(1) SPCEA は，自立したコミュニティ組織として，スカーネ・パーク地区での「コミュニティの再生」のためのサービスを提供する．

(2) コミュニティの住民は，SPCEA のサービスを通じて，生活と労働に関わる情報にアクセスできるようになり，雇用に対するバリアを取り除き，援助を受ける機会を確保することが可能となる．

(3) SPCEA は，コミュニティの子どもたちの社会的，身体的，知的発達を支援する．

(4) SPCEA は，コミュニティの子どもたちが創造的で，感情豊かに育っていくために，コミュニティの住民が相互に触れ合い，社会的な交流を活発にすると同時に，健全な食生活の習慣を促していくための場や機会を創り出す．

そして SPCEA は，これら四つのビジョンを遂行するために，次の「五つの価値」に基づいて，スカーネ・パーク地区の「地域コミュニティの再生」の試みに臨んでいます．なお，これら五つの価値は「社会的企業の価値」だけでなく「シチズンシップの価値」とも大いに関連するものです．すなわち，

①住民同士の触れ合い・関わり合いを促進する，
②すべての住民は市民として分け隔てされてはならず，排除されてはならない，という「社会的包摂」を促進する，
③すべての住民に機会均等を保障する，
④子どもたちの発達を促すよう，すべての住民に働きかける，
⑤偏見をもたず，公正・公平な態度で物事に接する，

というものです．

SPCEA はさらに，このようなシチズンシップの価値やビジョンを取り込

んだ実践目標を明らかにした，次のような社会的企業のミッション・ステートメントを宣言しました．

　　本組織の目的は，身体的，経済的な生活条件の改善，社会福祉施設の提供，そして雇用の機会の増進を図るための職業教育・訓練の促進という共通の努力を，男女の区別なく，また政治的見解，宗教的信条やその他の意見の相異に関わりなく遂行するために，スカーネ・パーク地区の住民，ボランタリィ組織および地方自治体が連携して，コミュニティの住民の利益を促進することである．

　SPCEA は，このような理念やアイデンティティに基づいたチャターボックス・カフェを経営し，道具図書館を運営している．そこで私も，SPCEA の理念やアイデンティティを念頭に置きながら，ダイアン・ウッドコック理事長の説明に基づいて，両者の取り組みについて話しましょう．

(2) チャターボックス・カフェ

　まずチャターボックス・カフェ（Chatterbox Café）について．
　英語の chatter（チャター）を日本語に訳すと「ペチャクチャおしゃべりする」あるいは「早口でとりとめなくしゃべる」となり，また chatterbox は「ペチャクチャおしゃべりする人たち」となります．これに café を付けて *Chatterbox-Café* を日本語に訳すならば，「おしゃべりカフェ（喫茶室）」が適当だろうと思います．要するに，このチャターボックス・カフェは，スカーネ・パーク地区のコミュニティ住民がこのカフェにやって来て，生活や仕事や学校での話題，悩み，相談事，それに趣味や旅行など他のさまざまな事柄について気楽におしゃべりをし，対話をする場であり，そのおしゃべりや対話を通して情報を交換し，交流を深め，住民相互の関係を厚くしていく場なのです．因みに，the chattering classes は「政治，経済，文化などの社会問題について打ち解けてしきりに話し合うリベラルなインテリ階級」を指すそうです．

「このチャターボックス・カフェは外に向かって開放されています」と，ウッドコック理事長が強調されていましたが，私も，このカフェは「一種のコミュニケーション・コミュニティ」である，と思いました．

「この貧しく恵まれない地域コミュニティにあっては，住民である『大人と子ども・若者』，『高齢者と若者・子ども』，『子ども同士』，『高齢者同士』，それに『若者同士』のおしゃべりを通してなされる不断の交流による意思疎通こそ住民の相互信頼を確かなものにしていくプロセスなので，SPCEA の諸活動にとってこのチャターボックス・カフェは，地味な存在ではありますが，不可欠な存在でもあるのです」とのウッドコック理事長の説明は実に説得力があります．

要するに，SPCEA は，「地域のすべての人たちに開放されているコミュニケーション・コミュニティ」であるこのチャターボックス・カフェを「市民同士が触れ合い，交流する場」・「市民のコミュニケーションの場（対話の場）」として創り出し，実体化させていくことの重要性を認識して「コミュニティ再生」の事業に取り組んでいる，ということです．この地域コミュニティの人たちの間に「助け合い」が広がって行く起点はまさにこのチャターボックス・カフェにあるのです．コミュニティ住民の多様な対話・会話，コミュニケーションによる交流が人びとの生活と労働の改善にとっていかに重要な役割を果たしているかが，十分理解できるというものです．

(3) 道具図書館

もう一つは道具図書館（Tool Library）です．これもまた地味な存在ですが，同時にまた実にユニークな存在でもある，と私は大いに感心しました．この図書館は，SPCEA にとって，したがってまたスカーネ・パーク地区におけるコミュニティ再生のためのアプローチとしては──私の言葉に置き換えると，「地域づくりは人づくり」・「人づくりは地域づくり」のアプローチとしては──他の地域コミュニティの再生プロジェクトにとって良きお手本になるだろう，と私は思いました．

道具図書館がどうして設置されたのか，その理由をウッドコック理事長に尋ねたところ，彼女は「これには二つの意図があります」と，次のように説明してくれました．一つは「引きこもりの失業者や若者に対応し，就労を促す」，もう一つは「家族や家庭への責任意識を取り戻す」ということです．例えばこうです．この地区の家庭の多くは，庭を手入れするガーデニングの道具・用具を揃え持つ余裕がありませんので，ガーデニングの主要な道具・用具をほとんど持ち合わせておりません．本来，自分の庭を手入れすることは家族や家庭生活に対する「責任の意識」を意味しますし，またその責任の意識がやがて各人の生活と労働における「権利と責任」の意識や若者の就労意識を促すことにつながります．その点で，それは特に若者たちに良きチャンスを与えることにもつながります．例えば，引きこもりの若者がこの図書館にやって来て，スタッフやボランティアからガーデニングの道具・用具の使用法とそれらを使用する実習を指導してもらうプロセスを契機に，家族や地域の人びととのコミュニケーションを図るようになり，徐々に生活感覚や社会性を取り戻し，やがて就労への意欲を生み出していくようになります．この道具図書館にガーデニングの道具・用具を置き，貸出しているのは，庭の手入れが家庭生活を楽しくする一つの要因だからです．特に若者の場合は，このような経験を通して，ガーデニングの職業訓練につながっていくケースが散見されるのです．

そしてさらに彼女はこう続けました．スカーネ・パーク地区は，識字率の低い地域でもあるために，道具・用具の使用説明を正しく理解できない人たちがおります．そういう人たちにスタッフとボランティアが使用方法を懇切丁寧に説明し，教えながら，次第に心の触れ合いや交流を深めていくようにしています．高失業率のこの地区では，失業者たちはしばしばコミュニティにおける社会的な活動から遠ざかってしまう傾向がありますので，この道具図書館を媒介にして，彼らが他の住民との触れ合いや関わり合いを取り戻すプロセスを創り出す機会や，また借りた道具を使って庭の柵造りや芝刈りなどを家族のために行い，徐々に社会生活に馴染んでいくプロセスを創り出す

役割をこの道具図書館は果たしているのです。その意味で、この道具図書館が果たしている役割は、地味ではありますが、徐々にそして着実に、就労への自信の回復を形づくっています。

　私は彼女の説明を聴きながら、「まさにその通りだ」と相槌を打ちました。まさしく「地域づくりは人づくり」・「人づくりは地域づくり」をイギリスのこの地域コミュニティの再生プロジェクトが証明してくれていたのです。

(4)「地域コミュニティの再生」とコミュニティ小学校（VRCPS）

　時間が少なくなってきましたが、「地域づくりは人づくり」・「人づくりは地域づくり」について、もう一つ事例を挙げましょう。ダラム州の北隣りに位置するタイン・アンド・ウェア州サンダーランド市のヘンドン地区に設立されたコミュニティ小学校の事例です。

　サンダーランド市もかつては炭鉱業と造船業で繁栄した地域でしたが、現在は、その双方の産業が撤退してしまったために、高失業率の貧しく恵まれない地域コミュニティをいくつか抱えるようになっています。

　SES には「サンダーランド共同所有制企業資源セクター」と名乗っていた協同組合開発機関（Co-operative Development Agency：CDA）の時代から地域コミュニティの再生・再活性化に取り組んできた経験があります。そのなかでもケア協同組合の SHCA（Sunderland Home Care Associates）は、現在も依然として、サンダーランド市における地域コミュニティの再生・再活性化に重要な経済 – 社会的な機能と役割を果たしていますが、SHCA については次の機会に譲り、ここでは「コミュニティ小学校による地域コミュニティの再生」について述べることにします。

　このコミュニティ小学校は、サンダーランド市のヘンドン地区に本部を置いている社会的企業 SES——当時の名称は Social Enterprise Sunderland，現在の名称は Sustainable Enterprise Strategies——がイニシアティヴを執って「コミュニティ再生プロジェクト」の一つとして設立した VRCPS（Valley Road Community Primary School）です。SES はこのコミュニティ小学校

の設立とガバナンスに重要な役割を果たしています．教員と職員の面接・採用も SES とコミュニティを代表する人たちとが協力して行いました．例えば，校長先生の募集には 94 名が応募してきたそうですが，その面接・採用に携わったのは SES とコミュニティから選ばれた代表者でした．採用された校長先生は女性のクリス・ヤング先生です．後に私たちは，SES によるコミュニティ再生プロジェクトの実践，特に VRCPS のコミュニティ再生における役割についての調査に際してヤング先生に大変お世話になりました．

さて，ここでの私の話は，この小学校の教育内容一般についてではないことを断っておきます．VRCPS では「ゼロ歳児〜3 歳児保育」が行われており，また地域コミュニティの人びとのための雇用情報も扱っていますし，さらには午後 5 時からは生涯教育や大人のためのパソコン教室も開かれています．先に触れましたように，この小学校はサンダーランド市における地域コミュニティ再生プロジェクトを実体化していく役割を担っている一つの重要な存在なのですから，何よりもこの小学校には，そのミッション・ステートメントが謳っているように，「コミュニティのなかのコミュニティ」としての役割を果たすことに大きな特徴があります．そこでまず VRCPS のガバナンスに関する「声明_{ステートメント}」を読み上げましょう．これは実にヒューマニティに富んでいるステートメントだと私には思えます．

　　本校のガバナンス・ビジョンは，本校がコミュニティの中心的な存在，すなわち，コミュニティのなかのコミュニティとなるよう努力することである．われわれガバナー（管理運営者）は，コミュニティ全体のニーズを満たすサービスを提供し，実行するための施設とスタッフ，それに対応可能な知的・精神的な能力を備えることを本務とする．施設，スタッフそして能力がハイ・クウォリティであれば，本校の利用者は最高可能な教育水準に到達することさえ可能であろう．

　　われわれガバナーはまた，本校の施設はコミュニティの人びとにいつでも開放されており，したがってまた，本校のガバナンスは公開され，

明瞭であり，直ちに対応し，前進していくのだと確信している．要する
に，本校とそのスタッフは，その高い専門性を生かして，子どもに対し
ても大人に対しても，そのニーズが何であれ，彼らの潜在能力を引き出
し，かつ高めるために各人に応じたレベルで彼らに接し，かくして，彼
らの能力が発現していくことを願うものである[22]．

(5) VRCPS の多様な取り組み

VRCPS を「コミュニティのなかのコミュニティにする」のだと宣言した
ガバナーたちのガバナンス理念は，この地域コミュニティの人びとに受け入
れられました．このコミュニティの人たちが VRCPS を「コミュニティ教育
センター」や「コミュニティ・センター」，また「生涯学習センター」など
と呼んでいるのがその証左だと私は思っています．

VRCPS は 2002 年に設立され，現在までカリキュラムを別にして，さま
ざまなプログラムやプロジェクトが，教職員，父母や地域のボランティア，
それに生徒たちの協力を得て実行されてきました．それらはすべてヘンドン
地区のコミュニティの多様なニーズに対応するものです．例えば，育児・保
育に関わるコース，基礎能力の養成を含む成人教育に関わるコース，地域コ
ミュニティの住民同士のコミュニケーションを図るコースなどです．

ところで，この小学校には「朝食クラブ」という一風変わった名称のクラ
ブが常設されていますが，実はそれには児童・生徒の健康と学校生活に悪影
響を及ぼす家庭生活上の問題点が反映されているのです．学校開設当初の調
査で分かったのですが，「朝食を摂る習慣のない児童・生徒」が全生徒の 3
分の 1 にも及んでいたのです．VRCPS では「朝食クラブ」は，いわば必要
不可欠な取り組みなのです．「朝食クラブが設置されなかったならば，児
童・生徒の健康と学校生活は非常に不安定なものになっていたかもしれませ
ん」と，ヤング校長は述べていました．

ヤング校長はさらに，児童・生徒の「健康生活づくり」のための「健康生
活基準」とそのための「指導目標」とを定めています，とその内容の主要点

第3章　地域づくりと社会的企業　　　131

を指摘してくれました[23].

　例えば，本校では，児童・生徒が校内でチョコレートなどの甘味類やポテトチップスを食べることを禁止し，その代わり授業開始前の休み時間内に学校で販売している果物を食べることができるようにして，栄養価が高く，安全・安心な食(料)品を選択する食生活習慣を次第に身につけていくよう指導しています（因みに，イギリスをはじめヨーロッパ諸国の小・中・高校では一般に，一定の休み時間内に決められた果物や他の菓子類を食べることが許されている─中川）．また政府の「健康促進計画」に基づいて，校内に飲用水冷却器を設置して，児童・生徒に清潔な飲用水を飲むように指導しています（清涼飲料水は不可）．なお，サンダーランド市が「禁煙奨励自治体」であることから学校の敷地内は禁煙ゾーンとなっています．

　児童・生徒の「健康づくり」は学校だけでは限界がありますので，基本的には各家庭において食生活を含めて清潔で規律ある生活の営みがなにより求められます．そこで本校では，「朝食クラブ」の他に，「放課後クラブ」・「宿題クラブ」・「学童保育」を実施しています．例えば，放課後クラブは，カリキュラム以外の課外活動の総称でありまして，児童・生徒たちがいつでもクラブ活動に参加できる機会を用意していることを児童・生徒はもちろん，父母等にも伝え知らせるものです．体操クラブ，スイミング・クラブ，コンピュータ・クラブ，救急手当クラブ，それに刺繍クラブなどがあります．これらのクラブ活動を通して，児童・生徒たち一人ひとりが学校生活のモティヴェーションを意識し，自尊心を豊かにすることで自立した学習者となっていく，そういう努力のプロセスを経験するよう助けるのです．

　また宿題クラブですが，これは，「VRCPS のスッタフは児童・生徒の親たちを学習プロセスのパートナーである」と，位置づけているということです．そのような観点から，私たちスタッフは，児童・生徒に定

期的に出される宿題を通じて親たちが本校に積極的に関わってくれることを望んでいます．このような親の「参加の意識」が自分の子どもたちに教育・学習上の利益をもたらしてくれる，と私たちは考えています．

（ヤング校長はさらに，このような親の参加・協力について，失業率が高く，貧しく恵まれないヘンドン地域のコミュニティにおける家庭生活のあり様と大いに関連していると，次のように話してくれました．）

私たちスッタフが児童・生徒の親たちを「学習プロセスのパートナー」と位置づけて定期的に宿題を出していることについてですが，それは，児童・生徒たちが家庭で学習する雰囲気を親や他の大人たちがつくり出してくれることを意味します．言い換えれば，これは，そのために親や他の大人たちには，子どもたちが家で宿題をやり終えるよう静かな部屋を確保する，子どもたちが注意深く宿題をやり終えるよう励ます，そして子どもたちが宿題の提出日を守るよう促す，という手助けを惜しまずに実行し，継続することの重要性を理解してもらうことで，コミュニティの大人たち自身が日々の家庭生活のあり様を改善していく必要性を理解し認識するようになる，ということに外ならないのです．

その点で，本校の学童保育も宿題クラブと基本的に同じ概念で実施されています．もっとも，学童保育は親の仕事や労働などの事情によって特別な状況に置かれている子どもたちのために開設されています（月〜金，15:05〜17:30）．この学童保育は利用者の親御さんには大好評です．VRCPS は学童保育であっても通常の授業と同じような態度や行動を子どもたちに守らせています．学童保育も本校の教育指導の一環であると位置づけているからです．しかし同時にまた，ここでは子どもたちを「楽しませながら教育する」ことを忘れずに，屋外でのゲーム，絵画，料理，手芸，それに基礎的な情報コミュニケーション技術など子どもたちの趣味や関心を尊重する指導を打ち解けた雰囲気のなかで行っています．

(6) 不登校をなくす取り組み

VRCPS ではまた「不登校をなくす取り組み」[24] が実行されています．簡潔に言及しておきましょう．この小学校には，2006 年 8 月現在で 406 人の児童・生徒が在籍しています（育児・保育の幼児 66 人を含めると 472 人）．そして，これらの幼児・生徒のうちの 15% は失業率の高い貧しいコミュニティから通学しており，またそのうちの 45% は「無料の学校給食」を必要としている，とのことです．このような状況の下で，「無届け欠席の児童・生徒」と「出席日数が不足している児童・生徒」の存在が大きな問題になりました．そこで，小学校では「市民統合的かつ学際的なアプローチ」に基づいた「不登校実態調査」を行い，「不登校の克服」を教職員，児童・生徒それにコミュニティの住民に呼びかけました．

その結果，不登校の児童・生徒は，コミュニティでは「友達がほとんどいない」，「家から外にほとんど出ない」，「他の子どもたちと遊ばない」という「社会的に孤立している状態に置かれている」ことが判明しました．実は，児童・生徒の多くは小学校においても同じような状態に置かれていることもまた分かりましたので，VRCPS は次の教育方針を確認し，「不登校の克服」に取り組むことにしたのです．すなわち，

①児童・生徒から「社会的孤立の経験」を取り除いていく，
②児童・生徒が「フレンドシップと助け合いの価値」をお互いに理解し合うよう促す，
③児童・生徒の自信，自尊心を高め，また社会的交流のスキルを高めていく，
④児童・生徒が VRCPS アイデンティティを意識するような関係を豊かにしていく，
⑤「朝食クラブ」や「放課後クラブ」などのアプローチを通じて，児童・生徒の学習の機会を広げていく，
⑥児童・生徒を安全で年齢に応じた遊びやレジャーに引き入れていく，

⑦児童・生徒の学習・教育上の達成感を育んでいく,

というものです.

　私は,これらの教育方針のうちのいくつかは児童・生徒のみならず,若者・成人にとっても参考となるアプローチではないか,と思うのですが,いかがでしょうか.私は,「地域コミュニティの再生」という観点からすると,人間発達のためのアプローチには子ども若者・成人も基本的に差異はないのではないか,とこの方針を見て思った訳です.

　VRCPS の教育理念を表現する言葉は「サクセス」(success),つまり「成功者」です.ヤング校長は,この言葉の意味するところは「私たちの児童・生徒たちが,いわゆる『立身出世する大人になる』ということでは決してありません.そうではなく,子どもたち一人ひとりが自ら他者に配慮し,他者のために働きかけることができるような人間になっていくこと,これを私たちはサクセス(成功者)と呼んでいるのです」,と説明してくれました.

　他者——この言葉にはいろいろな対象が含まれています——のために貢献できるような人間に成長すること,これが VRCPS の教育理念なのです.本当に長いスパンで人間の成長を考え,「地域コミュニティの再生」を見つめていく教育であると私には思われますが,皆さんはどう思いますか.私はまた,したがって,この教育は「シチズンシップ教育」につながっているとも考えていますが,皆さんはどう考えますか.

　そこで最後に私は,「教育的,コミュニティ的,そして社会的な目標」を掲げている,ユニークでかつ革新的な VRCPS の「ミッション・ステートメント」[25] を読み上げますので,前に読み上げました声明と合わせて見ていくと,これこそ「学校教育,とりわけ小学校教育においてなされるべきシチズンシップ教育の理念である」と,私には思えるのです.

　　私たちの目的は,誰もが学習と社会生活のすべての面で成功を体験する
　学校を創造することである.私たちは,新規なもの事に挑戦し,また教

室での勉強と学習，それに放課後クラブでのスポーツ，音楽，芸術の活動から行為・行動の改善や社会的成功に至るまで，学校で行い得るあらゆるもの事に「挑む」心構えを持つよう，子どもも大人も同じように励まし，鼓舞する明確なルールと未来への希望とを掲げて，思いやりのある，落ち着いた環境を創り出していく．最新のコンピュータ技術と装置をもち，少なくない専門スタッフを擁し，いくつかのユニークなデザインで飾られたコミュニティ施設を整えている私たちの新校舎が私たちの目的と目標のすべてを支えているのである．

　新鮮，特別，多様といった言葉は，もし私たちの学校の子どもたちがさまざまなニーズと関心をもつ個人であると認識されないのであれば，何らの意味も持たないであろう．私たちの出発点は「各人は一人ひとり異なっている」，これである．

むすび：共生社会をめざして

（1）シチズンシップと市場

さて，最後の「むすび」の箇所に入ります．そしてここで突然「市場」という用語が出てきます．この用語が突然出てきたことを皆さんは奇異に思うかもしれません．これまでの話と「市場」がどこでどう関係するのだろうか，皆さんは即座に呑み込めないかもしれません．実は，私はここで，「シチズンシップと市場」は相互に作用し合うことを説明したいのです．それが最終項で言及される理由は追々分かっていただけると思います．

　これまで私は，シチズンシップに焦点を当てて社会的企業が関わった「地域づくり」の努力のプロセスについて述べてきました．グラミン銀行，フェアトレード，そして二つの社会的企業の実践事例がそれです．言い換えれば，私は，シチズンシップの概念に基づいて，シチズンシップと私たち市民の日々の経済行為とが相互に作用し合って「市場」が形成されることを示すために，グラミン銀行とフェアトレード，それに二つの社会的企業の実践プロ

セスついて語ってきました.

ところで，一般に，「市場」が抽象概念であることは理解されていると思います．大阪市場あるいは日本市場と聞けば，皆さんは，それが抽象概念であることを前提に話をしたり，議論をしたりするでしょうし，況や「世界市場」をや，ということになりますね．他方で私たちは，例えば，「錦小路市場はどこでしょうか」と尋ねられると，「あの長い，人通りの多い商店街がそうですよ」と教えてあげるでしょう．私がここで言及するのは，後者の具体的な「いちば（市場）」ではなく，前者の抽象的な「しじょう（市場）」です．

「市場（しじょう）」と「市場（いちば）」のように同じ単語文字であっても表記が異なることから，概念的に容易に区別され，したがって，私たちが混乱を来さずに済む用語はいくつもあります．それが英語では「しじょう（市場）」も「いちば（市場）」も Market と表記します．おそらく，日常生活で困ることがほとんどないのかもしれませんが，それには Market の概念を理解しておくことが必要ですので，日本語のように単純ではありません．因みに，私には，古代中国の「都市」は「市を管理する」ことを意味していた，と教えられた記憶があります．古代中国では，日本よりもはるか昔の 3000 年以上も前に生産物を売買する経済行為が行われる市場が存在し，その市場を封建領主が管理して租税を納めさせていたのだと思うと，現代の都市と市場の関係が何となく分かるような気がします．

元に戻りましょう．すぐ前で触れましたように，私たちは「日本市場」あるいは「大阪市場」が抽象概念であることを知っていますので，目には見えずとも日本市場，大阪市場，それにまた世界市場さえもが厳として存在している，言うところの「抽象的実在」であることを理解しています．

話を分かり易くするために単純化させて，大阪の「消費市場」について考えてみましょう．それは大阪や大阪近辺の人びとが生活し，生命を再生産していくために，消費財の生産者とそれを購買する消費者とが継続して行う売買行為＝経済行為の総体を意味しているのだということが分かります．とはいえ，現代の生産者あるいは消費者としての私たちは，ただひたすら生きる

ためにのみ消費財を生産し，それらを購買している訳ではありません．私たち一人ひとりは，市民としての生産者であり消費者であって，したがってまた，市民として生活を送っています．それ故，市民としての私たちは，自らの生活と労働をより向上させ，豊かにしていくためには，大阪とその近隣の経済 – 社会的な状態，また日本の経済 – 社会的な状態，さらには広く世界の国々の経済 – 社会的な状態を改革・改善していきたいと考え，それを実行に移すことを遣って退けるのです．言い換えれば，市民としての生産者であり消費者である私たちは，日常生活のなかで「個人と社会との関係」を考えて生活し労働しているのです．私は，これを「個人的行為の社会的文脈」と表現しています．例えば，バングラデシュではグラミン銀行が，イギリスでは社会的企業が，それに欧米諸国をはじめとする世界各地ではフェアトレードがそれです．現に世界の多くの国々で経済事業を展開している協同組合が社会的企業やフェアトレードに経済的，社会的に関わっていることはよく知られていますし，とりわけフェアトレード市場の形成に西ヨーロッパと北ヨーロッパの国々の協同組合が関わっていることは有名です．このような観点から私は，フェアトレードが地球的規模での「個人的行為の社会的文脈」の典型的な事例だと強調しているのです．

　そのフェアトレードですが，「フェアトレード市場」を形成し成立させるに与って力があるのは，世界の多くの市民たる消費者が近代世界の歴史のなかで「市民としての責任」を思考して消費者行動を選択するのだという生活世界を善しとし，市民として協力・協同する行為・行動・活動によって生み出される「自己充実の意識」や「他者の福祉を尊重する意識」，それに「自己の利益を公正・公平に判断する意識」をフェアトレード市場を通じて実体化させようとする「市民としての自己意識」だと私は考えています．ヘーゲリアンに言わせれば，市民は「歴史のなかで自己を知る」を常とするのです．

　フェアトレードは，消費者が自分の「生活と労働」を維持しかつ質の向上を図ろうとするのと同じように，生産者の「生活と労働」を維持し，かつその質の向上を実現し得るような価格で商品を購買することを意味しますが，

消費者と生産者との間のこのような「公平な取り引き」の基底には，市民である私たち消費者が「個人と社会との関係」を，すなわち，「個人的行為の社会的文脈」をどのように考えるのか，という自己意識が働いているのです．言い換えれば，市民としての私たちの生産と消費の取り引きとしての経済行為・行動の結果でもある「市場」は，市民としての私たちが「社会とどう関わるか」という生活理念，すなわち，「個人的行為の社会的文脈」を私たちが自らの市民生活のなかでどのように自発的に具現化していくのか，ということと結びついているのです．シチズンシップを基礎に生活している私たち市民は，「市場」を単なる「私利私欲の競争場裡」とさせまいと行為し，行動し，活動するが故に，フェアトレードを成り立たせることができるのです．

(2) 地域づくりと市場

　このように，フェアトレードの「市場」が成り立つのは，私たち一人ひとりが「自治の権能」を有する市民として権利と責任を踏まえ，フェアトレードに直接間接に参加するからです．多元的なアイデンティティを有している市民たる私たち一人ひとりは，人間の多様性＝共生に関心を持ち，またその多様性＝共生の承認を前提にして平等・公正を主張し，さらに社会倫理，慎重さ，自発的責任それに自己の利益の判断を踏まえて行為・行動し，活動するのであって，それは経済行為においても変わらないのです．これを要するに，私たち市民は「自治・平等な権利・自発的責任・参加」をコアとするシチズンシップを基礎に生活し労働しているのであるから，私たちの生活と労働を支えている経済行為・行動・活動もまたシチズンシップと密接不可分な関係にあるのだということなのです．

　例えば，私たち市民の協力・協同によって設立された生活協同組合（生協・消費者協同組合）の事業展開のプロセスを，私たちは時として「非営利の生協市場」と表現します．その意味では，私的営利資本によって「営利の市場」もつくり出されますし，一般的にはこちらの方がはるかに巨大な消費市場を形成します．とはいえ，フェアトレードについて観たように，シチズ

ンシップを基礎とする市民の主体的・能動的な経済行為・行動・活動もまた，協同組合と同様に，「新たな形式と秩序の市場」をつくり出すことを可能にするでしょう．こうして，地域コミュニティの再生・再活性化を目指す「地域づくり」に必要とされるさまざまな「地域市場」が，市民たる生産者と消費者との協力・協同により，あるいは協同組合間協同によって，さらには多様な組織・事業体間の協力・協同によってつくり出され，かつ持続して重要な役割を果たしてくれることが期待されます．

　すぐ前で述べましたように，市民の市民たる要諦は，「個人的行為の社会的文脈」を理解し認識すること，別言すれば，「個々人が抱えている課題・問題を社会的な課題・問題として対応する」ことだと私は強調したい．ある人をして言わしめれば，これを「思考の質と言うなり」，これです．市民とはそういう「クオリティ・オブ・シンキング（quality of thinking）」を持った存在なのです．個人の要求や課題や問題を社会化し，社会のなかで考えることができる個人を私たちは「市民」と呼ぶのだそうです．私もそう思います．

　ところで皆さんは，少し前にフランスにおいて労働規制を緩和して労働の流動化を一層促進するために，雇用主が容易に若年労働者を解雇できるよう狙った法律が国会に提案された時に，中学生・高校生・大学生が街頭に出てデモをし，労働者をはじめとする市民が若い彼や彼女らの行動を支持し，支援したことを覚えていると思いますが，これなどは中学生・高校生を含めたフランスの個々の若者たちが将来における自らの「働き方」を社会的な問題として思考した典型的なものです．これは，彼ら若者が個人の問題を社会の問題として取り上げ，その結果，この悪法は取り下げられました．若き彼や彼女たちは，この悪法を「個人の問題」として考えたのと同時に「社会の問題」としても自らの思考のなかに埋め込んだからこそ，社会的に大きな反対運動を展開することができたのです．

　翻って，「フリーターや非正規雇用の派遣社員」などの多くがワーキング・プアであると見られている日本の若者はどうでしょうか（現在，若者を

中心に貧困ライン以下の生活を余儀なくされている，年所得が 200 万円以下の人たちは約 1,022 万人も存在している）．日本の中学生，高校生それに大学生が，フランスの中学生，高校生それに大学生と同じように，政府が決定しようとしている生活・労働問題を自らの問題として関わっていこうとの積極的な姿勢を社会にアピールすることはほとんどありません．私が何を言いたいのか，皆さんはおそらく分かっていると思います．「個人と社会の関係」，すなわち，個人的行為の社会的文脈を日本の若者は——若者だけではないかもしれませんが——自分たちのこととして自らに引きつけて思考する市民としての積極的姿勢が劣化しているのでは，と私には思えるのですが，どうでしょうか．自分たちの意見や意思を明確にし，主張することは市民としての権利を行使することであり，したがってまた，市民としての責任を履行し，果たすことでもあるのです．日本の市民は「個人の要求・課題・問題を社会のなかで捉え，社会化していく力」を，すなわち，「個人的行為の社会的文脈」をしっかり捉えていく力を養うことを私は訴えたい．市民の間でのこの力の劣化こそが激しい競争を私的営利資本の求めるままにしてしまう一つの大きな要因だと私には思えます．そうさせない力を市民は取り戻し，高めていかなければなりません．「市場」を単なる「競争場裡」にさせないためにも，です．

　「生活の質」（quality of life）の向上は，まさに「個人の要求・課題・問題を社会の要求・課題・問題にしていく」ことなしには達成されません．なぜなら，「生活の質」は「労働の質」と不可分ですし，また「コミュニティの質」とも切り離すことができないからです．その意味で，「生活の質」は先の「思考の質」と共通する要素を内包しています．現在，日本に蔓延っている多様な「格差」——経済的，社会的，制度的，ジェンダー的，それに地域的な格差など——の排除と是正は，これまで簡単に言及してきました「生活の質」と「思考の質」の双方の向上を必要としているのです．

(3)「協同労働の協同組合」の法制化を
　さて，本当に最後になりました．これまで縷々述べてきたことを皆さんに

しっかり捉えていただき，理解していただくためにも，是非，「協同労働の協同組合」の法制化を実現することの重要性を認識していただきたいと思います．

そこで，お手許にあります冊子「人と人のつながりを取り戻し，コミュニティの再生をめざす『新しい働き方』：『協同労働の協同組合』法制化を求めて」（「協同労働の協同組合」の法制化をめざす市民会議作成，2007 年夏）に目を通してください．

まずは「協同労働の協同組合」の定義・使命・原則・経営理念が明示され，次には国際協同組合同盟（ICA）の「協同組合のアイデンティティ声明」（協同組合の定義・価値・原則）が示され，さらにその下に「『協同労働の協同組合』の要件」として，①設立目的要件，②管理要件，③組合員要件，④剰余金使途要件，そして「『協同労働の協同組合』の呼称」について書かれております．

大変簡明で分かり易く書かれておりますので，ここで私が解説するには及ばないと思います．皆さんには，まずはこの冊子に目を通していただき，次にその内容を理解していただければ，先ほど私が強調しましたように，「個人の要求・課題・問題」が「社会の要求・課題・問題」として提示され，社会のなかで解決されなければならいことがこの「協同労働の協同組合」の説明にはっきり見て取ることができるようになると思います．是非，皆さん，この冊子を多くの市民の方々に読んでいただき，日本の経済と社会に「協同労働の協同組合」の経済的，社会的，文化的な機能と役割が必要であることの理解を広げていってください．

最後に，ゲーテの言葉をもってこの講演を終えたいと思います．「人は自分が理解しないことを，自分のこととは思わない」，これです．

「協同労働の協同組合」の法制化の意味と意義を多くの市民の方々に理解し，認識していただくことの重要性を訴えまして，私の講演を終えさせていただきます．長時間にわたりご清聴ありがとうございました．

注

1) Leonard A. Jason, *Community Building: Values for Sustainable Future*, PRAEGER, 1997, p.71.

2) 内橋克人著『「共生経済」が始まる：競争原理を超えて』NHK出版，2005年（なお，内橋克人著『共生経済が始まる：人間復興の社会を求めて』朝日文庫，2011年も参照されたい）．

3) 加藤尚武編『ヘーゲル「精神現象学」入門』講談社学術文庫，2012年，98-115頁．

4) キース・フォークス著・中川雄一郎訳『シチズンシップ』日本経済評論社，2011年，5頁．

5) 同上，20頁．

6) ムハンマド・ユヌス＆アラン・ジョリ著・猪熊弘子訳『ムハンマド・ユヌス自伝』早川書房，1998年，83-123頁．

7) 坪井ひろみ著『グラミン銀行を知っていますか：貧困女性の開発と自立支援』東洋経済新報社，2006年，104-118頁．

8) 日本の数値（2007年）は「チョコレポ実行委員会マーケットリサーチ」による（長尾弥生著『フェアトレードの時代』日本生活協同組合連合会出版部，2008年，49頁）．

9) *Co-operation, Social Responsibility and Fair Trade in Europe* (Edited by Lind Shaw, The Co-operative College, 2007). なお，この数値はイギリス・2004年，イタリア・2003年，スウェーデン・2004年のものである．

10) この「フェアトレード・アプローチ」は，四つのフェアトレード国際機構のFLO International, IFAT（現WFTO），NEWS! およびEFTAによって合意された11項目である．講演で触れたのは4項目だけなので，残りの7項目を記しておく．⑤サプライチェーンにおける透明性の実現とトレイサビリティ（追跡可能性）の実行，⑥生産者との安定した長期的な関係を築く，⑦ILO（国際労働機関）の「八つの基本条約」に規定された労働環境の実現，⑧環境への配慮，人権の保護（とりわけ，女性と子どもの権利），経済的，社会的な発展を可能にする伝統的な生産手法の保護，⑨フェアトレード製品の生産，取り引き関係，フェアトレードの任務と目的，国際貿易ルールの不公平な現状などについて啓発する，⑩フェアトレード基準の遵守に関する監査とチェックを行う，⑪フェアトレード活動の定期的な影響評価を行う．

なお，「ILO8つの基本条約」とは次のものである：①結社（アソシエーション）の自由（団結権と団体交渉権の条約），②強制労働の廃止（強制労働とその廃止に関する条約），③差別の撤廃（雇用と職業の差別待遇および同一報酬に関する条約，④児童労働の撤廃（最低年齢条約と最悪な形態の児童労働条約）である．

11) Gerard Delanty, *Community*, Routledge, 2003, pp.113-114. （山之内靖・伊藤茂

訳『コミュニティ』NTT 出版，2006 年，157 頁）

12) *Ibid.*, pp.114-115.（同上，158-159 頁）

13) ここで私が読み上げた「独立諮問委員会報告書の一部」とは，1998 年に同委員会議長を務めたロンドン大学のバーナード・クリック教授が明治大学において行った「イングランドにおけるシチズンシップ教育」と題する講演（2006 年 4 月）において配布された資料（*Citizenship Report 1998*）からの引用である（訳・中川雄一郎）．

14) 本講演が開催された 2007 年 10 月現在の EU（ヨーロッパ連合）メンバー国数は 28 カ国，2017 年現在でもイギリスを含めて 28 カ国であるが，周知のように，イギリスは 2016 年に実施された国民投票の結果を受けて 2017 年に「離脱」を決定した．したがって，EU 議会でイギリスの離脱が承認され，離脱手続きが完了すれば，メンバー国は 27 カ国となる．なお，イギリスの EU 離脱については，第 5 章を参照されたい．

15) 中川雄一郎著『社会的企業とコミュニティの再生：イギリスでの試みに学ぶ（第 2 版）』大月書店，2007 年，104 頁．

16) 同上，114 頁．

17) Beth Egan, 'People Power: the role of civil society', *Britain' in the British Studies UKNOW Annual Report 2001*, Jointly Organised by The British Council Japan and Meiji University, p.23.（中川雄一郎訳　ベス・イーガン「ピープル・パワー：イギリスにおける市民社会の役割」（『イギリス研究 UKNOW 年次報告書 2001 年』ブリティッシュ・カウンシル・ジャパン／明治大学，33-34 頁）

18) 2017 年末現在の NPO 法人数は総計 5 万 2,835（認証法人・5 万 1,779，所轄庁認定法人・962，所轄庁特定法人・94）と増加している．

19) Egan, *op. cit.*, p.23.（同上，34 頁）

20) 「CIC 法で登録されている社会的企業数」）公式発表では，2010 年・4,075，2014 年・9,177 である．なお，前者の場合「493 の社会的企業が解散し，10 がチャリティ法人へ転換」と示されていた．いずれにしても，2007 年の 1,380 と比較すると，2014 年の数値はその約 6.7 倍であり，保守党の社会的企業政策の下あって健闘していると言えよう．

21) なお，SES は 2009 年に，その名称を Social Enterprise Sunderland（「社会的企業サンダーランド」）から Sustainable Enterprise Strategies（「持続可能な企業戦略」）の SES に変更している．

22) 中川雄一郎著，前掲書，212 頁．

23) 同上，216-218 および 236-239 頁を参照されたい．なお，朝食クラブは現在も運営されており，依然として「朝食の習慣化」が教育の一環となっている．

24) 同上，234-236 頁．

25) 同上，229 頁．

第4章I　レイドロー報告の想像力
―協同組合運動の持続可能性を求めて―

はじめに

　協同組合運動にとって 2010 年は「レイドロー報告」[1] 30 周年と「協同組合のアイデンティティに関する ICA 声明」[2] 15 周年の節目の年である．前者は 1980 年に開催された第 27 回 ICA モスクワ大会に提出され採択された A.F. レイドローの手による文書であり，後者は ICA 創立 100 周年を記念して 1995 年に開催された ICA マンチェスター大会に提出され採択された I. マクファーソンの手による文書である．

　レイドロー報告の第 1 の目的は，西暦 2000 年までの 20 年間に協同組合が事業を展開し続けるための条件や環境を考察し，協同組合運動の持続可能な発展に必要となるであろう事業と運動の「転換」と「再構築」について示唆することにより，協同組合人たちが協同組合運動の未来を展望する「計画の立案」とそのための「指針」とをグローバルな観点から提供することであった．換言すれば，『レイドロー報告』は協同組合運動のグローバルな現状について「適切な疑問を提起」することで協同組合人の間に議論を巻き起こし，協同組合運動を再構築するための「資料」を提供しようとするものであった．これが一つ．

　レイドロー報告のもう一つの，第 2 の目的は，1966 年の第 23 回 ICA ウィーン大会で採択された「6 原則」[3]（「1966 年原則」）の限界を明示することであった．レイドロー報告は，①世界の協同組合運動は「5 億人以上の組合

員」[4] を擁する「世界最大の社会 - 経済的な運動体である」，②協同組合の形態は多種多様であり，消費者協同組合（生協）はむしろ少数である，③協同組合は，経済や文化の形態が違っても，すべての国に存在する，④協同組合の概念は多面的かつ普遍的である，⑤協同組合の企業規模も非常に幅広い，⑥第三世界の国々（発展途上諸国）で協同組合が広範囲に拡がってきた，との現状を強調した後で次のように論じている[5]．

> しかし，6つの原則にまとめられた現在の定式についても疑問は残っており，多くの協同組合人は，この声明が完全に満足のいくものとなっていないと感じている．原則の多くの声明に関する問題は主として次の二つの欠陥から生じている．(1)それらは原則そのものを明確にするかわりに，現在の慣行を原則の水準にまで格上げしてしまった，(2)それらは主として消費者協同組合に準拠しているように思われ，農業協同組合，労働者協同組合，住宅協同組合など他のタイプの協同組合に同じように提供することはできない．さまざまな試みが現行の定式を改善するためになされたが，協同組合制度の基本的な道徳的および思想的な柱が適切に設定されるまで努力が続けられることが望まれる．

　そしてさらにレイドロー報告は，「協同組合原則は運営規則ではなく，基本的な指針の表明として定式化され，すべてのタイプの協同組合に適用される最低必要条項として設定されなければならない」[6]，と指摘したのである．
　レイドロー報告が「協同組合原則」に拘ったのには訳があった．次の文章がその訳を教えてくれている．「もちろん，われわれは，われわれの信念・意見・態度（イデオロギー）をただ反復するために思いめぐらすのではなく，それを批判的に検討し，時には擁護し，また必要な場合には修正して，それを発展させるのである．総じて言えることであるが，方法，規則それに慣行は，原則に反するようになっても，それらの有効性や有用性がなくなってしまったずっと後まで協同組合運動において惰性で続けられるのである」[7]．

この件が意味していることは，協同組合運動には「導きの星」としての指導原則が必要であるにしても，その指導原則は協同組合の表面ではなく，「協同組合の本質」を追求しているそれでなければならない，ということである[8]．協同組合原則は協同組合の本質を常に内包しかつ映し出したそれでなければならない，とレイドロー報告は強調しているのである．

レイドロー報告の意図したところは，1988 年の第 29 回 ICA ストックホルム大会で採択された『マルコス報告』（「協同組合と基本的価値」）と 1992 年の第 30 回 ICA 東京大会で採択された『ベーク報告』（「変化する世界における協同組合の価値」）とに受け継がれ，かくして，レイドロー報告の第 2 の目的を果たす準備が整った．そしてこれら三つの『報告』を基礎に 1995 年に開催された ICA100 周年記念マンチェスター大会で「協同組合のアイデンティティに関する ICA 声明」（以下，「ICA 声明」と略記）が承認され，協同組合の「定義」・「価値」・「原則」が世界の協同組合人に示されたのである．何よりも「協同組合の統一された定義」が ICA の歴史において初めて示されたことにより「協同組合の価値」が「マルコス報告」と「ベーク報告」よりもはるかに明確に「協同組合の本質」を表現することができるようになったし，また「協同組合 7 原則」によってレイドロー報告で指摘された「疑問」が払拭されもしたのである．とりわけ「協同組合原則は，協同組合がその価値を実践するための指針である」と，「ICA 声明」が「協同組合原則」を明確に位置づけたことの意味は大きいと言うべきである．

このようにして，われわれは「レイドロー報告」と「ICA 声明」との密接な関係を知ることができたのであるが，しかし，この両者の密接な関係をさらに深くかつ幅広く知るために，われわれは「レイドロー報告」をさらに読み込んでいかなければならない．本論の目的はまさにこの点にある．

1.　A.F. レイドローの協同組合セクター論

先に触れたように，レイドロー報告は，西暦 2000 年までの 20 年間に協同

組合が事業と運動を持続し発展させるための条件や環境を考察し，協同組合運動の「転換」と「再構築」を示唆し，そのための準備——協同組合の「計画立案」と「青写真の作成」——を怠らないようにするための「指針」を認めたものであるが，それはまたレイドロー自身の協同組合イデオロギー（co-operative ideology)[9] でもあったのである．それ故，ここでレイドローの「協同組合イデオロギー」を明らかにするために，彼の「協同組合の理念」の基礎をなしている「協同組合セクター論」に言及しておく．レイドローは，彼の「報告」の序文で「協同組合セクター」に論及し，協同組合セクターを「経済活動全体のなかで，公共企業や通常の私企業とは異なる協同組合によって経営される部分」だと断わって，第III章「協同組合：理論と実践」の「5.二重の目的」および「7.協同組合セクター」において比較的広いスペースを取り，協同組合セクターを論じている．要するに，レイドロー報告の要所要所で彼の協同組合セクター論が活かされて，「協同組合の理論と実践」の中身が明らかにされ，第V章「将来の選択」に繋がっていくのである．

(1)「二重の目的」の意味

レイドローは協同組合の「二重の目的」について次のように論じている[10]．「数世代にわたって協同組合運動の指導者や理論家たちは，協同組合は，ただ単に事業体であるというだけでなく，経済的目的と社会的目的の双方の目的を有する事業体であるのだから，その二重の目的によって通常の株式会社や資本主義企業一般とは区別される，とする教義を強調してきた．事実，一連の社会思想と一体になった経済的目的を持つというこの概念^{コンセプト}は協同組合哲学の支柱の一つである」．しかしながら，実際にその通りだとしても，協同組合は第一義的には経済的存在であるのだから，協同組合が存続していくためには成功裡に事業を継続させなければならない．商業的な意味で失敗し，事業を閉鎖した協同組合は社会的分野において積極的な影響力にはなり得ない．それ故，協同組合の経済的目的と社会的目的は同じコインの表裏であるとはいえ，健全な事業体としての生存能力が優先的な要求にならざるを

得ない．その意味で，すべての協同組合人が経済的目標と社会的理想のバランスを保つことは決して容易ではない．実際のところ，協同組合システムの内部にあっては，「厳密に事業＝経済的利益に熱心な人たち」と「社会改革へのより広範な参加を望む人たち」という二つのグループの間には常に何らかの緊張関係があり，時には公然とした対立も存在する．大抵の場合は，前者はかなり大規模で堅実に組織立てられた事業を展開している協同組合で「資本主義企業と成功裡に競争すること」を意図しているのに対し，後者は相対的に小規模な協同組合であって，「かなり緩やかな非公式のネットワークを持ち，多かれ少なかれ資本主義の手法を無視し，その代わりに社会的目的やコミュニティの目標」を達成しようとする．しかしながら，両者のいずれもが，どちらか一方の目的や目標しか持とうとしなかったり，一方の目的や目標を軽視したりすれば，両者は早晩弱体化し，やがて破局を迎えることになる．

　レイドローは，このように，協同組合の「二重の目的」を協同組合に内在する一種の「対立」と捉え，この「協同組合の内在的対立」を止揚することによって協同組合運動の前進と発展を図ることを示唆したのである．では，どのようにして止揚するのか．そこで彼はこう主張する．「必要とされることは，（協同組合の）システム全体における常識的なバランスであり，経済的なものと社会的なものとの，事業経営と理想主義との，プラグマチックな経営担当者とビジョンを持った専門家ではない指導者との混合である」，と．そしてこれらの「混合」を，すなわち，「システム全体における常識的なバランス」の実践を実質化するために，協同組合は「経済的効率を社会的効率と組み合わせる」ことによって経済的および社会的に有用な仕事を効果的に遂行する，とレイドローは論じたのである．

（2）「経済的効率を社会的効率と組み合わせる」ことの意味

　レイドローの言う「協同組合のシステム全体における常識的なバランス」の実践，すなわち，「経済的効率を社会的効率と組み合わせる」ことによる

経済的および社会的に有用な仕事の遂行とは，次のことを意味している．すなわち，協同組合は，

①コミュニティ精神（community spirit）を生みだすのに役立つ計画を援助し，狭い事業の枠を超えた，広い範囲にわたる人間的および社会的諸問題（の解決）に参画する，
②最も広い意味での教育に大きな関心を払う，
③雇用および事業運営において人種的および宗教的差別を許さない，
④組合員以外の他の人たちの利益となる，民主主義的で人間的な運動に協力する，
⑤貧しい人たちに関心を払い，彼・彼女らが組合員になり，協同組合から利益を得るよう援助するための特別な準備をする，
⑥自らを公正かつ公平な雇用主として，また地域コミュニティにおける善良な法人市民として認知される，
⑦第三世界（発展途上国）の協同組合を援助するための国際的開発プログラムを支持する．

そしてレイドローはこう締め括った．「協同組合は事業経営（business enterprise）と社会的責務（social concern）のバランスのとれた混合体である」との理念をすべての協同組合は受け入れることができるよう成熟しなければならない，と．

(3) レイドロー報告の「協同組合セクター」論
協同組合のこの「二重の目的」は，レイドローにとって，彼の協同組合セクター論と密接に結びついている．なぜなら，この「二重の目的」は，協同組合の事業システムを他の私的企業や公的企業の事業システムから区別する協同組合の特徴的性格を表現しているからである．そこでレイドローは，協同組合の「二重の目的」を重要な論拠として，現実の経済社会では——30

年前も現在と同じように——協同組合（協同組合セクター）は公的企業（公的セクター）と私的企業（私的セクター）の双方と共存して事業活動し——三者が国民経済において占める割合は国によって異なるとはいえ——これら三者によって経済全体が形づくられる，とする次のような「協同組合セクター論の視点」を示すのである[11].

　第1は，公的セクター（第1セクター）と私的セクター（第2セクター）それに協同組合セクター（第3セクター）のいずれのセクターも単独では「すべての経済問題を解決し，完全な社会秩序を整えることはできない」のであるから，三者が相並んで機能し，相互に補完し合うことによって「人間の力で可能な最良のものを達成する」という視点である．

　第2は，三つのセクターにはそれぞれの機能に対応する経済部門が存在する，という視点である．特に協同組合セクターは，政府と共に「基本的な公共サービスを提供することができる」が，政府と官僚による支配および国家による吸収のいかなる傾向にも反対し，抵抗する．なぜなら，協同組合は何よりも自由な人びとの組織であり，したがって，自治的かつ自律的でなければならないからである．

　第3は，「将来成功する協同組合は，イデオロギー的には，プラグマティズムとアイディアリズムの混合体となるだろう」との視点である．だが，協同組合は「実際的な理由から，私的企業と有利な取り決めを行っても，資本主義を駆り立てる主要な動機，すなわち，利潤の追求に反対することにおいて非妥協的である」．

　第4は，協同組合セクターは，イデオロギー的には，他の二つのセクターの中間の位置を占めるという視点である．すなわち，「協同組合セクターは，いくつかの点では公的セクターに類似し，他の点では私的セクターに類似しているが，総じて言えば，両者から最も望ましい特質を取り入れようとしている」．

　第5は，協同組合セクターの文脈においては，協同組合は資本主義の修正ではないし，また修正と考えてもおらず，「本質的には資本主義に対する一

つのオールタナティヴ（代案）」である，との視点である．だが，過去にお
いて協同組合の発展パターンの多くが——構造や方法などにも見られように
——資本主義企業モデルに規定されてきたこともまた事実である．

　第6は，協同組合は私的企業と区別されており，私的企業の目的や仕様の
多くに反対しているが，同時に社会秩序という点で資本主義の等級付けのあ
ることも協同組合人は認める，という視点である．すなわち，ある私的企業
は貪欲で冷酷，かつ徹底して反社会的であるが，いくつかの私的企業は地域
コミュニティに協力的であり，その方法において少しも収奪的でないし，暴
利を貪ることもまったくない．それ故，前者を一掃し，取って代えることは
協同組合の目標であり目的であるべきだが，後者は，われわれが「良性な形
態の資本主義」と呼ぶもので，基本的に協同組合の敵ではない．

　第7は，国家と私的セクターに対する協同組合の立場は，時によって多面
的かつ柔軟でなければならない，という視点である．協同組合としては，政
府が社会に開かれており，民主的で進歩的であれば，国家との合意，協力，
あるいは共同事業もあり得るし，また私的セクターとの同盟さえも，「より
公正な社会秩序を確保するために追求すること」があり得る．同時に協同組
合人は，協同組合のイデオロギーは一方で極端な国家主権主義に，他方では
貪欲な資本主義に脅かされていることを認識しなければならない．

　そして第8は，ICA原則の「協同組合間の協同」は「協同組合セクターの
概念を支持するステートメント」である，という視点である．

　これらの視点が，レイドローが彼の「報告」で提示した「協同組合セク
ター」論の骨子である．現在の協同組合人にとってこれらの視点は依然とし
て有意義であり，示唆に富んでいる，と言うべきであろう．ところで，われ
われは，レイドロー報告で彼が主張した協同組合セクター論の基本を，ICA
モスクワ大会に先立つ1974年にミズーリ大学大学院協同組合研究所主催の
講演で彼が論じた「協同組合セクター論」に見ることができる．彼の協同組
合セクター論を正確に理解するために，ここでその「講演ペーパー」[12]を覗
いてみよう．

2. レイドローの「協同組合セクター論」と協同組合運動

（1）世界と人類が直面している危機的状態

レイドローは，1974年時点において「世界と人類が直面している危機的状態」を次のように捉えていた[13]．

①世界のいくつかの地域は飢餓あるいは飢餓の危機に直面している．

②国際通貨制度は混沌としており，いくつかの国の通貨制度は崩壊寸前にあり，世界的な規模でインフレーションが大きく進行している．

③経済的および社会的発展の尺度としての GNP（国民総生産，現在は GDP 国内総生産）への信頼は失われている．

④われわれは，10年前には近い将来「豊かな時代が到来する」と考えていたが，今では「欠乏の時代は遠い将来のことではない」と懸念している．

⑤国際的な開発計画の多くは幻滅に終わり，貧しい国の大多数の人たちは相変わらず貧しく，恵まれないでいる．

⑥世界のさまざまな地域では人種対立や政治的憎しみが以前よりも激しくなっている．

そして彼はこう締め括っている．「明らかなことは，われわれがかつて疑ったことのない事実を訂正することが必要である，ということである．われわれが信頼していた多くの甲冑(かっちゅう)は孔(あな)だらけになり，錆(さび)ついてしまったのだ．われわれは危険な時代に生きているのである」．

21世紀の10年代の初頭に立って世界や日本を見てみると，36年前にレイドローが捉えていた「世界と人類の危機的状態」は，一，二のことを別にすれば，「現在の世界と人類の危機状態」とそう変わらないことが分かるであろう．あるいはむしろ，現在の状態の方がより危機的であるかもしれないのである．そのことは，新自由主義＝市場原理主義政策によってもたらされ

た諸結果が物語っている．タイの貨幣バーツの破綻に見られた短期的利益を狙って投機的投資を繰り返すヘッジファンドによる通貨危機の発生，アメリカから世界中に飛び火した（低所得者向け住宅ローン）サブプライム・ローンの証券化商品の売り逃げによる金融危機・経済危機と世界同時不況の発生，国家間と地域間それに個人間における経済的，社会的格差の拡大，それに貧困の拡がりは現にわれわれが目撃しているところである．

　他方で世界的な「食糧危機」が今後再燃する可能性も高まってきている．FAO（国連食糧農業機関）は，アジアとアフリカでの豪雨と干ばつなど自然災害による穀物生産の減少とそれによる食糧価格の上昇のために——穀物を飼料とする乳製品の価格上昇も加わって——2010 年には「食糧危機」が再燃するかもしれないことを懸念しており，もし再燃するようであれば，2009年に 10 億人を突破した「飢餓人口」は近い将来さらに増加することになる，と危惧している．FAO はまた 2008 年の「食糧危機」の要因の一つとなった投機マネーが穀物市場に流れ込むようなことがあれば，食糧価格の騰貴は必至だと警戒している[14]．

　それらに加えて，21 世紀初期の現在においても 1970 年代と基本的に変わっていない事態が見られる．それは，地球の人口のおよそ 20% を占めている先進資本主義諸国の人びとが世界の富の約 80% を消費しているのに，同じく地球の人口の 20% を占めている最貧国の人びとは世界の富の 1% 未満しか消費できないでいる，という事実である．

　当時のこのような危機の実態と事実を前にして，レイドローは講演ペーパーのなかでこう主張している[15]．「世界と人類が抱えている大きな問題」の主原因は，依然として経済的なものであり，社会的，政治的，軍事的，宗教的，人種的な問題と考えられる問題も，結局のところ，経済的原因に行き着くのであり，したがって，われわれにとって未解決の問題点は，①地球の諸資源を分け合う（divide）方法，②誰が何を所有すべきかという方法，③土地の果実（食料品）と工業製品を分け合う（share）方法，それに④各人が必要とする部分を公正に得られるシステムを整える方法を，どう確立するの

かということになる，と．こうして，これらの「方法」の具体案がやがてレイドロー報告の「第Ⅴ章 将来の選択」で提示される「四つの優先分野」として現れることになる．

(2)「二大権力」と「第三の力」

そしてレイドローは，これら四つの方法を確立するのは，「世界と人類を支配する力を擁する」政府（第1セクター）と多国籍企業のような私的資本主義企業（第2セクター）との「二大権力」だけでは絶対に不可能であって，この二大権力に対する強力な「拮抗力」（countervailing force）としての「民衆の力」（people power）を育成し拡大していく努力のプロセスのなかで，世界と人類を脅かしている諸問題から人びとを救い出すためのイデオロギー（心的態度：主体的選択に基づく行為性向）と具体的なシステムに導かれた人間的で合理的な原則に基づいて構成される「第三の力」（third force）とを民衆の側に創り出さなければならない，と強調した．要するに，レイドローは，非営利・協同の「企業経営体」によって構成される「第3セクター」のなかでも最大の経済‐社会的能力を擁する協同組合セクターを，大きな経済的，社会的な支配力を持つ多国籍企業と政府の双方に対抗する「拮抗力」＝「第三の力」になり得るものと位置づけ，協同組合が経済的，社会的な諸問題に対応し得る経済‐社会的機能を果たすよう示唆したのである．彼の言うこの「拮抗力」は，基本的に，各国の地域コミュニティにおいて事業と運動を展開している協同組合組織が国内外で相互に厚くかつ深く連帯することによってはじめて効果をもたらすのであるから，協同組合の経済‐社会的機能の有効性はまさに「第三の力」としての「協同組合セクター」の有効性となって現れる，とレイドローは説いたのである．

このように，協同組合セクターの経済‐社会的機能の有効性は「二大権力」に対する「拮抗力」＝「第三の力」となり得るのだと説いたレイドローは，協同組合を「所有，経営・管理およびサービスの利用という構成要素の完全な同一性を目指す企業経営体である」[16]と概念化して，協同組合セクターの

「三つの明白な意味」を指摘する．すなわち，

(1) 協同組合は，他の事業体──私的（資本主義）企業および公的企業
　　──と異なる特徴的性格を持つものでなければならない．
　○協同組合が他の事業体と異ならないのであれば，両者はどのように識
　　別されるのか，あるいは同じものとして認識されるのか．
　○協同組合が他の事業体と異なるよう努力しないのであれば，そもそも
　　協同組合でなければならない理由はないのではないか．
　○協同組合の大きな強さは，他の事業体が真似のできない，疑いなくユ
　　ニークな特徴的性格を持っていることにある．
(2) 協同組合は二重の性質を有する．
　○協同組合は，その特徴的性格を維持するために，事業組織であると同
　　時に社会運動体でなければならない．
　○協同組合は，効率を高めようとする場合には，しばしば他の事業体
　　を真似る傾向があるのに対し，社会的目的を追求する場合には，自ら
　　を他の事業体とはっきり区別する特徴を際立たせる．
(3) 協同組合セクターにとって教育こそが最も重要である．
　○協同組合に責任を負うすべての人たち（理事，役職員そして組合員）が
　　十分かつ適切な情報を持たず，したがって，さまざまな事柄に精通し
　　ないのであれば，ある国の協同組合は利潤追求の資本主義企業になっ
　　てしまう可能性があるし，他の国の協同組合は国家の補助組織になっ
　　てしまう可能性がある．

　レイドローがここで指摘している協同組合セクターの「三つの明白な意
味」を簡潔に表現すれば，協同組合は経済的目的と社会的目的の双方を遂行
する際に「協同組合アイデンティティ」を常にその基底に置き，協同組合教
育を通して協同組合の知性的価値と倫理的価値とを豊かにしていかなければ
ならない，ということである．

(3) 協同組合セクターの特徴的性格

レイドローはまた,次のような「協同組合セクターの特徴的性格」を一種の「指導原理」として提示している[17].

(1) 協同組合セクターの概念は,現代社会における協同組合運動の位置づけを説明するのに最も道理のある理論を提示する.

(2) 協同組合は,事業体としては私的資本主義企業とも公的企業とも本質的に異なる.協同組合は本来的に「中間の道」(middle way)であり,一つの経済セクターである.

(3) 協同組合は「第三の力」の役割を,すなわち,大きな支配力を擁する大企業と政府の双方に対するオールタナティヴとしての「拮抗力」の役割を果たす.

(4) 協同組合は「所有,経営・管理およびサービスの利用」という構成要素が人びとのグループにおいて結合される事業経営体である.

(5) 協同組合事業の際立った特徴は経済事業体と社会的組織の「二重の性質」を有していることである.

(6) 教育を重要な組織的要素としない協同組合は,その本質的性格,すなわち,自らを明確に協同組合であるとする「人間的な性格」を喪失する危険がある.

(7) 協同組合は,その存在理由を示し,その目的を実現するために,人類が直面している諸問題を解決するのに有意義でユニークな貢献を実行する.

(8) 現代にあっては,ただ一つの事業組織形態に基礎を置く経済は望ましいものでも可能なものでもない.最良の経済秩序は混合経済(mixed economy)によって達成される.

このように,レイドローは,彼の協同組合セクター論に基づいて協同組合運動の現状を分析し,20年後の西暦2000年に至るまでの間,協同組合はい

かなる道を進むべきかを協同組合人に問い，したがってまた，協同組合に相応しい持続可能な事業と運動のあり様を協同組合人に求めることによって協同組合運動の将来を展望したのである．レイドロー報告を真に理解するためには彼の「協同組合セクター論」を理解する必要がある，とわれわれが考えた所以である．

3.「三つの危機」と「四つの優先分野」

(1)「三つの危機」

　レイドロー報告は，その冒頭（「背景と目的」）において，「1978年9月にコペンハーゲンで開催されたICA中央委員会に集まった各国代表者」が「今後20年間に起きるであろう変化と，その結果としての今世紀（20世紀）の終わりまでに協同組合組織の活動が直面するであろう状況について」研究することを決定したのは，次のような危機感や危惧や必要性それに可能性が彼らの間にわだかまっていたからだと記している[18]．すなわち，①協同組合人は，協同組合の発展に影響を与えたり，発展を妨げたりするような世界情勢のさまざまな傾向について，より認識を深め理解する必要がある，②協同組合は現代における変化の速いペースに追い越され，付いて行けなくなるかもしれないという危機感，③協同組合システムは，現に世界の多くの地域で驚くべき規模に成長している巨大な多国籍企業の恐ろしい力に対抗できないかもしれないという危惧，そして④さまざまな種類の協同組合にとって，それらが開始されて以来200年以上にわたって築き上げてきた強さと勢いを維持していくためには，根本的な変換や再構築が必要とされるかもしれないという可能性，である．

　では，なぜ，協同組合人はこのような危機感，危惧，必要性それに可能性を抱いていたのか．じつは，協同組合運動の内部においては，一方で，協同組合は現在の時代に適した社会性や事業遂行能力を持っているのか，という疑問を絶えず協同組合人は投げかけてきたし，他方で，その同じ協同組合人

はまたそのような疑問に絶えず応えようとしてきたのであって，その意味で，彼らが抱いていた危機感や危惧，必要性や可能性は，協同組合運動を実践し支えてきたかつての協同組合人が抱いたものでもあった．そして現在の協同組合人もまた，かつての協同組合人がそうしたように，現在の時代にどう対応し，「拮抗力」＝「第三の力」としてどう協同組合の経済 - 社会的役割を果たしていくかを絶えず考えているのである．レイドローは，このことを——協同組合の歴史をふり返って——「協同組合の成長と変化の三段階」と呼び，「協同組合は各段階でそれぞれの危機に直面し，それを克服しなければならない」と主張したのである．言い換えれば，協同組合は各段階で直面した危機を克服してはじめて「成長と変化」を実現することができるのである．

レイドローは，協同組合が直面する危機，すなわち，克服すべき第1の危機は「信頼性の危機」（credibility crisis）であり，次の第2の危機が「経営の危機」（managerial crisis），そして第3の危機が「イデオロギーの危機」（ideological crisis）であることを示して，これら三つの危機は，協同組合が全体としてその長い歴史のなかで経験した危機であるだけでなく，個々の協同組合も経験した危機でもあるし，あるいは新たに設立された協同組合も経験する危機かもしれない，とのことを示唆した．

協同組合が最初に根をおろしたところではどこでも，協同組合を創立しようとの，数少ない先駆者たちの信念によって第1の「信頼性の危機」は克服されている．「事業は，事業家が所有し，経営し，指揮するのであって，普通の人たちの関与すべきことではない」と思われていた時代に，協同組合が「善良で崇高な運動であるとして，大衆の心のなかに定着する」のには相当な努力が払われたことであろう．

協同組合が大衆の心を摑み，彼や彼女たちから信頼されたからといって，経営に必要な知識や技術あるいは事業経験など実際の事業展開と協同組合システムとの間にギャップが生じることになれば，協同組合は時代に適した社会性を持ち得なくなり，したがって，事業遂行能力も衰退することになる．

こうして，協同組合は第2の「経営の危機」に直面した．しかし，協同組合はこの危機も克服することができた．「多くの有能な若い経営担当者が協同組合の事業に引き付けられるようになり，協同組合運動のイメージがほどなく変わっていった」からである．この変革にも大きな努力が払われたことだろう．「協同組合も他の事業体と同じように効率的で最新の近代的な事業体になることができ，経験豊かな多くの管理職者が満足のできる生涯の仕事として運動に参加してきたのである」．

しかし現在，「さまざまな協同組合システムがしっかり打ち立てられているのに，協同組合は第3の危機に直面している」のである．この第3の危機をレイドローは「イデオロギーの危機」と呼んだ．「イデオロギーの危機」とそう呼ぶことによって，レイドローは，現在の協同組合人の協同組合に対する「信念」・「意見」・「（心的）態度」を問うたのである．協同組合人よ，あなた方の「協同組合アイデンティティ」とは何であるのか，と．彼はこう強調している[19]．

　このような危機は，協同組合の真の目的は何か，他の企業とは違った種類の企業として独自の役割を果たしているのか，といった疑問に苛まれて起きているのである．協同組合は，商業的な意味で，他の企業と同じように能率を上げることに成功しさえすれば，それで十分なのだろうか．また協同組合は，他の企業と同じような事業技術や事業手法を用いさえすれば，それだけで組合員の支持と忠誠を得る十分な理由となるのだろうか．さらに，世界が奇妙な，時には人びとを困惑させるような道筋で変化しているのであれば，協同組合も同じ道筋で変化していくべきなのか，それとも協同組合はそれとは異なる方向に進み，別の種類の経済的・社会的秩序を創ろうとすべきなのか．

見られるように，レイドローにとって，この「第3の危機」＝「イデオロギーの危機」は，多くの協同組合人に，「第1の危機」＝「信頼性の危機」と

「第2の危機」＝「経営の危機」以上に深くかつ幅広く受け止められなければ
ならない危機である．その意味で，「レイドロー報告」は，「イデオロギーの
危機」の克服を展望するための「指針」や「資料」を協同組合人に提供し，
危機克服の可能性を示唆したのである．そしてこの危機克服の可能性が「将
来の選択」における「四つの優先分野」に委ねられたのである．

(2)「四つの優先分野」

　レイドローが「報告」のなかで最も注視してもらいたかった文脈，それは，
彼の「協同組合セクター論」を基底とした，「三つの危機」，とりわけ「イデ
オロギーの危機」と「四つの優先分野」の関連であったのではないか．既に
述べたように，レイドローは，「報告」以前の1974年の「講演ペーパー」で
「世界と人類が抱えている重大問題」を解決するために，協同組合セクター
が取り組むべき「未解決の問題点」として，①地球の諸資源を分け合う（di-
vide）方法，②誰が何を所有すべきかという方法，③土地の果実と工業製品
を分け合う（share）方法，④各人が必要とする部分を公正に得られるシス
テムを整える方法をどう確立するかについて述べ，そのためには政府（第1
セクター）と多国籍企業のような私的資本主義企業（第2セクター）の「二大
権力」に対する「拮抗力」＝「第三の力」として協同組合セクター（第3セク
ター）の経済的，社会的機能を有効に働かせていくことの重要性を主張した．
そしてその後，レイドローは，「報告」の「協同組合セクター」で，いくつ
かの「協同組合セクター論の視点」を示し，公的セクター（第1セクター）
と私的セクター（第2セクター）それに協同組合セクター（第3セクター）の
三者が相互に補完し合うことによって「人間の力で可能な最良のものを達成
する」という視点を示した．言うまでもなく，この視点には，協同組合セク
ターが「第三の力」として相応の経済的・社会的機能を発揮できるほどに成
長していることが含意されている．

　要するに，「四つの優先分野」は，協同組合運動における「イデオロギー
の危機」をコアとする「三つの危機」，協同組合が取り組むべき四つの未解

決問題，協同組合セクター論の視点，それに協同組合セクターが「二大権力」に拮抗し得るほどの「第三の力」に成長する課題，これらが前提となって提起されている，と見ることができるのである．

第1優先分野—世界の飢えを満たす協同組合：これは，協同組合が最も成果を上げている分野が農業や食糧に関わるそれであることから，現在でもなお喫緊の解決を求められている分野である．「食糧については，生産から消費までが，協同組合としての最大の能力と経験を持っている分野」である．要するに，「世界の飢えを満たす」ことは協同組合のソーシャル・ミッションなのである．この優先分野において協同組合が取り組むべき目標や課題は，現にさまざまな国の協同組合が取り組んでいるように，「生産者と消費者の橋渡し」，「食料に関する問題をめぐる農民と都市の人たちとの協議」，「協同組合による総合的な食糧政策の確立」，「発展途上国における小作農や小農の組織を支援する開発計画——例えば，フェアトレード——への取り組み」などである．この分野での協同組合運動の成果は，レイドローにとって，「第三の力」としての協同組合セクターの実質化をより強力に推し進めることになるのである．

第2優先分野—生産的労働のための協同組合：これには高度な産業的発展を見せている，労働者協同組合であるモンドラゴン協同組合企業体の影響を窺うことができる．レイドローが考えていた「二大権力」に拮抗し得る「第三の力」としての経済的，社会的機能と能力を最も明瞭に見せてくれていたからである．雇用の創出，地域コミュニティの再生，「教育・保健／医療・住宅」というセーフティネットの整備，伝統文化の尊重など単一の協同組合では困難であると思われていた総合的な経済的，社会的機能を発揮し，新しい経済 - 社会的秩序を創出するのに貢献している姿をモンドラゴン協同組合は多くの協同組合人に見せてきたのである．何よりも，モンドラゴン協同組合は私的資本主義企業と異なる雇用形態の協同組合企業の持続可能性を確かなものにしてくれているのである．レイドローには——たとえスムーズかつ成功裡に運営することの困難な労働者協同組合であろうとも——彼が「二重

の目的」で論じた内容がモンドラゴン協同組合のなかである程度実現されている，と思われたのである．

　第3優先分野—持続可能な社会のための協同組合：これは，そう言ってよいならば，協同組合運動における「消費者協同組合（生協）の復権」に言及したものである．消費者協同組合は「新しい方向づけ」を求められているが，それは，「消費者協同組合は地域コミュニティの広範な事業を行う諸組織のうちの一つの組織にすぎない」と位置づけられねばならない，とのレイドローの厳しい指摘となって現れていることからも判断できよう．これには，組合員参加を弱体化させた「ボノウの構造改革」に代表されるような，1960年代から70年代にかけて試みられた消費者協同組合の構造改革とその後の消長が重くのしかかっている．「消費者協同組合は私企業と異なることによる大きな有利性を見落としている」というレイドローの指摘もまた，消費者協同組合の「新しい方向」が那辺にあるのか，その点を明確にすることによってはじめてその復権が図られることを示唆していたのである．あるいは，レイドローは「二重の目的」で彼が論じた内容を消費者協同組合が実質化させていくことを願って「消費者協同組合の復権」を図った，と言い換えることもできよう．何故なら，この実質化は，紛れもなく，協同組合セクターの大きな前進となるはずであるからだ．

　第4優先分野—協同組合コミュニティの建設：レイドローにとって，「協同組合コミュニティの建設」は「二大権力」に拮抗する「第三の力」としての協同組合セクターの一つの重要な証明である．レイドローが言うように，「一種類だけの協同組合に社会の改革や改善を期待するのは荷が重すぎる」．であればこそ「多種多様な協同組合の手段とあらゆる領域の組織を用いなければならない」．レイドローは，明確には意識していないとはいえ，「マクロ的なレベルのプランニングよりもむしろミクロ的なプランニングに関心が集まっている．大きな変革や新しい試みは，多くの場合，小さいところからスタートしている」と強調することで，グローバリゼーションの下での社会改革や新しい経済 - 社会的な形式と秩序の形成について言及しているのである．

「協同組合の発展のための計画を地域コミュニティの段階で作成する必要性」という彼の言葉は，地域コミュニティに基礎を置いた雇用の創出とコミュニティの再生を実現している「社会的企業」の展開を彷彿とさせる．そして彼は「協同組合コミュニティ」について次のように述べるのである[20]．

　　（日本の総合農協のように）広範なサービスと事業は，都市部では一つの総合協同組合で実施し得るものではない．しかし，住民が容易に通うことのできる協同組合サービス・センターのなかに，それぞれの機能を持った組織を同居させることは可能である．その一般的な目的は，住宅，貯蓄，信用，医療，食料その他の日用品，高齢者介護，託児所，保育園などのサービスを各種の協同組合で提供することによって，はっきりとした地域コミュニティをつくりあげることでなければならない．……こうして，エリア内の多くの協同組合人が，消費者としてだけでなく，生産者あるいは労働者としても協同組合活動に関わることになるのである．

　しかしながら，レイドローが描いている協同組合サービス・センターとしての「協同組合コミュニティ」にしてさえも，その建設は容易なことではないであろう．だがまた，それは決して不可能なことでもないかもしれないのだ．現に，イギリスの社会的企業のいくつかは地域コミュニティに機能の異なるいくつかの事業組織を展開しているし，私がしばしば訪問・調査しているイギリスの社会的企業 SES（Sustainable Enterprise Strategies）は，レイドローが描いているような協同組合サービス・センターを計画しており，その目標が「協同組合コミュニティ」（co-operative community）の建設であることを謳っている．この「協同組合サービス・センター」の建設もまた――モンドラゴン協同組合企業体と同じように――「協同組合セクター」の一つの重要なあり方であり，目標なのである．

むすび

　1980年にモスクワで開催された第27回ICA大会において採択された「レイドロー報告」は，必ずしも協同組合人の多くが諸手を上げて歓迎したのではなかったろう，と私には思われる．何故なら，その当時，彼らには「協同組合セクター」などは考えも及ばない，ある種の「ユートピア」だと思われたからである．なるほど，協同組合セクター論は，ILOのジョルジュ・フォーケとモーリス・コロンバンが論究して以来研究の対象にはなってきたかもしれないが，しかし，少なくとも「レイドロー報告」までは協同組合運動のなかに明確に組み込まれずにきたのである．その意味で，私は，協同組合セクター（論）を再び呼び起こし，協同組合セクター（論）の重要性を協同組合人に教え，知らしめた功績は，故アレグザンダー・フレイザー・レイドローにこそ与えられるべきだと思っている．私は，これからの協同組合研究においては協同組合セクター論が一つの重要な位置を占めることになるだろう，とさえ考えている．日本に限らず世界のさまざまな国や地域では，二大権力に対する「拮抗力」としての「協同組合セクター」が地域コミュニティを基礎にして事業展開する要因が数多く散在しているからである．

　例えば，オーストラリアのマレーニ協同組合コミュニティは協同組合セクター論を研究するわれわれに「生きた題材」を提供してくれるであろう．津田直則教授の論文[21]は，このマレーニの「質の高い協同組合コミュニティの特徴」として，①参加型民主主義に基づく協同組合コミュニティ，②高い文化・教育レベル，③経済，社会，環境の三つの領域のバランス重視，④誰も排除せず，人に優しく，公平な協力社会，⑤低炭素・資源循環型生活など自然との共生が生活スタイルとなっているパーマカルチャーの思想を挙げている．この協同組合コミュニティも消費者協同組合，クレジット・ユニオン，地域通貨，フード・コープ，社会活性化のためのさまざまな協同組合など「協同組合セクター」が基礎となって成立し，展開されているのである．レ

イドロー報告が協同組合人に訴えたかったこと，それをわれわれはマレーニ協同組合コミュニティに見ることができるのである．

注

1) 『レイドロー報告』の正式なタイトルは『西暦 2000 年における協同組合』(*Co-operatives in The Year 2000*) である．

2) 『協同組合のアイデンティティに関する ICA 声明』の正式なタイトルは『21 世紀の協同組合原則』(*Co-operative Principles for The 21st Century*) である．

3) 1966 年に開催された第 23 回 ICA ウィーン大会で決定された「6 原則」(「1966 年原則」) は次の原則である．(1)加入・脱退の自由 (2)民主的運営 (3)出資金に対する利子制限 (4)剰余金の処分・利用高配当 (5)教育の促進 (6)協同組合間協同．なお，詳しくは拙論「モスクワ，ストックホルムそして東京—ベーク報告の課題」(『生活協同組合研究』1992 年 10 月号) を参照されたい．

4) 1980 年当時の世界の協同組合員数は「5 億人」と発表されていたが，21 世紀10 年代はその倍の「10 億人」と発表されている．

5) 日本協同組合学会訳編『西暦 2000 年における協同組合』日本経済評論社，1989 年, 87 頁. (A.F.Laidlaw, *Co-operative in the Year 2000*, A Paper presented for the 27th Congress of the International Co-operative Alliance, Moscow, October 1980, p.33)

6) 同上, 118 頁. (*Ibid.*, p.45)

7) 同上, 88 頁. (*Ibid.*, p.34)

8) 同上, 88-89 頁. (*Ibid.*, p.34)

9) イデオロギー (ideology) の定義は多様である．例えば，レイドローが第 1 章「背景と目的」で「第三の危機」に言及している有名な箇所に ideological crisis という言葉が出てくるが，この ideological の和訳は「思想的な」となっている．すなわち，"But now, where different co-operative systems are well established, they are faced with a third crisis, what may be つくり上げられているところで，第三の危機に直面している．それは思想的な危機と呼びうるものである．」となっている．私としては，「思想的な」という和訳でもある程度理解できるが，むしろ ideological は——イデオロギーの定義が多様であることから——(同一性と差異性を内包していて「自分がどんな人間であるかという感覚」を表現する) アイデンティティに近い意味内容の言葉ではないかと考えるようになったので，「信条」や「意見」や「(心的) 態度」という意味の和訳の方がより解り易いと思っている．しかしながら，私はなお，これらの言葉でも十分ではないように思えるので「イデオロギーの危機」とカタカナ表記を用いることにしている．この文章に続くレイドローの文章はそのことを示唆している．「このような危機は，協同組合の真の目的は何なのか，他のものとは違う企業として独自の

役割を果たしているのか，といった疑問に苛まれて起きているのである．協同組合は，商業的な意味で，他の企業と同じように能率を上げることに成功しさえすれば，それで十分なのだろうか．また協同組合は，他の企業と同じような事業技術や事業手法を用いさえすれば，組合員の支持と忠誠を得る十分なりゆうとなるのだろうか．…」（同上，16 頁，*Ibid.*, p.9）

10)　同上，99-103 頁．（*Ibid.*, pp.38-39）

11)　同上，110-113 頁．（*Ibid.*, pp.41-43）

12)　A. F. Laidlaw, *The Co-operative Sector: Outline of a presentation at the Graduate Institute of Co-operative Leadership*, University of Missouri Columbia, July 22, 1974.

13)　*Ibid.*, p.2.

14)　「食糧危機再燃の兆し」（時時刻刻）『朝日新聞』2009 年 12 月 31 日付朝刊．

15)　A.F. Laidlaw, *op.cit.*, p.2.

16)　レイドローによるこの協同組合の定義は，①株主あるいは投資家，②意思決定者，それに③顧客，の三者の関係が事業組織において同一であるか否か，という観点から大企業，中小企業および公的企業と協同組合とを比較してなされた定義である．したがって，この定義は，協同組合は①出資者，②意思決定者，それに③組合員，の三者が同一である，という「三者の同一性」という観点からの定義である．レイドローは『報告』のなかで「協同組合の本質は数えきれないほど多くの方法で描かれ，定義されてきた．最も満足のいく，役立つ定義の一つは，シャルル・ジードによって与えられている」と述べて，こう定義している．「協同組合は，事業経営を手段として，共通の経済的，社会的および教育的目的を追求する人びとの集まりである」（日本協同組合学会訳編，前掲書，86 頁．A.F. Laidlaw, *op. cit.*, p.33）．この定義の選択は，協同組合教育を重視する，いかにもレイドローらしい選択である．

17)　A.F. Laidlaw, *op.cit.*, pp.11-12.

18)　日本協同組合学会訳編，前掲書，13-14 頁．（A.F. Laidlaw, *op.cit.*, p.8）

19)　同上，16-17 頁．（*Ibid.*, p.9）

20)　同上，175-176 頁．（*Ibid.*, p.66）

21)　津田直則「オーストラリアのマレーニ協同組合コミュニティと地域再生：レイドロー報告との関連で」（季刊『にじ』協同組合経営研究所，2009 年秋号，No.627）を参照されたい．なお，マレーニ協同組合コミュニティの指導者ジル・ジョーダン氏が 2002 年に行った沖縄国際大学公開講座の講演録「個人のライフスタイルとコミュニティの自立」（*Individual Lifestyle and Community Self-reliance*: デジャーデン由香里訳）沖縄国際大学ブックレット No.11.（2003 年）も併せて参照されたい．

第4章II　協同組合は「未来の創造者」になれるか
─新ビジョンは協同組合を「正気の島」にする─

1.「未来の創造者」・「正気の島」とは

　私は本日の「協同組合研究セミナー」を後援しています「新協同組合ビジョン研究会」で「協同組合運動の哲学」部会（セクション）の責任者を仰せつかっております．そこで，本報告のメインタイトルを少々哲学的に「協同組合は『未来の創造者』になれるか」としたのですが，じつは，これには「協同組合は未来の創造者になれるかもしれないし，なれないかもしれない」という少々哲学らしき意味が含まれています．もちろん，私は，私たち協同組合研究者も含めて，協同組合の関係者には是非とも，協同組合が「未来の創造者」になれるよう努力していただき，協同組合の事業と運動を通して「未来を創造する」諸条件を再生産する役割を果たしてもらいたい，と願っています．

　また本講演のサブタイトルですが，これは，これまで私たちが進めてきました「新協同組合ビジョン研究」の成果を本日ここで評価・判定していただこう，との私たちの意気込みが多くの人たちに伝わるのであればとの思いで，レイドロー報告からあの有名な言葉「正気の島」をお借りして，「新ビジョンは協同組合を『正気の島』にする」としました．新自由主義が主流であるような現代は「正気」ではなく「狂気」の時代である，と言っても過言ではないのですから，私は，このサブタイトルが含意している中身をここで明らかにしなければなりません．

　ところで，「未来の創造者」の「未来」が意味するところは何か，という

ことですが，一言で言えば，それは「現代の協同組合あるいは協同組合人が『未来』に責任を負う」ことを意味するのだと私は考えています．

　レイドロー報告の第Ⅰ章「変化，プランニング，そして未来」・「(3) 未来」は「未来についての歴史はまだ書かれていない」という矛盾した——あるいは「哲学的な」——言葉を記しています．なぜ矛盾しているのかと言えば，「未来」は，現在を生きている誰もが「経験していない」ことを意味するのに対して，「歴史」は，現在を生きている私たちが「経験している」ことを意味するからです．それ故，「未来についての歴史はまだ書かれていない」のは当然である，ということになります．だがじつは，この「未来の歴史を書く」という矛盾したまさにその言葉の意味に非常に重要な内容が包含されているのです．

　すなわち，私たちは，現在の協同組合の事業と運動の現実が「未来」の協同組合の事業と運動の進むべき指針たり得るのか否かについて明らかにすることなどできはしないと考えるのか，それとも，21世紀の10年代を生きている私たちが，30余年前の1980年に提案されたレイドロー報告から今なお大きな影響を受け，事業と運動についてしばしば反省を迫られるように，過去を生き現在を生きている私たちは，未来の協同組合人や協同組合研究者が「なるほどこれは学びかつ実践するに値する有意義な指針である」と受け入れる影響力を創り出し，しかもそれらを蓄積することができるのか，ということなのです．そこでレイドロー報告は，この言葉の後に続けて，「協同組合人はそれ（未来の歴史）を書く決心をしなければならない」と主張し，「未来の創造者」になることを協同組合人に訴えているのです．要するに，レイドロー報告は，現在の協同組合人に対し，「諸君は，未来の歴史を書くのだという強い意志を以てはじめて『(協同組合の) 未来の創造者』になることができるのだ」とそう鼓舞しているのです．

　レイドロー報告のこのような言葉や主張は一体何を意味しているのでしょうか．私は次のように考えています．すなわち，私たちは，レイドロー報告の「未来についての歴史はまだ書かれていない」との言葉と，そのすぐ前に

記されている「協同組合運動の中心的な目的は，より良い別の世界を創ることを支援することである」という言葉をしっかり繋げて協同組合の事業と運動のあり様を想像すること，これです．これを一言で表現すれば，「事業体でもあり運動体でもある」という「ユニークな特徴的性格」を基礎とする協同組合はどのような経済‐社会的機能を実際に発揮しているのか，またその機能を通じてどのような社会的役割を果たしているのかを──その実体と実態を明らかにして──広く市民に，したがって，市民社会に熟知させていくことです．

　これをまた言い換えれば，協同組合運動は，「人間の本来的な関係」である協同のあり方を，すなわち，「協同の倫理」をより奥行きのあるものにしていくために，私たち市民の生活と労働の質を高め，より豊かにし得る社会的枠組みを創り出し，それを維持し，より人間的な社会秩序を形成するのに役立つ諸条件の再生産に貢献するのです．協同組合人によるこの努力のプロセスを生み出しかつ支える理性概念（idée）を私たちは「協同組合イデオロギー」と称しているのです．

2. 現代協同組合運動とレイドロー報告の想像力

　このように，世界の協同組合人に協同組合の「未来の歴史」を書き続ける諸条件を再生産せよ，と迫ったレイドロー報告でしたが，実のところ，この「レイドロー報告」の呼びかけに真摯に応えた人びとの多くは日本の協同組合研究者と協同組合人であった，と断言してよいと私は思っています．その証拠に，イギリスや他のヨーロッパ諸国の協同組合研究者や協同組合人は「レイドロー報告」について問われても──何人かの人たちを別にすれば──さしたる関心を示さないか，十分には聞き知っていない様子が垣間見られるのです．

　ではなぜ，日本の協同組合研究者や協同組合人はこの「レイドロー報告」に大きな関心を払い，理解しようと心掛けたのでしょうか．それは，一言で

言えば，レイドロー報告が未来に向かって発信している協同組合の「イデオロギー」・「システム」・「経済‐社会的な機能と役割」，すなわち，「協同組合のメカニズム」を通じてどのように「事業と運動の相互作用」を創り出し，その努力を結実させていくのか，まさにその方途を日本の協同組合人が真剣に探究していたプロセスにあったからだと言ってよいでしょう．とりわけ，生協運動についてはそう言える，と私は思います．

　このことについては，故三輪昌男先生が「レイドロー報告」（日本協同組合学会・訳編『西暦2000年における協同組合』）の解説で明確に述べている論点を理解すれば，納得できるでしょう．三輪先生の論点は次のものです．

(1) レイドロー報告は最終的なものでも，完成されたものでもなく，これを手がかりに協同組合運動をどう前進させるか，われわれ自身が議論を巻き起こす．

(2) レイドロー報告を考察する際には次のことに留意する．すなわち，第1に，（ICAモスクワ大会に向けて）1980年に書かれたレイドロー報告は，20世紀末という時代について——世界の経済，社会，政治の趨勢と諸問題を多面的に分析して——「狂気の時代」と特徴づけ，そのような時代状況の只中で協同組合こそ「正気の島」でなければならないと論じ，そして第2に，しかしながら，「正気の島」として存在しなければならない協同組合が，その真の目的や（事業体であり運動体でもある民主的組織という）ユニークな性格を十分に認識せずに曖昧にしてしまっていることから，「イデオロギーの危機」が生み出され，協同組合運動の沈滞状態が引き起こされている，という認識を提示した．

(3) そこで，レイドロー報告は二つの答えを示す．一つは協同組合の独自性（「特徴的性格」）を明確にして，その独自性・特徴的性格の実現，保持を通じて組織の強化を図る．また協同組合の独自性の核心が「組合員の民主的参加」にあることを協同組合の事業と運動にしっかり位置づける．もう一つは協同組合の目的を明確にし，それらの目的の追求を通じ

て市民たる人びとの協同組合への結集を図っていく．しかしそのために
は，協同組合は経済的目的だけでなく，社会的目的もまた追求しなけれ
ばならない．

　このように三輪先生はレイドロー報告の中心的文脈を要約しました．そし
て私たちも，三輪先生のこのような指摘を受けて，現に私たちが生活し労働
している 21 世紀 10 年代の時代にあって，私たちが「協同組合の目的」を具
体化するためには，すなわち，協同組合が「正気の島」として存続するため
には，「将来の選択」としての「四つの優先分野」にすべての協同組合が積
極的に取り組むこと，このことをレイドロー報告が協同組合人に強く訴えて
いる意味を理解するに至ったのです．では，どのようにして協同組合は「正
気の島」たることを示し得るのでしょうか．

3.　協同組合運動とグローバリゼーション：協同組合セクターは可能か

（1）世界と人類の危機克服を担うもの

　レイドロー報告がそうであるように，A.F. レイドロー氏の協同組合の理論
展開の基底には常に「協同組合セクター論」があります．その典型的な事例
こそ，政府や他の公的機関の事業体から成る第 1 セクターと私的・資本主義
的企業の第 2 セクターとに対して，協同組合セクターを中心とする非営利・
協同事業体によって構成される「第 3 セクター」の「拮抗力」（countervail-
ing force）を持続させるための「『民衆の力』（people power）と第 3 セクター
との協働戦略（collaboration strategies）」としてレイドロー氏が描いた「四
つの優先分野」なのです．こうして彼は，第 1 セクターと第 2 セクターに対
抗する「第 3 セクター」の拮抗力の必要性を世界の協同組合人に認識させる
べく「四つの優先分野」から成る「協同組合と市民との協働戦略」を，「将
来の選択」と銘打った協同組合運動として協同組合人にアピールしたのです．
　レイドロー氏のこのような「セクター論」を私は高く評価します．なぜな

ら，「第3セクター」がその経済－社会的な機能と役割を真に果たそうとするのであれば，「民衆の力」（people power）を育成し，人びとが安心して生活し労働する社会を建設していく戦略を明示することが必要とされるからです．彼がその最大の役割を協同組合セクターに期待したことは言うまでもありませんが，彼は，それに加えて，「協同組合セクター」と「民衆の力」とのコラボレーションを主張したのです．彼の特異なセクター論は，「第3セクター」と「民衆の力」を結びつけたところにある，と私は考えています．

言い換えれば，レイドロー氏が第1セクターと第2セクターに対抗し得る第3セクターの「拮抗力」の形成と「民衆の力」の育成とを結びつけたことによって，彼のセクター論は，単なる協同組合の成長戦略を超越した視座を持つものになったのです．私たちはレイドロー報告の「第V章 将来の選択」の「四つの優先分野」をそのような視点，観点から読み取る必要がある，と私は考えております．

さて，「四つの優先分野」への協同組合の取り組みですが，それは次のものです．すなわち，第1優先分野：世界の飢えを満たす協同組合，第2優先分野：生産的労働のための協同組合，第3優先分野：持続可能な社会（保全者社会）のための協同組合，そして第4優先分野：協同組合コミュニティの建設，にさまざまな協同組合が取り組む意味と観点をレイドロー報告は明らかにしているのですが，じつは，その意味と観点は，既に1974年にレイドロー氏がミズーリ大学大学院で行った「協同組合セクター」と題する講演で示されていました．

彼は，その講演で「国際社会と人類が直面している危機的状態」について次のように述べています．「明らかなことは，われわれがかつて疑ったことのない事実を訂正することが必要だということである．われわれが信頼していた多くの甲冑は孔だらけになり，錆ついてしまった．われわれは危険な時代に生きているのである」，と．ここで彼が指摘している「甲冑は孔だらけ」とは，今や先進諸国や国際社会の経済的，社会的それに政治的な諸制度は制度疲労を惹き起こして，機能し得ない状態にある，ということです．そ

第4章Ⅱ　協同組合は「未来の創造者」になれるか　　　　175

れ故，より良き生活と労働を私たちが享受しようと望むのであれば，私たち
は新しい適切な経済的，社会的それに政治的な諸制度を再形成し，新たな枠
組みを再構築する諸条件を再生産していかなければならない．そのための役
割を協同組合セクターは果たすべきであり，したがってまた，協同組合セク
ターは第3セクターのコアとして「民衆の力」を結集する機能を有効に発揮
しなければならない，とレイドロー氏は強調したのです．

(2) 四つの未解決の経済問題とグローバリゼーション

　レイドロー氏はまたこの講演で，世界と人類が抱えている「重大な未解決
の経済問題」を解決するために次の「四つの方法」が具体化されなければな
らない，と論じました．すなわち，

　(1) 地球の諸資源を分け合う（divide）方法，

　(2) 誰が何を所有するべきかその方法，

　(3) 土地の果実（食料）と工業製品を分け合う（share）方法，

　(4) 各人が必要な部分を公正に取得できるようなシステムを整える方法，

がそれです．

　私たちは，これら四つの「未解決の経済問題」は現在においても依然とし
て重要な経済問題であることを決して否定できないでしょう．というよりも
むしろ，これらの経済問題はますます私たちに身近な問題として迫っている
のではないでしょうか．というのは，これら四つの未解決の経済問題の解決
を妨げる障害が少なくとも二つあるからです．一つは「制約なき国益」（国
民生活から乖離した国益）という名の障害です．もう一つは「最大限利潤の
追求」という名の障害です．前者は大きな経済的，社会的，政治的な支配力
を擁する政府によってしばしば「資本の利益」に沿って追求される「国益」
であり，後者は地球の諸資源を利潤追求のために「商品」に変えて巨大な富
を取得し，可能な限り蓄積しようとするビッグ・ビジネス（主に多国籍企業）
です．「制約なき国益」と「多国籍企業」という二つの障害物の経済的，政
治的な支配が世界の到る所に自由勝手に及んでいく限り，四つの「未解決の

経済問題」は相変わらず未解決のままに推移していくことでしょう．

　換言すれば，これらの「未解決の経済問題」を解決する第1の条件は，国連の「経済社会理事会」と，この理事会と協議する協力関係を承認されているICA（国際協同組合同盟）のようなNGO（非政府組織）とによる対応が期待されるのですが，同時に，レイドローが講演で述べているように，人間的かつ合理的な原則に基づいて組織された有力な，他の2つのセクターに対する拮抗力として作用し得る「第三の力」（third force）が民衆の側に存在することが不可欠なのです．その意味で，第3セクターのコアである協同組合セクターがその役割を果たし得る能力を真に身に付けたまさにその時にこそ，この「未解決の経済問題」は解決に向かって動き出すでしょう．

　レイドロー氏のこのような主張は非常に示唆に富んでおり，21世紀10年代の現代においてさまざまな場面で生起している重要な経済問題も，結局は，前に述べた「四つの方法」を実際にどう具現化し，実質化できるか，ということに収斂していく，と私は思っています．例えば，今では誰もが，グローバリゼーションが時代の特徴の一つであり，世界の人びとは――生産活動も含め――国境を越えて次第に相互依存を強めながら生活しているのだという意識を持つようになってきました．とはいえ，グローバリゼーションは何も「国境を取り払う」わけではないので，最終的には国単位で国民的利益がしっかり守られなければならないことを忘れてはなりません．ここで言う「国民的利益」とは，先に私が言及しました「制約なき国益」やそれに沿った「資本の利益」とはまったく異なる利益のことです．例えば，食料自給率を高めて「国民的食料」を確保する政策的努力がこの「国民的利益」に当たります．日本の協同組合運動の観点からすれば，農協と漁協が中心となって――政府の農業・漁業の自給率向上政策に参画し――食料の自給率を高め，それらの生産物を生協を通じて組合員に供給する「国民的食料の安全保障システム」を構築しその一翼を担うということです．

　ここ1〜2年の間でも穀物などの不作や凶作が増えてきています．アメリカでは干ばつによるトウモロコシや大豆の凶作が報じられ，ロシアも一昨年

第4章Ⅱ　協同組合は「未来の創造者」になれるか　　　177

は小麦の不作による輸出中止を余儀なくされましたし，またインドや中国で
も干ばつや病虫害による食料不足状態が見込まれるなどのニュースが飛び込
んできています．これらの国々では「国民的食料の確保」が喫緊の政策とな
っているのです．「自国で国民的食料をいかに確保するか」，これこそが各国
の経済的，社会的それに政治的な安定化に貢献する一つの重要な経済‐社会
政策なのであることを私たちは理解しなければなりません．

　と同時に他方では，高度な食料生産能力を有するデンマークがそであるよ
うに，高い食料自給率の国々が——発展途上諸国にしばしば見られるように
——慢性的な食料不足の国々に「食糧援助」を行うことがより一層求められ
ことになります．なぜなら，食糧援助は人道的援助に止まらず，地域平和の，
ひいては世界平和の礎（いしずえ）にさえなり得るからです．それに先に述べたレイド
ロー氏の「四つの未解決の経済問題」に国連をはじめとする多様な機関や協
同組合が真摯に取り組む糸口を与えてくれるのではないか，と期待され得る
からです．

　ここでさらに四つの「未解決の経済問題」に言及すれば，1970年代中葉
にレイドロー氏が指摘した「世界と人類が直面している危機的状態」は，21
世紀初期の現代においてもそう変わっていないように私には思えます．2008
年9月のリーマンショックを契機とするアメリカの経済危機とそれに誘発さ
れた世界金融危機，2010年頃から現れ始めてきたユーロ圏のポルトガル，
ギリシア，スペイン，それにイタリアにおける財政危機と経済危機，また日
本のデフレ経済と財政危機など現在の経済的，社会的な危機は，まさにレイ
ドローが指摘した危機的状態と寸分違（たが）わないではないか，と私は考えていま
す．その意味でも，世界は——そして世界の協同組合人は——レイドロー氏
の四つの「重大な未解決の経済問題」と真剣に向き合う必要がある，と私は
強調しておきます．

4. コミュニケーション・コミュニティとしての協同組合：協同組合における教育と学び合い

（1）第3セクターの中心となるために

そこで私としては，現在のこのような経済的，社会的，政治的に不安定な時代にあって，協同組合の経済‐社会的機能の有用性と有効性を，したがってまたその優位性をILO（国際労働機関）などの国連諸機関に再認識させたように，世界の協同組合が第3セクターのコアとしてより一層の発展を多くの人びとに認識させることができるのであれば，協同組合運動はレイドロー氏の四つの「未解決の経済問題」への対応をグローバルな範囲で提起し，率先して実践する態勢を整えることが可能となるだろう，と念じているのですが，しかしながら，国内的な協同組合運動の状況を客観的に見渡すと，果たして，日本の協同組合運動はそのような潜在能力を発揮できるのだろうか，との問いかけを私は繰り返さざるを得ないのです．

それでもなお私は，日本において第3セクターのコアを任じる協同組合が，なるほど今は第1セクターおよび第2セクターに対する拮抗力になり得るほどの潜在能力を持ち得ないとしても，少なくとももう1世代・30年後の未来にそのような潜在能力を「協同組合間の協同」という「確かな連帯の力」で創り出すのだとの決意を期待してもよいのではないか，との思いを捨ててはいません．しかし，そのためには，協同組合人と協同組合研究者は常にその時々の「協同組合の経済‐社会的な機能と役割」を——グローバルな視点と国内的，地域的な視点との双方を以て——明らかにし，着実に実践していくことが求められるのです．言い換えれば，私たちは，レイドロー報告の「四つの優先分野」への取り組みを通じて，それを基礎づけているレイドロー氏の「四つの未解決の経済問題」を解決する方法を制度的に創り上げていくよう世界的視野を以て実践しなければならないのです．

とはいえ，協同組合による四つの優先分野への取り組みも四つの未解決の

経済問題への対応も一朝一夕にできるとは誰しも考えないでしょう．グローバルな視野と国内的また地域的な視野との双方を据えてなされるべきこのような大きな取り組みや対応は，いくつもの困難を克服しつつ進化していくものなのですから．であればこそ，協同組合人がこのような取り組みや対応を決意した時に，レイドロー報告の言葉を借りて言えば，「未来の歴史を書くのだという決心」をした時に，「未来の創造者」になろうと決心した時に，そして「正気の島」の能力を確かなものにしようと決意した時に，協同組合は「コミュニケーション・コミュニティ」としてその経済 – 社会的な潜在能力を醸成し，創り出すのだと私は考えています．

　ところで，「コミュニケーション・コミュニティ」という言葉は，現代の協同組合運動にとって新しい言葉かもしれません．コミュニケーション・コミュニティを論じたドイツの社会学者ユルゲン・ハーバーマスは，社会的諸関係は権威，地位，儀式などの媒介によって組織されるのではなく，コミュニケーションを通じて組織されるのであり，また「対話の空間」が増大する現代社会あってはさまざまなレベルで多様な「対話の場」として構成される「公共空間」（公共圏）は最も開かれたコミュニケーション・コミュニティであって，そこでは合意によってのみ解決可能な真理へのコミットメントがなされる，と主張しています．彼のこのような思考や主張は，協同の倫理と参加の倫理に基づく協同組合の理念や価値それに社会的目的に賛同するメンバー（組合員）によって構成される「コミュニティとしての協同組合」の事業と運動にグローバルな視点と地域コミュニティの視点の双方を与えると同時に，協同組合のメンバーに共通する利益——あるいはメンバーが共有する利益——の視点と，協同組合とそのメンバーも構成員である「公共圏」としての地域コミュニティの利益の視点とを持つことの意味を理解させ認識させてくれるでしょう．

(2)　共益と公益を生み出す拠点として

　協同組合の基本が「組合員に奉仕すること」であるのは言うまでもありま

せんが，同時に協同組合は，さまざまな人たちがそこで生活し労働している地域コミュニティの利益にも配慮することが求められます．ICA の第 7 原則（「地域社会への関与」）がそのことを明示しています．第 7 原則は，この点で，公共空間（公共圏）としての協同組合がコミュニケーション（対話）を通じて共益と公益の双方を生み出す拠点となることを示唆していると言えるでしょう．

　コミュニケーションは対話的モデルであり，討議的モデルでもあるのだから，対話的，討議的な概念を包み持つ「コミュニケーション・コミュニティ」は，閉鎖的ではなく開放的であり，社会的，人的な支配の根源が国家，家族・夫，教会，民族集団であろうと，また私たちを，自治権を有する個人，統治能力を有する自律的な個人であることを認めようとしないどんな他の社会的勢力であろうとも相容れないのです．言葉を換えて言えば，協同組合は，参加の倫理と協同の倫理を尊重し，組合員や役職員など個々人が，自分自身の生活について判断を下す能力を有する自立・自律的な個人として，「自治・権利・責任・参加」をコアとするシチズンシップに基づいて行動し活動するコミュニケーション・コミュニティである，とのことを意味するのです．協同組合が「共益」と「公益」を生み出す拠点になろうとするのであれば，協同組合の組合員や役職員などステークホルダーは，市民として，受動的ではなく能動的なステータスを享受しなければなりません．すなわち，互恵的な理念でもあり，また社会的な理念でもあり，さらには人間的な統治（ヒューマン・ガバナンス）のための優れた基礎でもあるシチズンシップを基軸とするコミュニケーション・コミュニティとしての協同組合の組合員や役職員などステークホルダーは，よりよい社会秩序を創り出し，それを維持し，物質的資源を公正に配分し，文化的資源を適切に活かしていく，という人間本来の要求を満たすのに役立つ諸条件を再生産するよう努力するのです．

　協同組合をこのようなコミュニケーション・コミュニティとして理解し認識することによって，多くの人たちが協同組合を「開放的な対話と討議のプロセスを尊重する事業体であり運動体である」と捉えるようになれば，1882

年のイギリス協同組合大会でアーノルド・トインビーが「協同組合人の仕事は市民を教育することである」と述べた彼のその意図するところが分かるというものです.

5. 協同組合運動とシチズンシップ：協同組合を「正気の島」にするものは何か

間もなく戦後70年にもなろうしている日本の私たちと社会は「シチズンシップ」の真髄を理解しないままに現在に至ってしまったのではないか，と最近私は考えるようになりました．民主主義についても単に「多数決の原理」といったレベルで捉えているにすぎないのでは，と時々思うようにもなってきました．誰が言ったか忘れましたが，日本社会は「自分自身は対話や討議などに参加せず，他者に任せておいて，自分の利益に適わない結果が出ると文句を言う社会である」のだそうです．われわれ市民は，果たして，民主主義の真髄を問うことなく，いわば「上意下達の承認受諾関係」を善しとする意識のままにおよそ70年の歳月を経てしまったのでしょうか．近代民主主義は「人間の本来的な関係，すなわち，協力し協同して生活し労働するという根源的な関係を厚くし，深くしてより豊かな人間関係を創り出していく努力のプロセス」を意味するのです．要するに，「民主主義は多様な市民同士の間の関係を築いていこうと努力すること」なのです．この努力には参加の倫理や協同の倫理，対話や討議，場合によっては対立や抗争，異議申し立てなどが含まれるのです．したがって，協同組合の事業と運動にもそのような民主主義がしっかり取り込まれなければなりません．しかし，協同組合の民主的な経営・管理にそのような努力が本当に組み込まれてきたのでしょうか．

そこで，協同組合の基礎を支えている民主主義と密接な関係にあり，ある意味で民主主義の前提条件であるシチズンシップと協同組合の関係を教えてくれる両者の特徴[1] について考えてみましょう．

例えば，協同組合には，基本的に，組合員同士が相互に協力し協同する相互扶助，助け合いによる生活条件の改善を通じて，組合員相互の関係を厚くし，深くし，そして奥行きのあるものにしていくよう努力する，という特徴が見られます．このことは，シチズンシップと民主主義の基本である人間の本来的関係である協同を強めていくことを意味します．また組合員は，自らの権利を行使することによって自らの責任を履行する，という協同組合ガバナンスの持続可能性を高める働きをします．これは，シチズンシップの「権利と責任」は対立するのではなく，相補的関係にあることを意味し，参加の倫理を全うすることを意味します．協同組合運動が現在，先に述べたような「危機の時代」にあって，「正気の島」としてその経済‐社会的な潜在能力を発揮するためには，シチズンシップと協同組合の特徴点を比較してみることも必要ではないかと考えまして，注記しておきましたので，一見していただければと思います．

むすびにかえて

さて，そろそろ終わりに近づきました．そこで，レイドロー報告の第Ⅱ章「世界の趨勢と諸問題」の末尾の文章を紹介して締めくくりたいと思います．この文章は，私には，レイドロー氏が既に30年以上も前に現在の日本の政府と協同組合の関係に関わる「曖昧な態度」を捉えていたかのように思えるのです．「西暦2000」を西暦2012年と読み替えてこの文章を見てください．「協同組合が直面しそうな状況を考えるのに際して，われわれは政府や国際機関が協同組合の発展を促進させる積極的措置をどの程度講じるだろうかを考えなければならない．もしそれらの機関が自分たちの抱える差し迫った問題と協同組合とが結びつくものだと納得すれば，協同組合の発展，協同組合原則のより広い分野での適用がもっと積極的に奨励されるだろう．国際協同組合運動の課題は，世界が直面している深刻な諸問題と協同組合とがいかに結びつくものであるかを示すことなのである」．

第4章 II　協同組合は「未来の創造者」になれるか　　　　183

　果たして，現在の日本の政府と協同組合はエネルギー政策の問題について
責任をもって議論しているのでしょうか．政府は，私たち市民に「不都合な
真実」を知らせてくれているのでしょうか．シチズンシップに支えられてい
る協同組合，コミュニケーション・コミュニティとしての協同組合は，対話
や討議や異議申し立てを遮（さえぎ）ってはいませんか．政府も協同組合も，国際協同
組合年のこの年に，協同組合の発展を促進する積極的措置について何かを講
じようと努力しましたか．政府と協同組合は，世界が抱えている深刻な問題
と協同組合とがいかに結びついているか，確認しましたか．最後にアーノル
ド・トインビーのあの言葉をもう一度述べて終わります．「協同組合人の仕
事は市民を教育することである」．

注

1)

シチズンシップの8つの特徴点	協同組合の8つの特徴点
シチズンシップは，個人は生活を営むのに協力し協同することが必要である，という「人間の本来的な関係」を表す理念である．	協同組合は，組合員や役職者などステークホルダーがお互いに協力し協同する相互の助け合いによる「生活・労働条件」の改善を通じて相互の関係を厚くし，深くすることを目指す．
市民はすべて，社会の正当かつ対等平等な構成員の資格を，すなわち，メンバーシップを享受することによって市民の権利を行使し，責任を履行し，以て社会的なガバナンスを支える．	協同組合の組合員はすべて，協同組合の正当かつ対等平等な資格を，すなわち，組合員としての権利を行使し，責任を履行するメンバーシップを享受することにより，協同組合ガバナンスを支える．
シチズンシップは，個人は人種・民族，宗教，政治的信条，階級，ジェンダー，それに独自のアイデンティティによってあらかじめ決定されることなく，自分自身の生活について判断を下す能力があること承認する．	個人は誰でも，人種・民族，宗教，政治的信条，階級，ジェンダー，それに独自のアイデンティティに関係なく（社会的に承認されている協同組合の加入条件に基づいて）自発的に協同組合に加入し，組合員となることができる．
シチズンシップは，権利の行使だけでなく，責任の履行をもまた伴う理念である．この理念は「権利と責任」は対立ではなく，相互に支え合う「相補的関係にある」ことを意味する．安定したガバナンス，すなわち，「人間的なガバナンス」は「権利と責任の相補性」によって真に遂行される．	組合員は，協同組合における「人間的なガバナンス」の持続可能性を支えるために，権利と責任の「相補性」を，すなわち，権利と責任は対立するものではないことを承認する．要するに，組合員による「権利の行使」と「責任の履行」は協同組合の事業と運動の持続可能な発展を確かなものにする．
シチズンシップは，市民の間に「不平等な処遇」が存在するのであれば，それは「個人の尊厳」	もし協同組合の事業と運動において，組合員の間に「不平等な処遇」が存在しているとすれば，

に対する侵害であり，かつ市民生活を支える基本的権利の侵害である，とすることに大きなウエイトを置いている．シチズンシップは「個人の尊厳を承認する」理念なのである．	それは「組合員の尊厳」に対する侵害であり，「組合員の権利と責任」に対する侵害である，と社会はみなすであろう．
シチズンシップは，「参加の倫理」を主要な理念としているので，市民を「自治権を有する個人，自治能力のある自立・自律的な個人と認めようとしない」勢力や組織や集団あるいは国家エリートに見られる「上意下達の承認受諾関係」とは明確に区別される，民主主義を支える理念である（「参加の倫理」の「倫理」は「民主主義に基礎を置く「社会的な価値基準・価値規範を意味する）．	協同組合の事業と運動は，組合員や役職員など多くのステークホルダーによってはじめて機能し，経済－社会的役割を果たすことができる．すなわち，協同組合は組合員や役職員などステークホルダーの「参加の倫理」に基礎を置いているのである．このことは，協同組合においては，協同組合のメンバーシップが「上意下達の承認受諾関係」にないことを意味している．
シチズンシップは，優れた人間的なガバナンスの基礎である．	「資本の結合体」ではなく，「人間の結合体」である協同組合は，民主主義に基づく人間的なガバナンスによって管理・運営される．
シチズンシップのコア（中心軸）は，市民の「自治・権利・責任・参加」である．	協同組合ガバナンスのコア（中心軸）は，市民たる組合員や役職員などステークホルダーの「自治・権利・責任・参加」である．

第5章　シチズンシップと非営利・協同

はじめに：私とシチズンシップ

　ご紹介いただきました中川です．「非営利・協同総合研究所いのちとくらし」2009年度定期総会に参加されました皆様には大変ご苦労様でした．また引き続き私の講演にご出席いただき，誠にありがとうございます．どうぞリラックスされてお聴きください．

　さて，先般私は，「いのちとくらし」の事務局から本日の講演を依頼され，また「演題は私にお任せ」とのことでしたので，言われるがままに講演を承諾した次第です．その時点では「演題」について別段気にせずにいましたが，二，三日後に講演のテーマを決めなければと思った途端に悩みが始まりました．と言いますのも，「いのちとくらし」の活動内容や活動状況に講演のテーマを合わせなければ，と考えたからです．いのちとくらしの主要な研究領域は，大まかに言えば「医療と福祉」ですので，私の専門領域である協同組合研究に関わる内容では齟齬を来してしまうのではないかと思ったり，またここ数年の間私は主にイギリスの「社会的企業」を研究対象にしてきましたので，社会的企業についての講演や研究発表の機会がしばしばあったことから，他のテーマにしようかと思ったりしまして，しばし迷いました．しかしそれでも，協同組合や社会的企業の研究を続けていくなかで，それらの研究に歴史的，理念的，イデオロギー的，そして何よりも実践的に欠くことのできない研究対象だと常々考えておりました「シチズンシップ」について思

い切って話してみようとの気になりまして，「シチズンシップ」と，協同組合や社会的企業のエートス（普遍的特質）と言ってよい——その上，貴研究所名にもあやかって——「非営利・協同」とを結びつけた演題とすることに落ち着きました．

それに現在私は Keith Faulks 教授の *Citizenship*（Routledge, 2000）を翻訳している最中でして，私自身この『シチズンシップ』から新たに学ぶところが数多くあり，ある意味で現代における協同組合や社会的企業の歴史，理念，イデオロギー，そして実践を支えているエートスは「シチズンシップ」ではないかと考えるようになり，したがってまた，シチズンシップは医療・福祉と強く結びつくのではないかとも思うようになりました．実際，シチズンシップを通して協同組合や社会的企業など非営利・協同組織のエートスを観ていくと，これまで見過ごしていた「非営利・協同」のイメージを広くかつ深く見ることができるかもしれない，と期待するようになりました．

ところで，著者のキース・フォークス教授はイギリスの著名な政治学者です．したがいまして，私は専門外の政治学の翻訳をしていることになります．それ故，政治学の素人が政治学の専門書を翻訳している，という無謀な挑戦を行なっているように思われても仕方ありません．実際のところ，私は，この翻訳のために先ずは政治学の専門用語を理解しなければなりませんので，政治学あるいは政治学に関わる書物の何冊かを手にして政治学の理解に努めました．それやこれやで手間と時間がかかり，その分だけ翻訳の進行工程に遅れが出てしまっています．それでも漸く，この翻訳書『シチズンシップ』が日本経済評論社から出版される見通しの立つところとなりました．

確かにシチズンシップは政治学の領域ですが，実は，経済学の領域にも接していることが分かります．特に社会保障全般に関わる，シチズンシップの重要な構成要素である社会的権利（social rights）は租税や財政資金と関係しますし，したがって，政府の財政政策と大いに関係してきます．また社会福祉は雇用，住宅，教育それに保健・医療などの政策とも大いに関係します．そのような視点からすれば，シチズンシップは経済学の領域でも重要なポジ

ションを持っているのでは，と私は考えています．

そのシチズンシップですが，それはまた人種・民族，宗教，文化，ジェンダー，階級，家族制度などとも大いに関わっていることを，『シチズンシップ』を翻訳するなかで私は学びました．シチズンシップは社会学の領域とも密接に交差しているのです．他方で，シチズンシップには少々厄介な研究領域があることも忘れてはなりません．すなわち，古代ギリシアと古代ローマにおける「古代シチズンシップ」を私たちは無視してはならないこと，また1789年のフランス革命を起点とする「近代シチズンシップ」と「国民国家」の関係をしっかり認識する「シチズンシップの歴史的視点」を私たちが意識することです．要するに，シチズンシップは政治・経済・歴史・文化・宗教・ジェンダー・環境といった社会の多元的領域と密接にかつ相互に関連する「人間の社会的関係」（socially human relationships）のすべてが研究領域である，と言ってよいでしょう．とはいえ，私が関心を寄せる近・現代のシチズンシップは，私の研究対象である協同組合や社会的企業など，すなわち，非営利・協同組織に関して言えば，フランス革命以後の近・現代のシチズンシップなのです．

1. 近・現代のシチズンシップを理解するために

そこで，フランス革命時のプロセスに簡単に触れておきましょう．先ずは，イギリスの保守主義者エドモンド・バーク（1729-97）がアメリカ独立革命を支持し，フランス革命に反対した理由です．それは，バークが前者をアメリカの植民地支配者であるイギリス王政の慣習法（common law）を通じてアメリカ人の諸権利を要求し，実現する闘争であると捉えたのに対して，後者を「貴族政体」を破壊して新たな体制を創り出す闘争であると捉え，バークにとっては危険な「共和主義体制」樹立のための闘争であると思えたからです．言い換えれば，前者は「独立した行為の主体として自らの利害について自由に活動する」ことに基礎を置く「近代共和主義」の主張であって，

その意味で，移民国家アメリカの「市民」はヨーロッパの「抑制的なコミュニティから逃れてきた」人びとなのである，ということになります．それに対して，「コミュニティは社会対立を超越する『一般意志』によって一体化され得る」とするジャン・ジャック・ルソーの啓蒙思想の影響を受けた後者は，「革命」を「人びとの諸権利を通して個人的独立を主張する以上のこと」を目指す闘争であるとバークはみなし，したがってまた，「シチズンシップ」を「人びとの諸権利」だけでなく，「人びとの義務や責務を通して個人を解放する」活動手段であるとみなして，「シチズンシップの共同主義的な側面」を彼は強調し，「フランス革命」に反対した訳です．その意味では，バークの「フランス革命」を見る眼はイギリスの王政・貴族政体を保守するものです．

　次にフランス革命の初期段階を見ると，社会包摂的な側面が見られました．例えば，「国民の普遍的権利」は「視野の広い，人びとを包摂するような観点」から解釈されたので，政治的権利は外国人にも広げられ，トマス・ペインのようなフランス革命支持者に「名誉シチズンシップ」が授与されもしました．しかも，このような「包摂性」はペインのような著名な革命支持者だけに向けられたのではありません．他国の出身者の男性であっても，①フランスで出生した者，②フランス領内に財産を所有している者，③フランス人女性と結婚している者であれば，「フランス市民」になることができたのですから，フランス革命で宣言された諸権利が「国境を超えて広く及ぶようになり，国籍に関係なくすべての男性に適用される」可能性をこの革命思想は内包していたのです．

　しかしながら，ここで示した例に見られるように，実は，「市民」という場合も「国民」という場合も，その対象者は「男性」であって，「女性」ではありません．またフランス革命は有名な「人権宣言」を発しましたが，それは「男性の人権宣言」であって，「女性の人権宣言」ではありませんでした．有名な実話ですが，フランス革命の動乱の発端となり，共和国建国記念日（パリ祭）となった「バスティーユ牢獄」（バスティーユはフランス語で「牢

獄」の意味）を最初に襲撃したのは下層階級の女性たちであったにもかかわらず，あの人権宣言が男性のそれであることに怒りを覚えたオランプ・ドゥ・グージュという女性は，「人権宣言」にある「男性」を「女性」に置き換えて「女性の人権宣言」を読み上げたところ，逮捕されてギロチンにかけられてしまいました．グージュはこの時に「女性は断頭台にのぼる自由を有するが故に，演壇にのぼる自由を有するのだ」と叫んだそうです．市民（Citoyen）は男性であって，女性は「市民である」ことから排除されていたのです．

　日本の高校生は「世界史」で，この「人権宣言」を「17条から成り，人間の普遍的な自由・平等，圧制への抵抗権を自然権とし，政治の目的をその維持に求め，国民主権，法の支配，権力分立，私有財産の不可侵」などを規定したと習い，さらにこの宣言には「アメリカ独立宣言」と「ルソーの啓蒙思想」からの影響が見られると習いますが，「女性」の置かれた状態や条件については深く知ることがないかもしれません．そう言えば，ルソーの「一般意志」（general will）を代表するのも「男性」＝「家父長」であり，女性はコミュニティにおいてはもちろんこと，家族においても「一般意志」を構成する成員ではなかったのです．女性は男性に「従属すべき性」であったのです．

　そうであっても，「国民国家」（Nation State）という近代国家の形成をもたらしたフランス革命は，より普遍的で平等主義的なシチズンシップをもたらすのに貢献しました．あの有名なシェイエスの小冊子『第三身分とは何か』が語っているように，もはや権利は特権階級集団にあるのではなく，国民という文脈において個々の市民にある，とされました．この思想はシチズンシップの新たな概念を芽生えさせました．フランス革命の急進的な段階ではシチズンシップにも「市民的徳行」や「軍事的義務」の履行を通じて国民に奉仕することが課せられました．したがって，フランス革命の「自由と平等」に「友愛」が加わることになりました．なるほど，すぐ前で述べましたように，近代以前のシチズンシップと同じように，「人権宣言」には女性を

排除する「男女差別」がありましたが，それにもかかわらず，このフランス革命が「人間解放一般」に向けて「一歩前進」を人間社会に刻印したことは確かなことです．フランス革命は「男性の普遍主義」を通して「新しい集団の包摂」という要求を創り出していき——革命に対する内部対立と外部からの干渉などの要因もあって——やがて「国家と国民の融合」をもたらし，したがって，シチズンシップもまた国民国家と密接に結びつくようになっていったのです．要するに，近代を開いたフランス革命は，国民国家を形成し，その国民国家と結びついた権利と義務・責任に基づく「普遍的なシチズンシップ」の基礎を確立したのです．

　しかしながら，近代国家はなお女性の排除＝男女差別を引き継いできたために，「近代シチズンシップ」が拡大され普遍化されていくための，男女差別撤廃に向けての更なる努力が人びとに求められました．事実，男女平等の一つの大きな基準である女性の政治的権利＝女性参政権の実現は，「近代」というよりも「現代」において前進を見たのです．すなわち，女性の政治的権利（女性参政権）の実現は，フランス・1945年，日本・1945年，イタリア・1945年，ベルギー・1948年，イギリス・1928年，オーストラリア・1920年，スウェーデン・1919年，ニュージーランド・1893年など大多数は20世紀の10年代から中葉にかけてのことなのです．フランス革命から現代に至る「経済的，社会的，政治的な『女性の排除』の遺産」がいかに根強いか，われわれは改めて認識するところです．

　ここで「近代国家形成」に大きな影響を及ぼしたイギリスの産業革命時代（1760-1850年代）に目を転じてみますと，別の「シチズンシップの変遷」が見えてきます．例えば，1793年に合法的存在となった「友愛組合」（Friendly Society）が組織されます．この友愛組合は，基本的には，いわゆる「労働組合」（Labour Union）ではなく，「共済組合」（Provident Society），すなわち，労働者による一種の自発的「保険」組織です．詳細は省きますが，この組織の主要なメンバーは熟練労働者（skilled labour）・職人（artisan）であり，労働者階級のなかでも「高い所得とその所得に見合った権利を得ており，

またその所得と権利に見合った高い社会的な地位を得ていた」熟練労働者や職人です．彼らは時には「独立労働者」とも呼ばれていました．私はこれまで，友愛組合のメンバーはそのような「男性の熟練労働者・職人」だけであると思い込んでいましたが，なんと女性メンバーのみ友愛組合が存在していたことを知りました．彼女たちもおそらく，その夫が上層の熟練労働者・職人であったろうと思われますが，夫の疾病や事故それに死亡，自らの出産，それに自分の親のケア（高齢者ケア），子どもの教育（保育，子弟の職業教育）などといったことに備えて友愛組合を組織したのです．近代における「市民の権利と責任」としてのシチズンシップの拡大・発展のための基礎がこのようにして準備されてきたことが分かります．この友愛組合は産業革命期における労働者にとっては唯一の合法組織でしたから，さまざまな労働組合運動，10 時間労働運動，協同組合運動など労働者が中心的役割を果たしたすべての運動に関わりました．

　他方，18 世紀末から 19 世紀 20 年代にかけて展開された初期協同組合の運動や 1844 年に創立された近代協同組合の創始であるロッチデール公正先駆者組合の設立過程の前後を見ましても，これらの運動で女性が重要な役割を果たした事実は記録上ほとんど目にすることがありません．実際のところ，先駆者組合を先達とする近代協同組合が運動を展開する時期に協同組合が民主主義の促進や流通の合理化など社会的に進歩的役割を担った事実は有名ですが，女性の協同組合への積極的参加が話題になったり，女性組合員の積極的役割が課題として取り上げられたりするのは，漸く 19 世紀の 80-90 年代にかけての時期であり，しかもそれは，「女性ギルド」といった協同組合運動における「女性解放」思想と結びついた時期のそれでした．近代協同組合運動における「組合員の権利と責任」が女性組合員によって理解され認識されて，協同組合運動におけるシチズンシップの基礎が準備され，またシチズンシップの実体が創り出されていった，と私は考えています．

　先に触れましたが，私は，シチズンシップを説明する際に，シチズンシップは「市民のステータスに基づく権利と責任」である，との最も簡単なコン

セプトを示しておきます。特に学生にはそう説明しています。そして彼らに「フレンドシップのコンセプト」も同様であって、単なる友好・友誼関係あるいは友情というよりもむしろ、「友人関係が生み出す権利と責任（の意識）」である、と言っております。その説明は「当たらずとも遠からず」で、学生が大きな関心を寄せる非営利組織（NPO）がしばしば強調するパートナーシップ（partnership）も同様に、私は「自立した市民同士の間の協力・協同に関わる権利と責任の意識」である、とそのコンセプトを説明しています。いずれにしても、シチズンシップのコンセプトを「市民のステータスに基づく権利と責任（の意識）」とした私の説明はそれなりの意味がある、と私は思っています。

　アメリカ独立革命とフランス革命から始まって、イギリスの産業革命まで長々と論じましたが、そのような近代史のプロセスのなかで「営利」それ自体を目的としない、「非営利」という「新たな形式（form）と秩序（system）」を身にまとった近代協同組合運動がイギリスに誕生すると、それは世界のさまざまな国や地方を次第に席巻していき、やがて一つの連帯する経済 – 社会的セクターを国際的に形成しようとの勢いを見せるまでになっていったのです。このようなプロセスが継続的に展開されていったが故に、それまでは社会の「表舞台」に現れることがほとんどなかった市民主体の経済 – 社会的な連帯組織が協同組合（Co-operative）、社会的企業（Social Enterprise）、NPO（Not-for-profit Organisations・Non-profit Organizations）という非営利・協同の事業・運動体として「公共空間」・「公共圏」と称される「一種の表舞台」に現れ出てきたのです。

　そこで私は、協同組合、社会的企業、それにNPOといった経済 – 社会的な事業・運動体を「シチズンシップ」の観点から追究してみようと思い立ちました。それは「現実の社会のなかにシチズンシップを見る」ことであり、また「シチズンシップを通して現に展開されている非営利・協同の経済 – 社会的な現実を見る」ことである、と私には思われたからです。それが本日の記念講演のタイトルの一つに「シチズンシップ」を用いた理由です。

2. 「非営利・協同」の概念とシチズンシップ

　ところで，この講演のもう一つのタイトルは「非営利・協同」ですが，この「非営利・協同」の説明も実はそう簡単ではありません．簡単ではない理由の一つは，「非営利」組織それ自体は——特に西ヨーロッパや北アメリカ諸国においてはキリスト教の影響もあって——長い歴史を有するのですが，人びとの間で「非営利」（Non-profit あるいは Not-for-profit）という用語を伴って市民による社会運動として意識され，したがって，その概念や定義が示され，理解されるようになるのは，おそらく 20 世紀に入って，とりわけ第 2 次世界大戦後の 1950 年代以降のことだろうと，私は観ています．と言うのも，「非営利」の社会的な実体化には，「自治・権利・責任・参加」をコアとする「シチズンシップ」概念の市民による社会的承認が伴うことを必要とするからです．その意味で，「非営利」は現代における市民生活の「新たな形式と秩序」に外ならない，と私は見ています．

　例えば，日本では，Non-profit Organizations あるいは Not-for-Organisations，すなわち，「非営利組織」が NPO と英語で表記され，その表記の意味が多くの市民の間で理解されるようになっていくのは，漸く 1980 年代後半以降のことだと思われます．しかも，日本では多くの場合，NPO の概念あるいは定義はレスター・サラモンをはじめとするアメリカの NPO 研究者による概念や定義に即して理解されてきました．私は，アメリカ社会は非営利組織（Non-profit-Organizations）なしには成り立たない，すなわち，市民の協力・協同による社会的営為の基盤の上に成り立つ社会である，と思っています．

　その NPO の定義ですが，次のような「社会的使命」を中心に据えた藤井敦史氏の定義が簡潔にして要を得たものだと私には思われます．「NPO は，基本的に社会的使命を持った自発的連帯組織であり，社会的使命を実現するために一定の組織としての制度化を伴い，並びに社会的使命が営利動機や行

政補完化，官僚制化・寡頭制化などの圧力に歪められぬように，利益の非配分，政府（行政）からの独立性，民主的な運営といった仕組みを要する組織」である．そして藤井氏はこの定義に次のような説明を加えています：「自発的連帯組織は強制や営利動機からではない，社会的使命への自発的参加を，一定の組織としての制度化は継続的でフォーマルな組織運営を，利益の非配分・独立性は営利動機や行政補完化，組織の官僚制や寡頭制化による社会的使命の歪みや空洞化を防ぐことを意味する」，と．

　このようなNPOの定義に基づけば，協同組合とNPOとの「原則的な違い」も容易に理解できます．協同組合は基本的に組合員への「利用に比例した利益の配分」（共益）を，NPOは「利益の非配分」（公益）を原則としている，と言えるでしょう．換言すれば，既に第1章と2章で言及したように，協同組合は事業と運動を通して物質的資源を公正に配分し，かつ文化的資源を活かしていく諸条件を再生産していくことによって，組合員や他のステークホルダー（利害関係者）の「生活と労働の改善」と「地域コミュニティの質」の向上とを実現する社会的使命を遂行するのであって，そうすることで協同組合は人びとの間により厚い，より深い関係を持続させる諸条件を創り出していくのに貢献するのです．私たちはそれを「協同の倫理」と呼んでいます．この「協同の倫理」こそ，協同組合が「共益」のみならず「公益」をも個人と社会にもたらすのです．おそらく，NPOもまた，協同組合と同様に，個人と社会に「公益」をもたらす社会的使命を遂行することによって「協同の倫理」を地域コミュニティに根づかせる役割を果たしている，と私は考えています．それを一言で言えば，「個人的行為の社会的文脈」を多くの人たちに気づかせ，理解させ，そして自己意識化させる，これです．

　ところで，この時期の日本において，「協同組合の新しい形式と秩序」を訴えていた協同組合人がおりました．彼は「非営利と協同を同等に置きかつ両者が相互に結び合う」という協同組合の新たな概念，すなわち，「非営利・協同」という一つの新しい概念を「協同組合の理念とアイデンティティ」に埋め込むことの意味と意義を訴えておりました．私の言う「協同の倫

理」を「非営利・協同」と見事に一言で表現し得た人物，誰あろう，日本労働者協同組合（ワーカーズコープ）連合会付設の協同総合研究所主任研究員と同連合会理事長を歴任した故菅野正純氏その人です．彼は，「非営利・協同」という協同組合の新たな概念が「協同組合の普遍的特質」（co-operative ethos）をより明確にすることで，労働者協同組合運動の発展のみならず，協同組合運動全体の発展の持続可能性をより確かなものにする導きの糸となるであろう，と考えたのです．それは，協同組合の最も基本的な本質から出発して「協同組合運動の未来とその方向性」を示唆しようと努力した彼なりの「承認の構造」（ヘーゲル）であったのかもしれない，と私はそう思っています．

　因みに，ヘーゲルは「承認の構造」についてこう論じています．「自己意識は自己自身を他者のなかに見いだす」ことによって，「われわれ」は「自分が他者と人間関係を結ぶなかでこそ，『自分に対する期待』，『自分の果すべき役割』，『自分のなし得ること』について意識する」のであり，したがって，「われわれ」は「人びとがお互いに承認し合っている」ことを「承認する」のである，と．

　私は，菅野氏の「非営利・協同」はヘーゲルのこの「承認の構造」に近いのではないのか，と思うようになりました．というのは，「協同」（あるいは「共同」）は，多数の自立した個人（「われ」）が存在する「われわれ」によって構成され，成り立つのであるから，「協同と個の自立の統一」は「われ」と「われわれ」によってなされる行為・行動・活動に外ならないからです．しかしながら，この統一を確信できるのは「他者を介する」ことによってであるのですから，「自己意識はその充足を他者の自己意識においてはじめて達成される」ということになります．言い換えれば，私たちの「生活と労働」においては常に，自己意識，すなわち，「他者を意識する意識」ではなく，「私は自分一人で生きているのではなく，他者との関係のなかで生きていることを意識する意識」，要するに「自己を意識する意識」が生み出されるのである，とヘーゲルは言い，「自己意識は承認されたものとしてのみ存

在する」と強調します．こうして，自己意識は「精神の概念が実現される場」となり，したがって，自立した個々人は「社会で生きる自覚」を明確に意識するのだとヘーゲルは論じたのです．ヘーゲルのこの「承認の必要性」，これこそが「すべての人間の尊厳を承認する闘い」なのです．

菅野氏はまた協同組合のことだけを専ら考えていた訳ではありません．協同組合運動の発展には他の非営利組織はもちろんのこと，地方自治体や企業など多くのステークホルダー（利害関係者）とのパートナーシップが必要であることもまた彼は正しく認識していました．すなわち，それは，パートナーシップの中心軸は「非営利・協同の理念と実践」でなければならない，ということです．この中心軸から決して逸脱してはいけない，と彼は考え，労働者協同組合運動を実践してきたのです．「協同労働の協同組合」という協同組合アイデンティティもまた彼の「非営利・協同」の概念の賜物なのです．

この「非営利・協同」という新しい概念に基づいて，日本における協同組合や非営利組織のさまざまな活動と到達状況を見てみますと，「小泉構造改革の失敗」を透視でき，小泉政権の新自由主義政策の中身と言うか，真実が見えてきます．しかしながら，このことについては別の機会に譲ることを許していただき，もう少し「シチズンシップと非営利・協同」に関わる話を進めます．

さて，私は先般（2009年4月23-25日），韓国・ソウルに拠点を置く生活協同組合 icoop（アイコープ）に依頼されまして，「現代世界と協同組合の経済－社会的役割：協同組合運動とシチズンシップ」と題する講演を行いました．その講演のタイトルですが，メインタイトルをアイコープが指定し，サブタイトルを私が付けました．私がサブタイトルを付け加えることをお願いした理由は，メインタイトルの全体像を「シチズンシップ」の視点から浮き彫りにするためでした．しかしながら，実際には，いざこれを原稿に認めようとすると，却って難しいロジックになってしまい，私自身が混乱してしまうのではないかと思えてきて，大変苦労しました．要するに，私にとって，

「現代世界」と「協同組合の経済 – 社会的役割」とを理論的に結びつける接着剤としてシチズンシップを用いることは想定していたよりもずっと難しいことが分かったのです.

そこで私は, 朝日新聞 (2009年2月24日付) に掲載されましたアマルティア・セン教授 (1998年にノーベル経済学賞を受賞, 現ハーバード大学教授) のインタビュー記事を思い出し, それを「導きの糸」のごとくに援用させてもらいました. 少々古い話になりますが, 1999年10月に労働者協同組合 (ワーカーズコープ) 連合会理事長・永戸祐三氏と協同総合研究所主任研究員・菅野正純氏の二人と連れ立って, ケンブリッジ大学トリニティ・カレッジの学長寮 (マスターズロッジ) にアマルティア・セン教授 (学長) を訪ね, 協同組合, 社会福祉それに高齢者社会などについて話を伺ったことがあります. セン教授は, 専門の開発経済学や福祉経済学だけでなく, イタリアのレガコープ (協同組合連合組織) をはじめいくつかの国々の協同組合組織の依頼を受けて, 「協同組合の役割」 (グローバルな倫理への貢献, 自治や参加の拡大と深化への貢献, あるいは失業問題への対応など) について講演しており, 協同組合運動についても造詣の深い学者です.

ということで, 私はセン教授への朝日新聞のインタビューのうち次の三つの彼の「回答」を引用して, 私の講演のロジックを付け加えさせていただきました.

(1) 新自由主義について：新自由主義という用語にはきちんとした定義はないが, もし市場経済に基礎を置くことを意味するだけあるならば, 結構なことだ. 市場経済はどこでも繁栄の基礎なのだから. だが, 市場経済体制はいくつもの仕組みによって動いている. 市場はその一つにすぎない. にもかかわらず, 市場の利用だけを考え, 国家 (政府) や個人の倫理観の果たす役割を否定するなら, 新自由主義は人を失望させる非生産的な考えだということになる.

(2) レーガン元大統領の「政府は解決策ではない, 政府こそ問題である」

との発言について：政府は解決策でもある．国民皆保険制度を創るのは
政府の役割だ．それは人びとに幸福だけでなく自由ももたらす．人は，
健康でなければ，望むことを実現することができない．識字教育も公教
育を通して実現される．国家（政府）の役割は社会の基盤を作る点で非
常に大きい．また国家（政府）は金融機関の活動を抑制する点でも重要
だ．早くお金を儲けようとして市場を歪めるのを防がなければならない．
アメリカは金融機関への規制をほとんど廃止してしまったので，市場経
済が混乱に陥った．

(3)「規制緩和は非常に良いことだと考えられてきた」ことについて：そ
の考えには途方もない混乱があった．つまり，市場はとても生産的であ
るから，それ以外に何もいらない，というのである．しかし，市場には
できることもあれば，できないこともあるし，国家（政府）が引き受け
るべきこともある．こんな基本的なことが無視されてしまった．

見られるように，セン教授のこれらの「回答」からだけでも「新自由主義
批判」が読み取れますので，私としては，不安もありましたが，それでも簡
潔にして要領を得た「協同組合の経済‐社会的役割」を伝えることができた
のではないか，と安堵の胸を撫ぜ下ろした次第です．

セン教授は，新自由主義者（市場原理主義者）を「専ら自己の利益しか考
えない合理的な愚か者」と厳しく批判してきましたし，また市場が有効に機
能するためには，「グローバルな倫理」がその基礎になければならず，何より
も市場メカニズムの長期にわたる機能の有効性は「社会的平等と正義（公
正）に向けた民衆の社会的機会の創出によってされなければならない」と，
主張してきました．彼のこの主張は，そう言ってよいならば，まさに「シチ
ズンシップの出番」の導きの糸でした．セン教授が論じている「民衆の社会
的機会の創出」とは，民衆すなわち市民たる人びとがシチズンシップに基づ
いて各人の目標を達成するために市場にアクセスし得る――制度や法律を含
めた――持続可能なより良い経済的，社会的，文化的，それに政治的な環境

を創り出すことを意味しており，市場は本来，このことなしには真に有効に機能することができない，ということです．なぜなら，「市場の全体的な結果は社会－政治的秩序と根元的に結びついている」からです．それ故にまた私たちは，現代社会にあってはとりわけ，「自治・（平等な）権利・（自発的）責任・参加」をコアとするシチズンシップが「人びとの生活と労働の質」と「地域コミュニティの質」の向上に必ず伴うことを理解し認識しなければならないのです．

　講演後にアイコープの人たちに感想を伺ったところ，韓国の社会では「シチズンシップ」という言葉は普及しておらず，したがって，「シチズンシップ」を以てして協同組合運動を考察するのはそう簡単ではないかもしれない，とのことでしたので，いささか不安になりましたが，それでも要は，「シチズンシップ」は「自治，平等な権利，自発的責任そして参加」の実質化ですから，おそらく理解してくれたと思いますよ，と通訳の金亨美さん――（その当時）彼女はアイコープの優れたアクティビストであり，明治大学大学院の私の優秀なゼミ生でもありました――が話してくれましたので，杞憂に終わってホッとしました．事実，その後，アイコープなどでは「シチズンシップ」と「協同組合」との関係に関心が持たれるようになったそうです．

　実は，ソウルでの講演に関連して，講演の前に韓国の主要全国紙の一つであるハンギョレ新聞から *economic crisis, social enterprises and cooperatives* というタイトルの原稿依頼がありました．英文ですので，どこまで意味・内容のある文章を書くことができるか，多少不安もありましたが，「お断りすることでもない」と思い書き上げました[1]．およそ2週間後にその文章が掲載されたハンギョレ新聞が送られてきましたが，なんとそれは英語ではなく，英語を訳したハングル語で掲載されていました．私にはさっぱり解りませんでしたが，金さんにお聞きしたところ，「英語の文章と同じですよ」とのことでした．

　現在，韓国は協同組合運動，とりわけ生協運動――韓国でも消費者協同組合を日本に倣って「生活協同組合」と表現しますし，もちろん法律も「生活

協同組合法」です——は漸次発展してきており，市民も漸く生協の諸活動に大きな関心を持つようになっています．そう言えば，BSE（狂牛病）との関係で生起した「アメリカ産牛肉の輸入反対闘争」が中学生も参加した大きな闘いとなったことは，わたしたちの記憶に新しいところです．また韓国では，一昨年に「社会的企業育成法」が制定され，日本より一足先に社会的企業の活躍の場が生まれています．現在，韓国では 218 の社会的企業が事業を展開しており，4 月末の講演の折に私もソウルで事業展開している社会的企業の一つを訪問することができました．

3. 新自由主義とシチズンシップ

さて，私は，ハンギョレ新聞の原稿とソウル講演の双方ともプロローグと言いますかイントロダクションでは「新自由主義の失敗」の内容について触れておきました．アメリカで生起し，世界中に広がった金融危機と経済危機の原因についてはさまざまな人たちが論じているところですし，多数の新聞・雑誌も論及しているので，ここで多くを語る必要はないでしょう．ただ，朝日新聞にインタビューも含めて掲載された「新自由主義の失敗」に関わる記事は大変解り易いので，大まかですが取り上げておきましょう．

アメリカ発のこの金融危機・経済危機は，一言で言えば，元々は「実体経済の脇役」であった金融が「富を生み出す主役」になってしまったことに重大な原因がある，ということになろうかと思います．しかも，それらの危機は，グローバリゼーションの下で国際金融市場が一体化したことによって地球的規模でかつ瞬時にさまざまな国と地域の金融機関や企業を襲った金融危機から経済危機が誘発され，世界同時不況を惹き起こした「新しい経済危機」——人によっては「新型の経済恐慌」——であると考えられる，ということです．実際，ゼネラル・モーターズ社，クライスラー社，それにフォード社がそれまで獲得した膨大な利益（利潤）は，自動車の生産と販売によるよりもそれらの企業の 100% 子会社の金融会社によって獲得された利益であ

ったことがはっきりしました．まさに「実体経済の脇役」であった金融が「富を生み出す主役」になってしまっていたのです．

　また地方では「住宅バブル」が「経済危機」の重大な引き金となりました．周知のように，これまでアメリカの景気を引っ張ってきたのは「住宅建築」でした．アメリカではブッシュ政権以前から住宅建築が「経済のバロメーター」になっていました．そのことは，グリーンスパン氏が2006年まで約16年半にわたって（アメリカの中央銀行である）連邦準備制度理事会（FRB）の議長に就いてITバブルや住宅バブルを繰り返していた，との有名な話からも推測できます．そのグリースパン氏は2008年10月23日に開かれた議会の公聴会に出席して，議長在任中に彼が行なった「規制緩和」とその観念たる「自由競争唯一主義」の責任を詰問され，「銀行などが利益を追求すれば，結果的に株主や会社の資産が守られると思っていたが，間違いだった」と述べざるを得なかったのです．彼は，その公聴会で例の低所得者向け住宅ローン，すなわち，「サブプライム・ローン」についても問われ，「2005年末まで市場が急膨張していることを示すデータが存在していなかった」と責任逃れの答弁をしましたが，私に言わせれば，その答弁は，「何という杜撰な監督だ」と叱責されるのは言うまでもありませんが，それよりも「市場が急膨張していることを示すデータが存在しないほど住宅バブルが繰り返されてきた」証左である，と言うべきでしょう．

　私も最近知ったのですが，アメリカの低所得者層の一部の人たちは，住宅をローン（loan）で購入すると，その住宅を担保に借りたローンで自動車を購入し，またその自動車を担保に借りたローンで他の商品を購入する，そしてまた……，という具合にローンを積み重ねて「過剰な個人消費」を続け，その行き着いた先が「借金地獄」なのです．サブプライム・ローンはその典型ですが，この種のローンは「住宅価格が上がり続けなければ回収できない債権」であるにもかかわらず，その債権に他の債権を組み込んで作られた「証券化された商品」を世界中に売り逃げし，その結果，重大な金融危機と経済危機とを招いた，ということです．

このサブプライム・ローンの証券化に見られたように，目先の利益を短期間に獲得しようとする経済行為にあっては，優先すべきは，市民的な権利や社会的な権利ではなく，新保守主義者＝新自由主義者の言う「市場の権利」，すなわち，「個々人が適当と思うような仕方で富を蓄積したり使ったりする権利，商品の売買で専ら自己の利益のみを主張する権利，そして広い範囲からサービス供給者を選択する権利」なのです．

　加えて，ヘッジファンド（hedge fund）が目先の利益を獲得するために横行したこともまた見逃すわけにはいきません．ヘッジファンドは，例のレバレッジ（てこの原理・作用）を利かせて，信用を元本の何十倍も膨らませ，「ルールなきカジノ資本主義」を世界中に「のさばらせた」実行犯の張本人です．ヘッジファンドの「ヘッジ」は「危険を回避する」・「リスクを回避する」という意味ですので，ヘッジファンドは「危険・リスクを回避して，目の前にある利益・お金をでき得る限り大きく手に入れる」ことを旨とする組織です．ジョージ・ソロスという有名なヘッジファンドの「仕掛け人」は，彼自身ヘッジファンドで散々大儲けしておきながら，「ヘッジファンドは大変な悪者だ」と盛んに物申しております．

　ヘッジファンドも含め，新自由主義＝市場原理主義に基づく「規制緩和」や「小さな政府」の政策は，アマルティア・セン教授も強調していますように，倫理的視点がまったく欠如していたのです．セン教授は朝日新聞のインタビューに明確にこう応えています．「（この経済）危機の原因はグローバル化そのものではなく，米国の経済管理の誤りだ」．「国家は，金融機関の活動を抑制する点でも重要だ．早く金をもうけようとして市場を歪めるのを防がなければならない．米国は金融機関への規制ほとんど廃止したので，市場経済が混乱に陥った」のである．まさにセン教授の言う通りです．

　ところで，アメリカはご承知のとおりオバマ氏が大統領になりました．このことは，今後アメリカは「経済，社会，政治の構造を変革していく」ことを予想させる，と私は思っています．何よりもアメリカは，これまでのアメリカ経済の特徴的性格としてみなされた「個人の過剰消費」，すなわち，「借

金を厭わない消費」から「所得に相応した消費」に移行するようになるでしょう．ということは，日本の経済，日本の企業は，これまでのように「アメリカ人の過剰消費」に基づく需要に依存できなくなる，ということであり，したがって，日本の内需をどう拡大しかつ維持していくか，ということに経済的，社会的それに政治的な視点を移さなければならないでしょう．この「アメリカの過剰消費への依存」という点では，日本だけでなく中国や韓国も同じだったでしょうから，早晩，これらの国も経済的，社会的，政治的な構造を——オバマ氏が言うように——「チェンジ」しなければならいでしょう．

　そしてまた私は，地球的な規模で経済的，社会的，したがってまた政治的な構造が変わらざるを得なくなっていくのではないか，とも考えています．このことをどの国の政府や指導者がしっかり捉えることができるのかが大きく問われることになるでしょう．いずれにしても，重要なことは，これまで30年以上にわたって一方の主流を成してきたアメリカ流の「新自由主義の失敗」からどのような教訓を汲み取って，各国のまた各地域の経済－社会構造をどう再構築していくのか，私たちは注視し，また意見を発しなければならないでしょう．なぜなら，私たちは，経済－社会的なグローバリゼーションの下で「相互依存の進む世界」（セン教授）において生活し労働していくのですから，遠く離れた国や地域の経済的，政治的，社会的な状況に直接間接にすぐさま影響を受けることになるからです．私は本講演のレジュメに「民主主義的で安定した経済的，社会的および政治的秩序の再構築」と書いておきましたが，そうするためには，このような秩序の再構築を可能にする政府なり政治なりが強く求められることになるのではないでしょうか．そしてこの目標を追い求め，実現していくために，公共空間・公共圏においてシチズンシップを基礎に行動・活動しているさまざまな市民組織——NPO，NGO，アソシエーション，コミュニティ組織あるいは協同組合や社会的企業といった非営利・協同組織——が経済的，社会的に一定の能力，すなわち，エンパワーメントを駆使できる程に成長しなければならないでしょう．換言

すれば，各国・各地域の社会を具体的に担っていくさまざまな市民組織がこのような方向に目と心を向けて，政府や政治を動かしていく行為・行動・活動を起こし，かつ継続していくことが肝要である，と私は考えています．もし市民の要求や願いを聞き入れない政府や政治があるとすれば，その時には私たち市民が政治的権利を行使して，政府と政治を文字通り「チェンジ」しなければならないでしょう．その意味でも，これからは近未来と遠い未来との双方を見通しかつ見つめながら，「民主主義的で安定した経済的，社会的および政治的秩序の再構築」という課題に真剣に向き合っていく努力が私たち市民に求められることでしょう．経済的，政治的，文化的，それに社会的な制度疲労や既得権益の不合理性，劣化した政治的，官僚的な制度がもたらす不平等な情報提供（情報の非対称性），それにしばしば見られるマスメディアの権力追随や追従の姿勢など決して許さないよう市民は心すべきでしょう．言い換えれば，私たち市民は，「民主主義的で安定した新たな経済的，政治的，文化的および社会的な形式と秩序の構築」について明確な理念や心的態度（主体的選択に基づく行為性向）を以て，そのプロセスを構想していかなければならないと，私は思っています．そこで私はその構想の基礎となる一つの柱が「シチズンシップ」であると考え，本講演の「はじめに」の後半で「シチズンシップとは何か」を示しておいた訳です．

　「シチズンシップ」，すなわち，「私たちが市民であること」あるいは「私たちが市民のステータス（地位・資格）を享受していること」の実体的なコア（substantial core）は「自治，平等な権利，自発的責任そして参加」です．これらのコアは相互に補完し合う相補的関係にあり，かつまた一つの価値体系を構成しています．例えば，「市民の自治権は，市民の平等な権利と自発的責任に基づく参加という価値を通じてコミュニティに貢献し，社会的に承認される」，ということになるでしょう．この価値体系は，シチズンシップが「他者に対する支配と両立しない」ことを証明してくれています．

　市民一人ひとりが個人としてもグループ（集団）としても，権利を行使し，自発的責任を履行することによって，シチズンシップが「人間的な統治」の

基礎となる諸条件を再生産するのであるから，シチズンシップは市民にとって能動的なアイデンティティとなり，また創造的行為の主体として，自分たち自身と地域コミュニティの双方の「変化するニーズ」に対応する新たな権利と責任を認識し，新たな制度の構築を承認していくのです．このことはまた市民たる私たちの「責任履行能力」を高めることを意味しますので，まさにこの「責任履行能力」を高めることによって，私たちはシチズンシップを受動的ではなく，能動的なステータスとして認識するのです．

　ということで，私たちは，シチズンシップを「受動的ではなく，能動的なステータス」だとみなすことによって，さまざまな社会的活動に参加することになります．そこでもう一度先に述べた言葉を書き記しておきましょう．シチズンシップは，個人は一人ひとりその階級，宗教，ジェンダー，民族それに独自のアイデンティティによってあらかじめ決定されることなく，「自分自身の生活について判断を下す能力があることを承認する」のであって，「社会的包摂」（social inclusion）の意識を導き出すのです，と．ある意味で，社会的包摂は「参加の倫理」なのです．私が翻訳作業中の『シチズンシップ』のなかでフォークス教授はシチズンシップをこう説明しています．

　　　要するに，シチズンシップは，支配の根元が国家であろうと，家族，夫，教会，民族集団であろうと，あるいはわれわれを，自治権を有する個人，自律的な統治能力を有する個人として認めようとしないどんな他の力^{フォース}であろうと相容れないのである．

　市民による参加，これこそ社会的排除を防ぎ，社会的包摂を広げていくのであるから，私たちはこの「参加の倫理」が社会の隅々まで行きわたる制度的枠組みを創り出すことに力を注ぐ必要があります．

　こうして，シチズンシップを捉え，理解していくと，協同組合，社会的企業あるはアソシエーションといった非営利・協同組織はシチズンシップを基礎とする組織であると同時に，シチズンシップを実質化していく機能と役割

を内在させていることが分かります．現代にあっては，シチズンシップはますます普遍化されて，民主主義と共に前進していくのであるから，私たちは，自らが関わる活動手段（エイジェンシィ）を通してシチズンシップを社会的に実質化していきながら，他方でシチズンシップが非営利・協同の活動を社会的に豊かにし，民主主義を生活世界において実質化していく，という相互作用を促していく責任がある，と私は思っています．

4. 再び「非営利・協同」について

ところで，シチズンシップとの関連で，私は，近代協同組合の創始であるロッチデール公正先駆者組合がイギリスで誕生した時に，先駆者組合が掲げた理念のなかでも極めて重要な理念として「一人1票の議決権」を挙げてきました．もちろん，他の理念，例えば，「政治的信条や宗教的信条による差別，人種や民族による差別，男女の差別」の否定も同じように極めて重要な理念であるのは，すぐ前で引用しましたフォークス教授の言葉通りですが，シチズンシップとの関連では「一人1票の議決権」は最も理解し易い理念である，と考えています．もちろん，「一人1票の議決権」の理念が上で挙げた「差別の否定」の理念と共に協同組合の価値体系を構成していることは言うまでもありません．

また，この「一人1票の議決」の理念は，協同組合の民主主義を代表する制度として現代においても尊重されていますが，多くの場合，営利企業としての「株式会社」（「所有株数に応じた議決権」）と比較して論じられています．しかし，私がこの理念を強調するのは，それが近代民主主義の発展に寄与してきた，ということです．この点はあまり議論の対象にされてこなかったと思われます．先駆者組合が創設された1840年代中葉という時期にあっては，イギリスにおいてさえ普遍的権利としての「一人1票の議決権」という「政治的権利」の理念や思想が実現されるには程遠い状況でした．選挙権獲得を目指した有名なチャーティスト運動は1830年代から40年代にかけて展開さ

れましたが，男性労働者さえも選挙権＝政治的権利をなかなか獲得できなかったのです．まして女性の選挙権＝政治的権利は問題外でした．メアリィ・ウルストンクラーフトとウィリアム・トンプソンと並ぶ「イギリス女性解放論者」の一人である急進的自由主義者のJ.S.ミルですら，一般大衆にまで政治的権利を拡大することに慎重でした．ミルは「大衆が私的領域の自由にさまざまな制限を押しつける『多数者の専制政治』の展開を恐れた」と，フォークス教授は述べています．確かに先駆者組合の創立に関わった──「28名」と言われている──組合員のうち女性組合員はわずか1名のみであったと言われていますが，ここで私が強調したいことは，それにもかかわらず，「一人1票の議決権」という──現代の政治的権利と同じ新たな──普遍的権利の形式と秩序を市民の意思決定の権利として取り入れ，それを実質的に先駆者組合のルールとしたという歴史的な事実です．そしてそれ以後，先駆者組合のこの「一人1票の議決権」を基礎とする民主主義的経営のルールはICA（国際協同組合同盟）によって協同組合原則の一つとされ，今日に至っているわけです．ですから私は，「一人1票の議決権」をはじめとする社会的差別を否定する協同組合の理念や思想は，イギリス社会のみならず他の西ヨーロッパ諸国の社会に，そしてさらに多くの他の国々の社会にも影響を及ぼしてきたのだと協同組合人は大いに誇ってよい，と思っています．この事実は「上意下達の承認受諾関係」を拒否する，現代協同組合運動における「参加の倫理」の先駆でもある，とさえ私は考えています．

　とはいえ，グローバリゼーションの下での現代協同組合運動にとって，「参加」は「グローバルな倫理」を伴ってはじめて実質化されることになるでしょう．協同組合運動に造詣の深いアマルティア・セン教授は次のように論じています．

　　協同組合は，民衆のために市場メカニズムを長期的かつ有効に機能させようとするならば，民衆にとっての社会的平等と社会的正義（公正）を創り出していく『グローバルな倫理』の基盤を広げていくよう努力しな

ければならない．「グローバルな倫理」はグローバルな経済的，社会的関係の規範をより強固にし，より確かなものにしていくからである．その意味で，協同組合にとって「参加の役割」はこれまで協同組合によって実践されてきた伝統的な役割を超え出たそれでなければならないし，したがってまた，「人間的な経済と社会にとっての中心的な戦略」となる「協同のアプローチ」は，これまでの協同組合の機能よりもはるかに広い展望のなかで捉えられなければならないのである．

　セン教授がここで論じている「協同のアプローチ」とは，人びとの自治と自発的な参加に基づいて人びとの市民的諸権利——人権，労働権，生存権，教育を受ける権利など——と政治的自由を実現していく社会構成的な機能と役割のことですので，「協同のアプローチ」はシチズンシップを基礎にして民主主義を確立し，拡大・深化させていき，人びとの「生活と労働の質」を高め，「地域コミュニティの質」を向上させていこう，というものです．そこで「協同」ですが——セン教授の言葉を借りて言えば——それは「人間的な経済と社会にとっての基軸」としての協同であり，「社会的平等と社会的正義（公正）」を「グローバルな倫理」として機能させるための協同であり，したがってまた，市場メカニズムを長期的かつ有効に機能させて衣食住のニーズを満たし，初等教育と社会生活への積極的な参加を可能にするなど「人びとがどんな生き方を選べるか」という自由を確かなものにする諸条件を再生産する機会を絶えず提供する協同である，ということです．協同は，したがって，一言で言えば，「生活と労働の質」と「地域コミュニティの質」を向上させていく人びとの間の「相互扶助」・「助け合い」なのです．それ故，「非営利・協同」に私たちが言及する場合，それは，私的利益の追求それ自体を目的とするのではなく，「自治・権利・責任・参加」をコアとするシチズンシップに基づいて社会的目的を追求するプロセスにおいて生み出される「金銭的利益と非金銭的利益」の双方を確保し，それらを直接間接に社会や地域コミュニティに還元していく，人びとの間の「相互扶助」・「助け

合い」の概念を意味するのです.

いずれにしましても,「非営利・協同」の普遍的特質を見ていきますと,「非営利」は行政セクターにおける実定法的権限を追求することでも,市場セクターにおける営利のための利潤を追求することでもない,社会構成員が社会的目的や社会的使命を共有し,連帯してその目的や使命を追求していくことそれ自体が非営利活動の原動力(dynamic)となっていることを私たちは理解し,認識することができるのです.そのことは,「非営利・協同総合研究所いのちとくらし」の活動が言わず語らずに示しているところです.そうであれば,シチズンシップはまさに「いのちとくらし」の「非営利・協同」の理念,イデオロギー,アイデンティティ,それに実践を支えているコアでもあるのだと私には思われます.

5. コミュニティが機能する七つの条件

さて,「むすび」に入ります.先ほど「非営利・協同」の概念や意味について言及しましたが,「非営利組織」も「協同組織」も「コミュニケーション・コミュニティ」である,と言われるようになってきました.

ところで,私たちは「地域コミュニティ」(local community)を「地域社会」と訳しますが,この「地域社会」という訳語は必ずしも適切ではないようです.社会学者によりますと,「家族」と「地域コミュニティ」は私的領域に属するとのことですし,また nation state と society が時として対立するように,community と society も時として対立するからです.

それはさておき,コミュニティ(community)という用語には明確に区別される二つの主要な概念があります.一つは,町(town),村(village),近隣(neighbourhood),市・都市(city)のように,地域(特定の地域 territory),人びとが定住している地域(location),自然的地形の土地・地域,それに地理的連続性を表す概念です.私たちが一般に「地域コミュニティ」(local community)あるいは「地域社会」という言葉で表記しているものです.

もう一つは「人びとの関係性」relation を意味するもので，人間関係（human relationship）の質（quality）や特性（character）に基づく概念です．それは，集団や組織の構成員相互の協力・協同の関係に基づいているのですから，「人間の本来的な関係に基づくコミュニティ」，すなわち，「人間関係の具体的特徴によって構成されるコミュニティ」なのです．言い換えれば，人間関係の質や特性に基づくコミュニティ概念は，同じ目的や目標に賛同する人たちの関係性に基づいて構成される集団（group）や組織（organisation）の具体的特徴を内包する概念です．非営利・協同組織に関して言えば，協同組合，社会的企業，NPO，NGO，アソシエーションなどがその最も典型的な集団であり組織です．

このように「コミュニティ」の二つの主要な概念を認識しておけば，「社会」（society）を正しく理解し認識することができたのに，そうできなかったばかりに「イギリス市民」を怒らせてしまった実話があります．それは，その当時イギリスの首相であったマーガレット・サッチャー氏がスコットランド国教会長老派の総会（1988 年 5 月）で放った次の言葉です．「イギリスには社会というようなものは存在しません．存在するのは個々の男女と，そして家族です」(There is no such thing as society in Britain. There are individual men and women, and there are families).「社会」は，私たち個人一人ひとりによって構成される「人と人との関係」・「市民と市民との関係」として現に存在しているのです．それは「市場」(market) と同じように「抽象的実在」なのです．私も含め誰しも「日本社会」や「イギリス社会」を，ましてや「国際社会」を目にしたことはありませんが，現に存在しているのです．市場も同様で，マルクスを含め誰も「世界市場」を目にしたことはありませんが，しかし現に存在しているのです．

ミセス・サッチャーのこの言葉に多くの市民が怒りました．なぜ怒ったのかと言いますと，彼女が放ったその言葉は「市民の皆さんは自らの経済的，社会的，政治的な諸結果のすべてを『自己責任』として対処しなさい」，と言っているのだと市民が気づいたからです．実は，彼女のこの言葉，すなわ

ち，「社会は存在しない」＝「自己責任」は「新自由主義の観念」を素直に言い表しているのです．しかし，彼女は，新自由主義者＝市場原理主義者でありながら，「社会」と同じ抽象的実在である「市場」については，「イギリスには市場というようなものはありません」とは決して言いませんでした．私たちは，極簡単に表現すれば，「市場」が生産者と消費者による「生産－販売－購買」の経済行為によって形成される「人と人の社会的な関係」・「市民と市民との社会的な関係」であることを知っています．「市場」もまた抽象的実在ですので，目には見えねど，「日本市場」も「イギリス市場」も，そして「世界市場」も現に存在するのです．少々横道にそれてしまいましたが，ということで，私は必要に応じて，(local) community を「(地域) コミュニティ」とカタカナ表記をすることにしています．

　さて，「コミュニケーション・コミュニティ」ですが，これはドイツの社会学者にして哲学者のユルゲン・ハーバーマスの言葉ですが，彼のこの「コミュニケーション・コミュニティ」の概念や理念は，協同組合をはじめとする非営利・協同組織の概念や理念にもピッタリ適合すると言えます．少しく説明しましょう．なお，ここではジェラード・デランティ著・山之内靖／伊藤茂訳『コミュニティ』(NTT 出版，2006 年) 第 6 章「異議申し立てのコミュニティ：コミュニケーション・コミュニティという発想」に依拠して簡潔に述べることにします．

　ハーバーマスの社会理論は，私たち市民には「個人の自治」に基づいた一連の市民権が，例えば「参加する」権利，「言論の自由」の権利，「結社の自由」の権利，それに「異議を唱える自由」の権利といった「意見の表明」に必要な市民権が与えられる，とする現代シチズンシップ論と重なり合います．というのは，私たち個々の市民は，現代社会のなかに「対話的合理性」を見いだすことによって，民主主義社会の「対話的な構造」を承認し，したがってまた，私たちの「コミュニティへの貢献」が可能になることを認識し自覚するからです．言い換えれば，私たち市民一人ひとりは，「自らを統治することのできる自治的で自立的な行為者である」と認識することによって自ら

を積極的な市民として位置づけて行為し，行動し，活動します．その意味で，コミュニケーション・コミュニティは，市民である私たち個人一人ひとりを「自治権を有する個人」・「統治能力のある自律的な個人」であることを承認しようとしない力（強制力・支配力）による「上位下達の承認受諾関係」を拒否する「参加の倫理」に基礎を置くコミュニティである，と言えるでしょう．そこで私は，この「コミュニケーション・コミュニティ」と「コミュニティとしての協同組合」がピッタリ重なり合うことに言及しましょう．

　コミュニケーション・コミュニティは「コミュニティとしての協同組合」にとって次のことを意味します．すなわち，

　　協同組合は，日々の生活において市民たる人びとが相互に協力し協同する多様な機会を創り出すことを通じて，組合員やステークホルダーが多様な福祉を享受する権利を行使し，文化的資源を活性化し，物質的資源を公正に配分する諸条件を規定する「社会の基本的枠組み」を維持しかつ改善することに貢献する．したがって，協同組合は，このような社会的貢献を通じて，シチズンシップのコアである「自治・権利・責任・参加」に基礎を置くヒューマン・ガバナンス（人間的な統治）のための諸条件を再生産する社会的役割を果たすと同時に，協同組合の事業と運動がコミュニケーションを通して常に社会に向けて開放され，「討議し議論するコミュニケーションを通して行為し，行動し，活動する協同組合のメンバーシップの合意性」を尊重しかつ確かなものにすることを意味する．要するに，協同組合にあっては，「すべてに向けて開放されているコミュニケーション」が「社会的行為，行動，活動の基礎なのである」．

　こうして，「コミュニティとしての協同組合」が「コミュニケーション・コミュニティとしての協同組合」にピッタリ重なりました．かかる協同組合の事業と運動は，私たち市民の「生活と労働の改善」と「地域コミュニティの質の向上」とに貢献し，また私たちのさまざまな社会的活動にとって重要

な役割を果たし，その経済 – 社会的な機能を発揮するのです．がしかし，協同組合が真にその能力を発揮するためには，次の「七つの条件」を絶えず充たしていく積極的な姿勢が協同組合人に求められることになります．

この「七つの条件」はアメリカの心理学者であり社会学者でもあるレオナード・ジェイソンが彼の著書『コミュニティの構築：持続可能な未来のための価値』（*Community Building: Values for a Sustainable Future,* PRAEGER, 1997）のなかで取り上げている条件です．「七つの条件」とは次のものです．

①コミュニティ・メンバー（構成員）の自発的責任の意識を高める．
②コミュニティ・メンバーのアイデンティティや相互関係を理解するビジョンを示す．すなわち，コミュニティ・メンバーの利害を共存させる方法を考える．
③コミュニティ・メンバーが各自の意見，判断，ニーズをはっきり主張する能力を育成する．
④オープンかつ建設的に対立・衝突に取り組む手順や手続きを創り出す．
⑤コミュニケーションのオープンチャンネルを維持する．
⑥相互の触れ合いや意思決定を容易にするためのシステムを確立する．
⑦より広い範囲の地域コミュニティとの関係をマネージングする．

私たちは，これら七つの条件を充たしていけば，地域コミュニティだけでなく，もう一つのコミュニティ（協同組合，非営利組織，社会的企業，大学等々）も「コミュニケーション・コミュニティ」として十分に機能するような気がしますが，どうでしょうか．

与えられた時間が迫ってきましたので，そろそろ「むすび」に入らなければなりませんが，これらの条件について一言だけ言及しておきます．私たち日本人にとって，おそらく①と⑥と⑦の条件は比較的充たし易いかもしれませんが，②と③と④は訓練を要するかもしれません．欧米諸国の人たちは，自分の「アイデンティティ」を大切にしますし，しかも，アマルティア・セ

ン教授が強調しているように，「多元的アイデンティティ」を肯定します．というのは，彼らは「多元的アイデンティティ」は矛盾しない，と考えるからです．日本人の私たちは「多元的アイデンティティ」に接したことがあまりありませんので，直ちにそれを肯定しきれないかもしれません．それでも，セン教授の説明を聞けばある程度理解できるでしょう．彼はこう説明しています．

> アフリカやアジアの女性に対する不利益な処遇を改善しようと立ち上がったイタリアのフェミニストの活動は，ある種のアイデンティティに基づいている．すなわち，ある国民の，他の国民の困難に対する同情をはるかに超え出たフェミニズムのアイデンティティである．ある人間はイタリア人であり，女性であり，フェミニストであり，博士であり，協同組合人などであり得るのであって，一人の人間の多元的アイデンティティというこの豊かな概念には矛盾はないのである．

　ということで，地域コミュニティのメンバーはそれぞれ多元的アイデンティティを持ち，したがって，利益や関心を含めた利害も異なるのであるから，その利害を共存させる方法を考えなければならないでしょう．それから，③ですが，ある意味でこれは日本人が最も苦手とするところですので，グローバリゼーションの下ではますます自分の意見・判断・ニーズをはっきり主張する能力を高めなければなりませんが，しかし，このことは何も特別なことではなく，当たり前のことなのであって，このことなしにはコミュニティの安定した運営は困難だろう，と私には思えます．
　私たちがこれら七つの条件を充たすことによって本当に地域コミュニティを「コミュニケーション・コミュニティ」として運営していけるのか，と問われて私は「Yes」と即答できませんが，それでもこの「七つの条件」は，私たちがそれらを具体的に理解し，認識した上で実践していくのに十分値する，一種の「コミュニティ・マネジメント」ではないか，と私は考えます．

なぜなら，この「七つの条件」の基底にはシチズンシップが確として控えているからです．「自治・平等な権利・自発的責任・参加」というシチズンシップの支えがあってはじめてこの「七つの条件」はその真価を発揮することができるのです．まさに「シチズンシップの真骨頂」と言うべきでしょう．

むすび

さて，私は，最後に，これまで話してきましたシチズンシップの観点からも，また非営利・協同の観点からも，教育と保健／医療それに住宅などの保障は日本国憲法第25条で規定されている国民たる市民の権利である，と大いに強調しておきます．なぜなら，憲法25条を真に生かしていくためには，すなわち，シチズンシップが追求し，普遍化させてきた社会的権利を不動のものにするためには，「教育・保健／医療・住宅」が私たち市民の生活世界に不可欠な「生活と労働の改善」と「地域コミュニティの質の向上」の確たるセイフティネットとして機能しなければならない，と私は考えているからです．新自由主義＝市場原理主義の政策は「所得の再分配」を基礎とするいくつかの社会的権利を縮小あるは認めまいとする様相を見せています．昨年末にNPOが中心となって実行した「派遣村」は，社会的権利の擁護という意味でも重要な役割を果たした，と私は考えています．シチズンシップは「平等主義」を基調としており，平等を嫌う新自由主義に対する大きな歯止めになります．私は，生存権や労働権の保障といった視点からも，「教育・保健／医療・住宅のセイフティネット」なしには「平等」は実現できない，と考えていますので，日本ではシチズンシップを促進させ，発展させるに与って力のある「コミュニケーション・コミュニティとしての非営利・協同組織」に大いに期待しております．そのような期待を申し上げて，少々雑駁な話になってしまいましたが，私の話を終わらせていただきます．ご清聴ありがとうございました．

注

1) ハンギョレ新聞から依頼された英文原稿は，後に明治大学専門職大学院ガバナンス研究科の『ガバナンス政策研究ネットワーク会報』（No.4, 2009 年 6 月）の巻頭言として記載されています．

参考文献・資史料

Ammirato, P.（1996）*La Lega: The Making of a Successful Cooperative Network*, Aldershot（England）: Dartmouth.（中川雄一郎・堀越芳昭・相馬健次訳『イタリア協同組合：レガの挑戦』家の光協会，2003 年）

Birchall, J.（1994）*Co-op: the People's Business*, Manchester: Manchester University Press.（中川雄一郎・杉本貴志訳『コープ ピープルズ・ビジネス』大月書店，1997 年）

Birchall, J.（1997）*The International co-operative Movement*, Manchester: Manchester University Press.（都築忠七監訳 中川雄一郎・杉本貴志・栗本昭訳『国際協同組合運動：モラル・エコノミーをめざして』家の光協会，1999 年）

Birchall, J.（2011）*People Centred Businesses: Co-operatives, Mutuals and the Idea of Membership*, Palgrave macmillan.

Brown, W.H.（1916）*History of The Sheerness Economical Society*, Manchester: CWS printing Works.

Brown, W.H.（1928）*A Century of London Co-operation*, London: The Education Committee of the London Co-operative Society.

Brown, W.H.（1944）*The Rochdale Pioneers: A Century of Co-operation*, Manchester: Co-operative Union.

Cole, G.D.H.（1925）*Robert Owen*, London: Ernest Benn.

Collier, F.（1964）*The Family Economy of the Working Classes in the Cotton Industry 1784-1833*, Manchester: Manchester University Press.

Crick, B.（2000）*Essays on Citizenship*, London: Continuum.（関口正司監訳／大河原伸夫・岡崎春樹他訳『シティズンシップ教育論：政治哲学と市民』法政大学出版局，2011 年）

Eade, J. and O'byrne, D.（ed.）（2005）*Global Ethics and Civil Society*, Hampshire: Ashgate.

Faulks, Keith（2000）*Citizenship*, London: Routledge.

Field, J.（2003）*Social Capital*, London: Routledge.

Fraser, W.H.（1996）*Alexander Campbell and The Search for Socialism*, Manchester: Holyoake Books.

Fry, A.R.（1935）*John Bellers 1654-1725 Quaker, Economist and Reformer*, London: CASSELL.

Ghai, Dharam (ed.) (2006) *Decent Work: Objectives and Strategies*, Geneva: ILO.

Gurney, P. (1996) *Co-operative culture and the politics of consumption in England, 1870-1930*, Manchester: Manchester University Press.

Grugel, Lee E. (1976) *George Jacob Holyoake: A Study in the Evolution of a Victorian Radical*, Philadelphia: Porcupine Press.

Gusfield, J.R. (1975) *Community*, Oxford: Basil Blackwell.

Harrison, J.F.C. (1969) *Robert Owen and Owenites in Britain and America: The Quest for the New Moral World*, New York: Charles Scribner's Sons.

Holyoake, G.J. (1971) *The History of Co-operation in England: Its Literature and its Advocates* (Vol. I published by Trübner 1875, reprinted by AMS Edition, Vol. II published by Trübner 1879, Reprinted by AMS Edition).

Holyoake, G.J. (1912) *The Co-operative Movement Today*, London: Methuen.

Jones, Benjamin (1894) *Co-operative Production* (Vol. I and II), Oxford: The Clarendon Press.

Merrett, C.D. and Walzer, N. (2004) *Co-operatives and Local Development: Theory and Applications for the 21st Century*, New York: M.S. Sharpe.

Morton, A.L. (1962) *The life and ideas of Robert Owen*, London: Lawrence & Wishart.

Pankhurst, R. (1954) *William Thompson (1775-1833): Pioneer Socialist*, London: Pluto Press.

Pearce, J. (1993) *At the heart of the community economy: Community enterprise in a changing world*, London: Calouste Gulbenkian Foundation.

Phillips, D. (2006) *Quality of Life: Concept, Policy and Practice*, London: Routledge. (新田功訳『クオリティ・オブ・ライフ：概念・政策・実践』人間の科学社, 2011 年)

Potter, Beatrice (1891) *The Co-operative Movement in Great Britain*, London: Gower Publishing Company (Reprinted: 1987).

Putnam, R.D. (1994) *Making Democracy Work: Civic Traditions in Modern Italy*, Princeton: Princeton University. (河田潤一訳『哲学する民主主義：伝統と改革の市民的構造』NTT 出版, 2001 年)

Redfern, P. (1938) *The New History of the C.W.S.*, London: J.M. Dent & Sons.

Robertson, W. (1892) *Rochdale: The Birthplace of Modern Co-operation, Pilgrimage of the Co-operative Congress in 1892*, Manchester: Co-operative Printing Society.

Sen, Amartya (2006) *Identity and Violence: The Illusion of Destiny*, London: W.W. Norton & Company. (アマルティア・セン著／大門毅監訳・東郷えりか訳『アイデンティティと暴力：運命は幻想である』勁草書房, 2011 年)

Shaffer, J. (1999) *Historical Dictionary of the Cooperative Movement*, London: The

Scarecrow.

Thompson, D.J. (1994) *Weavers of Dreams: Founders of the Modern Co-operative Movement*, Center for Co-operatives, University of California.

Thompson, W. (1825) *Appeal of One half the Human Race Women*, Reprinted: 1970, New York: Burt Franklin.

Thornley, J. (1981) *Workers' Co-operatives: Jobs and Dreams*, London: Heinemann Educational Books.

Toynbee, A. (1980) *The Industrial Revolution*, with a Preface by Arnold F. Toynbee, Gloucester, Mass. Peter Smith. (First published in 1884 as *Lectures on the Industrial Revolution in England*)

Vincent, J. (2003) *Old Age*, London: Routledge

Waters, M. (1995) *Globalization*, London: Routledge.

Watkins, W.P. (1986) *Co-operative Principles: Today & Tomorrow*, Manchester: Holyoake Books.

Webb, Catherin (1911) *Lives of Great Men and Women: A Short Biography of Some Heroes and Friends of Co-operation*, Manchester: The Co-operative Union.

Webb, S. & B. (1921) *The Consumers' Co-operative Movement*, London: Longmans, Green and Co.

Whyte, W.F. and Whyte, K.K. (1988) *Making Mondragon: The Growth and Dynamics of the Worker Cooperative Complex*, New York: ILR Press Cornell University. (佐藤誠・中川雄一郎・石塚秀雄訳『モンドラゴンの創造と展開：スペインの協同組合コミュニティ』日本経済評論社，1991 年)

Yeo, S. (ed.) (1988) *New Views of Co-operation*, London: Routledge.

Yunus, Muhammad (1999) *Banker to the Poor: micro-lending and the battle against world poverty*, published in the United States by PublicAffairs TM.

アシュトン，T.S. (2016) 中川敬一郎訳『産業革命』岩波文庫．

宇沢弘文・内橋克人 (2009)『始まっている未来：新しい経済学は可能か』岩波書店．

内橋克人 (2009)『共生経済が始まる：世界恐慌を生き抜く道』朝日新聞出版．

エバース，A.・ラヴェル，J-L. 編 (2007) 内山哲朗・柳沢敏勝訳『欧州サードセクター：歴史・理論・政策』日本経済評論社．

太田原高昭・中嶋信編著 (2003)『協同組合運動のエトス：北の群像』北海道協同組合通信社．

ギデンズ，アンソニー (2000) 佐和隆光訳『第三の道：効率と公正の新たな同盟』日本経済新聞社．

サンダソン，M. (1993) 原剛訳『教育と経済変化：1780-1870 年のイングランド』早稲田大学出版部．

重田園江 (2010)『連帯の哲学 I：フランス社会連帯主義』勁草書房．

重田園江（2011）『ミシェル・フーコー：近代を裏から読む』ちくま新書.

城塚登（1966）『近代社会思想史』東京大学出版会.

城塚登（1997）『ヘーゲル』講談社学術文庫.

杉本貴志編（全労済協会監修）（2017）『格差社会への対抗：新・協同組合論』日本経済評論社.

鈴木敏正編著（2004）『地域づくり教育の新展開：北アイルランドからの発信』北樹出版.

セン，アマルティア（1999）池本幸生・野上裕生・佐藤仁訳『不平等の再検討：潜在能力と自由』岩波書店.

セン，アマルティア（2000）石塚雅彦訳『自由と経済開発』日本経済新聞社.

セン，アマルティア（2002）大石りら訳『貧困の克服：アジア発展の鍵は何か』集英社新書

セン，アマルティア（2003）大庭健・川本隆史訳『合理的な愚か者：経済学＝倫理学的探究』勁草書房.

セン，アマルティア（2006）東郷えりか訳『人間の安全保障』集英社新書.

セン，アマルティア（2016）山形浩生訳『インドから考える：子どもたちが微笑む世界へ』NTT出版.

田中夏子（2004）『イタリア社会的経済の地域展開』日本経済評論社.

辻村英之（2005）『コーヒーと南北問題：「キリマンジェロ」のフードシステム』日本経済評論社.

津田直則（2014）『連帯と共生：新たな文明への挑戦』ミネルヴァ書房.

富沢賢治（1999）『社会的経済セクターの分析：民間非営利組織の理論と実践』岩波書店.

中川雄一郎（1984）『イギリス協同組合思想研究』日本経済評論社.

中川雄一郎・柳沢敏勝・内山哲朗編著（2008）『非営利・協同システムの展開』日本経済評論社.

中川雄一郎・杉本貴志（全労済協会監修）（2014）『協同組合 未来への選択』日本経済評論社

中川雄一郎／JC総研編（2014）『協同組合は「未来の創造者」になれるか』家の光協会.

中川雄一郎・杉本貴志（全労済協会監修）（2017）『協同組合を学ぶ』日本経済評論社.

永井義雄（1974）『ロバート・オウエン試論集：非政治的解放理論の構造』ミネルヴァ書房.

永井義雄（1993）『ロバアト・オウエンと近代社会主義』ミネルヴァ書房.

長尾弥生（2008）『フェアトレードの時代：顔と暮らしの見えるこれからの国際貿易を目指して』日本生活協同組合連合会.

ニコルズ，アレックス・オパル，シャーロット編著（2009）北澤肯訳『フェアトレード：倫理的な消費が経済を変える』岩波書店.

西川潤・アンベール，マルク編（2017）『共生主義宣言：経済成長なき時代をどう生きるか』コモンズ．

日本協同組合学会編訳（2003）『ILO・国連の協同組合政策と日本』日本経済評論社．

土方直史（2003）『(イギリス思想叢書9) ロバート・オウエン』研究社．

ボルサガ，C.・ドゥフルニ，J.編（2004）内山哲朗・石塚秀雄・柳沢敏勝訳『社会的企業：雇用・福祉のEUサードセクター』日本経済評論社．

正岡謙司（2009）『社会的企業はなぜ世界を変えるのか』西田書店．

ヌスバウム，マーサ・セン，アマルティア編著（2006）竹友康彦監修・水谷めぐみ訳『クオリティー・オブ・ライフ：豊かさの本質とは』里文出版．

ペストフ，ビクトール・A.（1996）藤田暁男・田中秀樹・的場信樹・松尾匡訳『市場と政治の間で：スウェーデン協同組合論』晃洋書房．

村田武（2005）『コーヒーとフェアトレード』筑波書房ブックレット．

メルニク，ジョージ・R.（1990）栗本昭監訳『コミュニティの探求：ユートピアから協同組合社会へ』御茶の水書房．

ラヴェット他（1970）梅根悟・勝田守一監修／浜林正夫・安川悦子訳『(世界教育学選集) イギリス民衆教育論』明治図書出版．

ロバアト・オウエン協会編（1986）『ロバアト・オウエと協同組合運動』家の光協会．

参考資史料

Böök, S.Å. (1992) *Co-operative Values in a Changing World: Report to the ICA Congress*, Tokyo, October, Edited by Margaret pricket and Mary Treacy. (S.Å. ベーク著／第30回ICA東京大会組織委員会翻訳作業部会訳『変化する世界 協同組合の基本的価値』日本協同組合連絡協議会（JJC）発行，1992年，および S.Å. ベーク著／(財) 生協総合研究所訳『変化する世界における協同組合の価値』コープ出版，1993年)

Cooper, W. (1860 ?) *History of the Rochdale District Co-operative Corn Mill Society*, London: Holyoake & Co.

Laidlaw, A.F. (1980) *Co-operatives in the Year 2000: A paper prepared for the 27th Congress of the International Co-operative Alliance*, Moscow, October. (日本協同組合学会訳編『西暦2000年における協同組合（レイドロー報告)』日本経済評論社，1989年)

Lancashire and Yorkshire Co-operator, and Useful Classes' Advocate, Series I–III, 1831-1832. Connecticut: Greenwood, Reprint Corporation, 1970.

Laws and Objects of the Rochdale Society of Equitable Pioneers. Enrolled according to the Acts, 10th. George IV, and 4th and 5th, William IV. Rochdale: Printed by Jesse Hall, 1844.

Laws for the Government of the Rochdale Society of Equitable pioneers. Adopted at a General Meeting of the Members, October 23rd, 1854. The Society's Store is open for the Sale of Goods Daily, from 9 o'clock in the Morning to 9 in the Evening, except on Saturdays, when it is closed at 11 in the Evening. All Purchases to be paid for on delivery. Rochdale: J. Brearley, Printer, &c., No.33, Toad-Lane. 1855.

MacPherson, I. (1996) *Co-operative Principles for the 21st Century.* (日本協同組合学会訳編『21世紀の協同組合原則：ICA アイデンティティ声明と宣言』日本経済評論社，2000年）

Proceedings of the First Co-operative Congress, held in Manchester in 26-27th May 1831.

Proceedings of the Second Co-operative Congress, held in Birmingham, October 4,5, and 6, 1831, and Composed of Delegates from the Co-operative Societies of Great Britain and Ireland.

Proceedings of the Third Co-operative Congress: held in London, and Composed of Delegates from the Co-operative Societies of Great Britain and Ireland, on the 23rd of April 1832. Reported and Edited, by Oder of the Congress, by William Carpenter.

Proceedings of the Fourth Co-operative Congress, held in Liverpool, on Monday, October 1, 1832, and Composed of Delegates from the Co-operative Societies of Great Britain and Ireland. Reported and Edited by Order of the Congress, by William Pare. Manchester: Printed and Published by W. Jackson.

The Co-operative Magazine and Monthly Herald, London: Published by Knight and Lacy, Watts Head, Paternoster Row. Vol. I, No.1 (January, 1826) — No.12 (December, 1826), Vol. II. No.1 (January 1827) — No.12 (December, 1827), Vols.3. No.1 (January, 1828) — Vol. IV, No. III (March, 1830) (Connecticut: Greenwood Reprint Corporation, 1970) 〔なお，この *Co-operative Magazine* は国際的には *The London Co-operative Magazine* と，また日本では『ロンドン協同組合雑誌』と呼称されている〕

The Crisis, and National Co-operative Trades' Union Gazette, Volumes 1-2, 1832-1833, Edited by Robert Owen and Robert Dale Owen, New York: Greenwood Reprint Corporation, 1968.

The Economist: A Periodical Paper, Explanatory of The New System of Society projected by Robert Owen, ESQ, ; And of a Plan of Association for Improving the Condition of the Working Classes during their continuance at their present employment. Vol. I. 1821. (No.1. Saturday, January 27, 1821. — No. 26. Saturday, July 14, 1821.) New York: Greenwood Reprint Corporation, 1968.

The Economist: Vol, II. 1821-1822. (No. 27. Saturday, July 28, 1821. — No. 52. Saturday, March 9, 1822) New York: Greenwood Reprint Corporation, 1968.

索引

［ア行］

アイコープ（icoop）　196, 199-200
ICA（国際協同組合同盟）　iv, 40-6, 50, 55
　──原則　60-2
　──前史　56-8
　──第7原則・コミュニティへの関与
　　103
　第1回──ロンドン大会　58-9
　第7回──クレモナ大会　60
　第23回──ウィーン大会（1966年）
　　63-4
　第30回──東京大会（1992年）　66
アリスメンディアリエタ　68-70
イギリス協同組合運動　2, 4
イギリス協同組合大会　33, 36-40
イギリス産業革命とシチズンシップの変遷
　　190-1
ヴェーバー，マックス（心的態度）　4
エートス（普遍的特特性・特質）　v, 4, 104
NPOの定義について　193-4
オウエン，ロバート（ロバアト）　1, 22-3, 28
　──の遺産　2
オウエン主義（者）　7-8, 26
　──協同組合運動　11
　ハッダーズフィールド協同組合　12-3

［カ行］

菅野正純　194-5, 197
ギデンズ，A.　70
キャンベル，A.　13
教育条項　19-21
共生経済　81-2, 84
　──の概念　84-5
協同組合　vi

　──アイデンティティ　iv, 103
　──運動　iii
　──卸売り連合会（CWS）　31-2, 36-8, 57
　──概念（コンセプト）　iii
　──機関紙（The Co-operative News）
　　33
　──企業（事業体）　v
　──教育　43-5
　──憲章　54
　──コングレス　7-8, 25-7
　　協同組合に関する諸規則　10-1, 14, 26
　──の存在理由（raison d'tre）　103
　──の定義　iv
　──の役職員　iv
　──の理念　iii
協同組合間の協同　vi
（イギリス）協同組合連合会（Co-operative
　Union）　33
協力・協同　iv
キリスト教社会主義（者）　32-40
キング，ウィリアム　10-1, 13
　──の『協同組合人』（The Co-operator）
　　10
キングズリィ，C.　34
禁酒同盟　8
禁酒ホテルの設立　7-8
近代株式会社法（Joint Stock Company Act）
　　62
近代協同組合の創始　2, 4
グラミン銀行　82, 89-97, 135
グリーニング，E.O.　33, 37-8
グリーンウッド，エイブラハム　16, 21, 24,
　　31, 44
現金取り引き　9, 14
購買高配当（利用高割り戻し）　9, 12-3, 16

コール，G.D.H. 4, 16, 20, 22, 24, 29, 30
国際協同組合デー vi
国際協同組合同盟 → ICA
国際協同組合年（IYC） 49-50, 52, 54
国際労働機関（ILO） 53
国内共同居住地＝協同コミュニティ 14
コミュニケーション・コミュニティ 103-5,
　211-4
　　──としての協同組合 178-80
コミュニティ小学校（VRCPS） 128-35
コミュニティの概念 102-3
コモン・センス v

[サ行]

産業および節約協同組合法（イギリス協同組
　合法） 19, 28, 62, 83
自己雇用の概念 120-2
シチズンシップ iii, 73-6, 84-5, 91, 98-9, 102
　公共空間・公共圏と── 203-6
　　──教育 106-10
　　──と市場 135-41
　　──のコア「自治・権利・責任・参加」
　　iii
　フランス革命と── 187-90
社会的企業 81, 110, 113-6
　　──とシチズンシップ 116-9
　保守党の「社会的企業政策」 119-20
社会的排除 111
初期協同組合（運動） 4, 10
　購買高配当 11-3
　レノックスタウン食料品供給協同組合
　　11-3
新自由主義の失敗 200-3
心的態度（主体的選択に基づく行為性向） 4,
　15, 104
セン，アマルティア 70-3, 197-9, 202, 207-
　9, 213-4
先駆者組合
　──（1844年規約）第21条および22条
　　9-10
　　──の1844年規約 5, 9, 24-5
　　──の1855年規約 8, 28-9, 31
　　──の遺産 1, 4-5, 43, 45

　　──の規約と目的 5-7
　　──の規約の前文と6項目 5-6
　　──の教育委員会 22-4
　　──の教育条項 17-24
　　──の成長と発展 27-9
　　──パラドクス 14, 16
　　──「一人1票の議決権」 17-9
ソーシャル・ビジネス 82, 89, 90-3

[タ行]

地域コミュニティ 81
　　──の6項目 83
地域づくり 81
チャーティスト運動（人民憲章） 18
チャターボックス・カフェと道具図書館（SPCEA）
　123-8
中小企業憲章 54
トインビー，A. 45, 76-7
登記法 62
特別地域再生予算（Single Regeneration Bud-
　get） 112
富沢賢治 54
トンプソン，ウィリアム 28

[ナ行]

永戸祐三 197
ニール，E.V. 19, 32-6, 38, 83
日本協同組合連携機構（JCA：japan co-op-
　erative Alliance） vii
ニューラナーク工場 1-2, 23

[ハ行]

ハースト，トマス 12-3
ハーバーマス，J. 103
バートランド，M. 60
ハリスン，J.F.C. 2
ハワード，エイブラハム 21, 29-30
バングラデシュ 89, 91-2, 96-7
非営利・協同の概念について 193-6
一人1票の議決権 8, 17-9, 68
ヒューズ，T. 19, 32-3, 36, 38, 83
ヒューマン・ガバナンス（人間的な統治）
　iii

索引　225

フェアトレード（公正な貿易）　99-102, 135
フォークス，K.　42, 186
ブレア政権　112
ペイン，トマス　v, vi
ベーク報告　64, 66, 147
ヘーゲリアン哲学　45-6
　　――「歴史のなかで自己を知る」　101
ヘーゲル，G.W.F.　43, 63, 67
　　――の「承認の必要性」と「承認の構造」
　　　85-8, 90, 195
　　――の自己意識　85-7, 195-6
ボノー（ボノウ）（「1996年原則」）　64
ホリヨーク，G.J.　3, 31, 39, 77

［マ行］

マクスウェル，ウィリアム　11
マクファーソン，I.　145
マルコス報告　147
ミューディと協同経済組合　7
ミレニアム開発目標（MDGs）　51-2
民主主義　90
モーリス，F.D.　34

［ヤ行］

友愛組合法　5, 61
　改正――　17-8
ユヌス，ムハマド　89, 91-5

［ラ行］

ラドロー，J.M.　19, 32, 34, 36, 39, 83
リーマンショック　52
利潤分配　39-41, 58
レイドロー
　　――の協同組合セクター論　145-58, 173
　　――の「三つの危機」と「四つの優先分
　　　野」　158-64
　　――のミズーリ大学における講演　174-6
レイドロー報告　vi, 63-6
　　――の「未来の創造者」とは　169-71
　　――についての三輪先生の論点　172-3
レゾン・デートル（存在理由）　iv
労働アソシエーション　38-40, 57
ロッチデール原則　60, 63
ロッチデール公正先駆者組合　iv, 27, 61

著者紹介

中川雄一郎
（なかがわゆういちろう）

明治大学名誉教授．1946 年静岡県生まれ．経済学博士．（イギリス）
ヨーク・セント・ジョン大学より名誉学位授与．元日本協同組合学
会会長，ロバアト・オウエン協会会長．
著書に『イギリス協同組合思想研究』日本経済評論社，1984 年，『労
働者協同組合の新地平』（編著）同上，1996 年，『キリスト教社会
主義と協同組合』同上，2002 年，『社会的企業とコミュニティの再
生』大月書店，2007 年，『非営利・協同システムの展開』（編著）
日本経済評論社，2008 年，『協同組合を学ぶ』（編著）同上，2012 年，
『協同組合は「未来の創造者」になれるか』（編著）家の光協会，
2014 年，ほか．
訳書に『コープ：ピープルズ・ビジネス』（共訳）大月書店，1997 年，
『国際協同組合運動』（共訳）家の光協会，1999 年，『協同組合企業
とコミュニティ』日本経済評論社，2000 年，『イタリア協同組合：
レガの挑戦』（監訳）家の光協会，2003 年，『シチズンシップ』日
本経済評論社，2011 年，ほか．

協同組合のコモン・センス

2018 年 5 月 1 日　第 1 刷発行

定価（本体 2800 円＋税）

著　者	中　川　雄　一　郎
発　行　者	柿　﨑　　　　均
発　行　所	株式会社 日本経済評論社

〒101-0062 東京都千代田区神田駿河台 1-7-7
電話 03-5577-7286　FAX 03-5577-2803
E-mail：info8188@nikkeihyo.co.jp
振替 00130-3-157198

装丁・オオガユカ
（ラナングラフィカ）　　印刷・文昇堂／製本・根本製本

落丁本・乱丁本はお取り換え致します　　Printed in Japan

Ⓒ NAKAGAWA Yuichiro 2018

ISBN978-4-8188-2499-7 C1036

・本書の複製権・翻訳権・上映権・譲渡権・公衆送信権（送信可能化
　権を含む）は，㈱日本経済評論社が保有します．
・ JCOPY 〈㈳出版者著作権管理機構 委託出版物〉
・本書の無断複写は著作権法上での例外を除き禁じられています．複
　写される場合は，そのつど事前に，㈳出版者著作権管理機構（電話
　03-3513-6969，FAX03-3513-6979，e-mail:info.jcopy.or.jp）の許諾
　を得てください．

格差社会への対抗―新・協同組合論―
　　　　　　　　杉本貴志編／全労済協会監修　本体2100円

協同組合　未来への選択
　　　　　中川雄一郎・杉本貴志編／全労済協会監修　本体2200円

協同組合を学ぶ
　　　　　中川雄一郎・杉本貴志編／全労済協会監修　本体1900円

欧州の協同組合銀行
　　　　　　　　斉藤由理子・重頭ユカリ著　本体3600円

反トラスト法と協同組合
　―日米の適用除外立法の根拠と範囲―
　　　　　　　　　　　　　　　　高瀬雅男著　本体3100円

明日の協同を担うのは誰か―基礎からの協同組合論―
　　　　　　　　　　　　　　　　佐藤信著　本体3000円

シチズンシップ―自治・権利・責任・参加―
　　　　　　　K.フォークス著／中川雄一郎訳　本体3200円

非営利・協同システムの展開
　　　　中川雄一郎・柳沢敏勝・内山哲朗編著　本体3400円

21世紀の協同組合原則
　―ICAアイデンティティ声明と宣言―
　　　　　　ICA編／日本協同組合学会訳編　本体1400円

日本経済評論社